中国国情调研丛书
企业卷
China's national conditions survey Series
Vol enterprises

中国国情调研丛书·企业卷
China's national conditions survey Series · Vol enterprises

主　编 陈佳贵
副主编 黄群慧

包头市新源稀土高新材料有限公司考察

Research on Baotou Xin Yuan Rare Earth
Hi-tech and New Material Co.,Ltd

郭朝先　刘　嘉　等／著

经济管理出版社
ECONOMY & MANAGEMENT PUBLISHING HOUSE

图书在版编目（CIP）数据

包头市新源稀土高新材料有限公司考察/郭朝先，刘嘉等著. —北京：经济管理出版社，2014.11

ISBN 978-7-5096-3465-3

Ⅰ.①包…　Ⅱ.①郭…②刘…　Ⅲ.①稀土金属—金属加工工业—考察报告—包头市　Ⅳ.①F426.4

中国版本图书馆 CIP 数据核字（2014）第 247818 号

组稿编辑：陈　力
责任编辑：陈　力　郑　亮
责任印制：司东翔
责任校对：陈　颖

出版发行：经济管理出版社
　　　　　（北京市海淀区北蜂窝 8 号中雅大厦 A 座 11 层　100038）

网　　　址：www. E-mp. com. cn
电　　　话：（010）51915602
印　　　刷：三河市延风印装厂
经　　　销：新华书店
开　　　本：720mm×1000mm/16
印　　　张：23.25
字　　　数：333 千字
版　　　次：2015 年 1 月第 1 版　2015 年 1 月第 1 次印刷
书　　　号：ISBN 978-7-5096-3465-3
定　　　价：68.00 元

课题负责人

郭朝先： 中国社会科学院工业经济研究所副研究员，产业组织研究室副主任，中国社会科学院研究生院硕士生导师

刘　嘉： 包头市稀土高新区团委书记

课题组成员

丁　毅： 中国社会科学院工业经济研究所副研究员

胡文龙： 中国社会科学院工业经济研究所助理研究员，博士

沈云昌： 商务部国际贸易经济合作研究院副研究员，博士

刘　芳： 中国社会科学院研究生院硕士研究生

刘宇轩： 中国社会科学院研究生院硕士研究生

胡　越： 中国劳动关系学院经济管理系学生

《中国国情调研丛书·企业卷·乡镇卷·村庄卷》

序　言

　　为了贯彻党中央的指示，充分发挥中国社会科学院思想库和智囊团的作用，进一步推进理论创新，提高哲学社会科学研究水平，2006年中国社会科学院开始实施"国情调研"项目。

　　改革开放以来，尤其是经历了近30年的改革开放进程，我国已经进入了一个新的历史时期，我国的国情发生了很大变化。从经济国情角度看，伴随着市场化改革的深入和工业化进程的推进，我国经济实现了连续近30年的高速增长。我国已经具有庞大的经济总量，整体经济实力显著增强，到2006年，我国国内生产总值达到了209407亿元，约合2.67万亿美元，列世界第四位；我国的经济结构也得到了优化，产业结构不断升级，第一产业产值的比重从1978年的27.9%下降到2006年的11.8%，第三产业产值的比重从1978年的24.2%上升到39.5%；2006年，我国实际利用外资为630.21亿美元，列世界第四位，进出口总额达1.76万亿美元，列世界第三位；我国人民生活水平不断改善，城市化水平不断提升。2006年，我国城镇居民家庭人均可支配收入从1978年的343.4元上升到11759元，恩格尔系数从57.5%下降到35.8%，农村居民家庭人均纯收入从133.6元上升到3587元，恩格尔系数从67.7%下降到43%，人口城市化率从1978年的17.92%上升到2006年的43.9%以上。经济的高速发展，必然引起国情的变化。我们的研究表明，我国的经济国情已经逐渐从一个农业经济大国转变为一个工业经济大国。但是，这只是从总体上对我国经济国情的分析判断，还缺少对我国经济国情变化分析的微观基础。这需要对我国基层单位进行详细的分析研究。实际上，深入基层进行调查研究，坚持理论与实际相结合，由此制定和执行正确的路线方针政策，是我们党领导革命、建设和改革的基本经验和基本工作方法。进行国情调研，也必须深入基层，只有深入基层，才能真正了解我国国情。

为此，中国社会科学院经济学部组织了针对我国企业、乡镇和村庄三类基层单位的国情调研活动。据国家统计局的最近一次普查，到 2005 年底，我国有国营农场 0.19 万家，国有以及规模以上非国有工业企业 27.18 万家，建筑业企业 5.88 万家；乡政府 1.66 万个，镇政府 1.89 万个，村民委员会 64.01 万个。这些基层单位是我国社会经济的细胞，是我国经济运行和社会进步的基础。要真正了解我国国情，必须对这些基层单位的构成要素、体制结构、运行机制以及生存发展状况进行深入的调查研究。

在国情调研的具体组织方面，中国社会科学院经济学部组织的调研由我牵头，第一期安排了三个大的长期的调研项目，分别是"中国企业调研"、"中国乡镇调研"和"中国村庄调研"。"中国乡镇调研"由刘树成同志和吴太昌同志具体负责，"中国村庄调研"由张晓山同志和蔡昉同志具体负责，"中国企业调研"由我和黄群慧同志具体负责。第一期项目时间为三年（2006~2009 年），每个项目至少选择 30 个调研对象。经过一年多的调查研究，这些调研活动已经取得了初步成果，分别形成了《中国国情调研丛书·企业卷》、《中国国情调研丛书·乡镇卷》和《中国国情调研丛书·村庄卷》。今后，这三个国情调研项目的调研成果还会陆续收录到这三卷书中。我们期望，通过《中国国情调研丛书·企业卷》、《中国国情调研丛书·乡镇卷》和《中国国情调研丛书·村庄卷》这三卷书，能够在一定程度上反映和描述在 21 世纪初期工业化、市场化、国际化和信息化的背景下，我国企业、乡镇和村庄的发展变化。

国情调研是一个需要不断进行的过程，以后我们还会在第一期国情调研项目基础上将这三个国情调研项目滚动开展下去，全面持续地反映我国基层单位的发展变化，为国家的科学决策服务，为提高科研水平服务，为社会科学理论创新服务。《中国国情调研丛书·企业卷》、《中国国情调研丛书·乡镇卷》和《中国国情调研丛书·村庄卷》这三卷书也会在此基础上不断丰富和完善。

中国社会科学院副院长、经济学部主任

陈佳贵

2007 年 9 月

《中国国情调研丛书·企业卷》

序　言

　　企业是我国社会主义市场经济的主体，是最为广泛的经济组织。要对我国经济国情进行全面深刻的了解和把握，必须对企业的情况和问题进行科学的调查和分析。深入了解我国企业生存发展的根本状况，全面把握我国企业生产经营的基本情况，仔细观察我国企业的各种行为，分析研究我国企业面临的问题，对于科学制定国家经济发展战略和宏观调控经济政策，提高宏观调控经济政策的科学性、针对性和可操作性，具有重要的意义。另外，通过"解剖麻雀"的典型调查，长期跟踪调查企业的发展，详尽反映企业的生产经营状况、改革与发展情况、各类行为和问题等，也可以为学术研究积累很好的案例研究资料。

　　基于上述两方面的认识，中国社会科学院国情调查选择的企业调研对象，是以中国企业及在中国境内的企业为基本调查对象，具体包括各种类型的企业，既包括不同所有制企业，也包括各个行业的企业，还包括位于不同区域、具有不同规模的各种企业。所选择的企业具有一定的代表性，或者是在这类所有制企业中具有代表性，或者是在这类行业中具有代表性，或者是在这个区域中具有代表性，或者是在这类规模的企业中具有代表性。我们期望，通过长期的调查和积累，中国社会科学院国情调查之企业调查对象，逐步覆盖各类所有制、各类行业、不同区域和规模的代表性企业。

　　中国社会科学院国情调查之企业调查的基本形式是典型调查，针对某个代表性的典型企业长期跟踪调查。具体调查方法除了收集查阅各类报表、管理制度、文件、分析报告、经验总结、宣传介绍等文字资料外，主要是实地调查，实地调查主要包括进行问卷调查、会议座谈或者单独访谈、现场观察写实等方式。调查过程不干扰企业的正常生产经营秩序，调查报告不能对企业正常的生产经营活动产生不良影响，不能泄露企业的商业秘密，"研究无禁区，宣传有纪律"，这是我们进行企业调研活动遵循的基本原则。

中国社会科学院国情调查之企业调查的研究成果主要包括两种形式：一是内部调研报告，主要是针对在调查企业过程中发现的某些具体但具有普遍意义的问题进行分析的报告；二是全面反映调研企业整体情况、生存发展状况的长篇调研报告。这构成了《中国国情调研丛书·企业卷》的核心内容。《中国国情调研丛书·企业卷》的基本设计是，大体上每一家被调研企业的长篇调研报告独立成为《中国国情调研丛书·企业卷》中的一册。每家企业长篇调研报告的内容，或者说《中国国情调研丛书·企业卷》每册书的内容，大致包括以下相互关联的几个方面：一是关于企业的发展历程和总体现状的调查，这是对一个企业基本情况的大体描述，使人们对企业有一个大致的了解，包括名称、历史沿革、所有者、行业或主营业务、领导体制、组织结构、资产、销售收入、效益、产品、人员等；二是有关企业生产经营的各个领域、各项活动的深入调查，包括购销、生产（或服务）、技术、财务与会计、管理等专项领域和企业活动；三是关于企业某个专门问题的调查，例如企业改革问题、安全生产问题、信息化建设问题、企业社会责任问题、技术创新问题、品牌建设问题，等等；四是通过对这些个案企业的调查分析，引申出这类企业生存发展中所反映出的一般性的问题、理论含义或者其他代表性意义。

中国正处于经济高速增长的工业化中期阶段，同时中国的经济发展又是以市场化、全球化和信息化为大背景的，我们期望通过《中国国情调研丛书·企业卷》，对中国若干具有代表性的企业进行一个全景式的描述，给处于市场化、工业化、信息化和全球化背景中的中国企业留下一幅幅具体、生动的"文字照片"。一方面，我们努力提高《中国国情调研丛书·企业卷》的写作质量，使这些"文字照片"清晰准确；另一方面，我们试图选择尽量多的企业进行调查研究，将始于 2006 年的中国社会科学院国情调研之企业调研活动持续下去，不断增加《中国国情调研丛书·企业卷》的数量，通过更多的"文字照片"来全面展示处于 21 世纪初期的中国企业的发展状况。

中国社会科学院经济学部工作室主任

黄群慧

2007 年 9 月

目　录

第一章　企业创立与发展历程

包头市新源稀土高新材料有限公司（以下简称"新源稀土公司"或"新源公司"）是一家民营股份制高新技术企业，公司落户于内蒙古包头国家稀土高新区内，主营高纯稀土盐类、氧化物、各类稀土金属及高端稀土抛光粉材料。新源公司成立以来克服了创业初期的稀土行业低迷不利态势，经过10多年的艰苦奋斗，现已发展成为产品多样、质量上乘、安全环保、极具发展潜力的稀土生产企业。公司注册资金1020万元，总资产1.5亿元。公司拥有年产3000吨混合稀土、3000吨高纯稀土氧化物和年产3000吨高端稀土抛光材料生产线各一条，已形成年产3000吨稀土氧化物的萃取分离能力，产品有各种高纯稀土盐类、氧化物、各类稀土金属及高端稀土抛光材料，单一稀土产品纯度为99.995%~99.9995%。新源稀土公司现已成为国内工业化生产高纯稀土产品的主要生产企业之一，也是国内单产最大的高端稀土抛光材料的生产企业。

新源公司的发展大致可以分为创业前期（2001年前）、企业初创期（2001~2005年）、企业成长期（2006~2010年）和转型发展期（2010年至今）4个阶段。

第一节　创业前的故事：与稀土结下不解之缘

1985年，年仅18岁的冀代雨同志结束了光荣的三年军旅生活，转业分配到包头市稀土冶炼厂工作。起初，不管是车间里的冶炼工作，还是外派的销售任务，冀代雨都凭借兢兢业业的努力取得了不错的成绩，并得到了厂内领导、工友和工厂合作厂商的一致好评，而且由于业绩突出，没用多长时间便当上了冶炼厂的销售科主管，其间还多次被评为业务能手和优秀共产党员。而就在此时，包头市稀土冶炼厂也开始了建立现代企业制度的改革，冀代雨面临着艰难的选择：或者是继续留在稀土冶炼厂工作，虽挣钱不多但保住"铁饭碗"；或者是离开稀土冶炼厂稳定的工作环境，到市场上凭借自己的实力去闯荡，自己解决自己的"饭碗"。当时冀代雨隐约感觉到，市场经济是未来中国经济体制改革和发展的必由之路，为更好地实现人生价值和未来更长远的发展，同时也希望减轻国有企业沉重的人员负担，他决定放弃别人眼中认为非常宝贵的"铁饭碗"，带着几个志同道合的工友一起离开冶炼厂，开始了艰辛的自主创业道路。

创业伊始，冀代雨等人从事的是摩托车配件经销，虽然谈不上什么规模，但是一间不大的门市每月的盈利也有 3000~5000 元，在市场中更好地实现了自我价值。就在冀代雨一门心思在包头开拓摩托车配件经销市场之际，原工作单位——包头市稀土冶炼厂找到了他，希望其借助之前工作的经验继续从事稀土产品的销售。出于对原培养单位的感情，冀代雨将稀土产品贸易纳入到自己的经销范围之内，不过并没有将其放在"主打"的位置，但是"无心插柳柳成荫"，熟悉的产品、熟悉的市场、熟悉的合作伙伴，再加上之前工作期间积累的稀土知识和销售经验，都转换为不俗的业绩，甚至超过了主营业务——摩托车配件。虽说投资都主张"不要把鸡蛋都放到一个篮子里"，但是冀代雨考虑到精力和财力有限，特别是自己在稀土产业上难得的专业，于是在短时间内迅速决策，放弃摩托车配件的经营，专门从事稀土产品贸易，并将其打造为唯一的主营产品。

经过几年的打拼，随着销售渠道的稳定和资金的宽裕，1996 年冀代雨和朋友在包头共同创办了包头市粤北有色金属有限责任公司，主要从事稀土产品与有色金属的贸易业务。公司成立之初，遇到了种种困难，比如在资金问题上就举步维艰，冀代雨回忆，"当时真是一分钱掰成两半花，还得想着怎么用一分钱办一块钱的事情"。其实每个创业者不管在企业发展的什么阶段，都会遇到很多困难，在这个问题上，冀代雨说："人总是要有追求，要对未来抱有信心，任何困难都不是无法逾越的。"正是抱有这种信心，再加上平常的信守合同、经营有方，企业得到了迅速发展，营业额从创立之初的几百万元增加到过亿元，成为包头市九原区的纳税大户（当时属九原区的企业），为包头经济、社会做出贡献的同时，也为企业发展奠定了坚实的物质基础。

在创业之初，使创业企业生存下来的开局尤为关键。创业是一个系统过程，从创业之前、创业之初到企业规模不断发展，都需要创业者凭借智慧和勇气，不断寻找每个阶段的关键点并迅速予以突破。冀代雨说，公司在早些年的经营中，一直以贸易为主，一买一卖非常简单，可是随着市场的不断变化，冀代雨发现，这种以贸易为主的公司发展空间并不是很大，而且贸易公司是以一个中间人的身份出现，卖出去的货物质量如何公司是没有办法保证的，因为不是公司生产的，而有些客户的特殊产品需求并不能从供货商那里得到保证。冀代雨一直强调"做生意最重要的就是服务"，但是没有自己的工厂就难以提供满意和符合客户需求的产品，随着稀土贸易的扩大这些问题越来越突出，冀代雨一直在试图寻找解决的途径，他想要是出售的产品都是自己生产的，那就可以很好地保证供给的质量了，而且还可以根据市场的变化积极进行产品的更新，这一思维的巨大转变也就开启了他创办新源公司的肇始。

在决定从产品营销转到产品生产之后，冀代雨先与一些从事稀土产品生产的工厂进行合作，以半加工的形式逐渐进入生产部分。这种谨慎的尝试取得了成功，这种形式也在市场上得到了认可。但随着时间的推移，这种半加工形式的产量有限，不能满足客户的需求，因此，扩大生产规模、真正进入稀土产品的主流生产领域就提上日程了。冀代雨将购买厂房组建稀土产品生产工厂的想法对其他合伙人说出来，但巨额的资本、复杂的经营管理等困难，令其他合伙人不想放弃现有良好的一切而去承担未知的风险。冀代雨不得已决定自己单独行动，组建稀土生产企业。

第二节　企业初创阶段：创业为先　质量是本

在稀土市场最低迷的时候，有胆有识的冀代雨开始筹备创办稀土企业。尽管进入时稀土市场并不被看好，当时的稀土卖的是"白菜价"，但冀代雨凭借多年的销售经验，敏锐地发现稀土价格一定会往上走，并有可能飙升，从事稀土生产的前途将是光明的。但是，要想在激烈的稀土生产领域站住脚，冀代雨认为，关键是生产的产品质量要过硬。

2001 年 3 月，冀代雨联合中国有色金属进出口广东公司共同出资 816 万元，收购了一家正处于办理破产程序的稀土生产企业（当时这家企业股权已抵押给中国银行包头支行），组建了一家新公司——包头市新源稀土高新材料有限公司。公司之所以取名"新源"，寓意稀土作为一种开发较晚的矿产资源具有难以预估的潜力，必将在科技飞速发展的 21 世纪不断探索新的效用，发挥其"工业黄金"的作用，成为原有领域重大突破和新领域不断发展的源泉，这种美好的寓意也与邓小平同志"中东有石油，中国有稀土"的判断是十分契合的。冀代雨任公司董事长兼总经理，公司股权结构是：冀代雨以实物出资 400 万元，并以人民币出资 120 万元，占注册资本比例为 51%；中国有色金属进出口广东公司以货币出资人民币 500 万元，占注册资本的 49%。

为了利用产业集聚带来的种种便利，新源稀土公司落户于包头市稀土高新技术产业开发区稀土工业园区，同时出于稀土产品生产的安全和环境保护考虑，将生产工厂选址于包头稀土开发区富强南路 163 号。现在，公司厂区已发展成为一家绿色环保花园式工厂——占地总面积约为 5.5 万平方米，建筑面积 1.3 万平方米，硬化面积 1.65 万平方米，绿化面积 1.58 万平方米。

新源稀土公司建立的 2001 年是我国稀土行业结构调整的一年，当时世界经济放缓，国内有效需求不足，但稀土工业运行总体上保持稳定的发展态势，特别是稀土矿产品和冶炼分离产品均保持着增长，稀土冶炼分离产品是我国稀土出口的主要创汇产品且增长稳定。也是在这一年，稀土在新材料领域中的应用继续保持良好势头，表现出非凡的增长潜力。基于对当时稀土市场的准确判断，并结合自身初创业时的种种限制，新源稀土公司将稀土高新材料生产作为立业和未来发展的重点，建厂初期将主营业务定位于稀土金属的冶炼和精炼。

在产品定位明确之后，新源稀土公司开始了生产线的布置，并提出"科技创新，追求卓越，客户至上，全员参与"的生产和质量方针，将科技创新作为公司不断追求卓越的源泉和方式，并将商品推上市场接受用户体验和满意度的检验，而整个过程则需要新源全体员工的通力合作。用冀代雨的话来说，就是"要么不做，要做就做到极致"。

最早兴建的是稀土氧化物生产线，在很长一段时间里，稀土氧化物都是新源稀土公司的主打产品和代表产品。2001年7月新源稀土公司完成了"年产3000吨混合稀土和年产3000吨高纯稀土氧化物"项目的立项批复。该项目的生产工艺为：混合碳酸稀土经盐酸溶解转化为混合氯化稀土料液，混合氯化稀土料液采用P507钠法，经钕钐分组、铈镨分组、镧铈分组进行萃取分离，产品有镧系列、铈系列、镧铈系列、镨钕产品、钐铕钆产品、电池级金属制备用少铕系列产品及特殊稀土化合物产品。整条生产线包括高纯稀土车间前处理工段，高纯稀土车间纯化工段，高纯稀土车间沉淀、浓缩工段，高纯稀土车间灼烧工段，环保车间、机修动力车间工段。以稀土氧化物为起点，新源公司开始投产，并逐渐衍生出镧系、铈系、镨系、钕系四大产品系列。

2002年新源稀土公司又开始布置新的生产线，由于有第一条生产线的经验，新生产线的布置进展十分顺利，2002年10月，年产3000吨的单一高纯氧化物稀土萃取生产线试车成功，并投入生产，实现了纯度99.995%~99.9995%的单一稀土产品的生产。萃取生产线的原理为，稀土元素的物理化学性质虽然极为相似，但由于各种元素在结构上和性质方面有一定差异，根据"镧系收缩"原理，采用具有萃取功效、不易溶于水相但溶于有机相的 P507 萃取剂，使之与稀土溶液混合接触，原子半径小的中重稀土首先被萃取进入有机相，轻稀土则留在水相，利用不同浓度、酸度等条件即可使排在后面的元素先被萃取，由后向前逐一萃取各元素，达到了稀土元素分离的目的。整个生产过程是在带搅拌的混合室中完成的，反应连续不断地进行，将不同的稀土元素进行萃取、分离。该生产线具有分离级数最多、选用设备最先进、制动化程度最高、对原料适应性最强、检测手段最完备等特点。新的生产线不仅扩大了公司的生产规模，而且凭借生产稀土产品的特殊性、高纯度等特性，新源公司已经跃居国内工业化生产高纯轻稀土单一产品的主要企业。

在短时间内，新源稀土公司成功地布置了高品质的生产线并迅速投入生产，更为难得的是从创业初就秉承的产品品质，基于良好的发展预期，公司在 2002 年 10 月申请并顺利取得了"生产企业自营进出口权"。高产量的优质产品，使新源迅速在稀土市场上获得了一席之地，赢得了市场的美誉，这为新源今后持续的发展奠定了坚实的基础。"万事开头难"，在踏出坚定的第一步后，新源稀土公司在稳定既有生产线生产的同时，不断积累资本和生产、管理经验，开始踏实地逐步扩展公司的生产规模、提高产品质量，并根据市场的需要有计划地丰富稀土产品的种类，后续根据客户需求自行研发用于制药、催化材料、化妆品的独特白铈、硝酸铈、醋酸铈、氢氧化镧稀土产品。

由于质量在实体行业的重要作用，因此从一开始，新源稀土公司就将质量作为公司管理的核心并坚持这一核心不变，层层的管理也围绕该核心展开。建厂制定的"科技创新，追求卓越，客户至上，全员参与"的质量方针明确了今后的方向，特别是稀土市场变幻莫测，新源公司只有凭借稳定的产品质量，以"人无我有，人有我优，人优我精"的竞争优势才能占领市场，赢得国内外用户的信赖。

为了对产品质量进行专门管理，并为以后的产品提供指定和评审质量目标的框架，新源稀土公司在听取员工建议并在公司内部进行沟通和协商后，对质量管理体系进行了有效改进，制定了公司质量管理控制体系。首先，新源公司通过《质量目标控制程序》来建立公司的质量目标，通过程序的目标一般为可测量的，并必须与质量方针保持一致，以便于公司将质量目标层层分解、落实到各责任部门，贯彻于质量管理体系中。而且清晰的质量目标可以便于日后对完成情况及影响质量完成的有关管理工作进行考核、控制，从源头上保证公司总体质量目标的实现。其次，新源公司建立了《组织与权责管理控制程序》，主要是为了确保公司内的职责、权限得到规定和沟通，公司最高管理者对质量管理体系的建立、实施以及持续改进的有效性做出承诺并提供证据，且将其打造为顾客的关注焦点，该程序恰恰就明确了组织架构和各部门权责，同时以顾客为焦点并规定了内部沟通方式，保证了质量管理体系的有效进行。最后，为了确保质量管理体系的适宜性、充分性和有效性，以满足标准和公司的质量方针和质量目标的要求，公司总经理每年至少主持一次管理评审，其记录要妥善保存。评审的内容包括各部门质量目标完成结果、顾客信息反馈、过程的业绩和产品符合性、不合格的过程和产品控制情况、预防和纠正措施的状况、以往管理评审确定的改进措施实施情况和效果等。通过评审结果可以进行质量管理体系及其过程改进的要求及安排、与顾客有关的产品改进以及资源调配的改进。

在公司质量目标的催促和产品质量管理控制体系的保证下，新源稀土公司努力加紧通过国际质量体系认证，并在质量体系与时俱进中推进产品质量的提升。在公司建立的 2001 年 12 月就通过了 ISO9001 质量管理体系认证，该质量管理体系的建立进一步提高了员工的质量意识，从管理制度上规范了员工的行为，使产品质量得以保证，正是由于这一点，尽管稀土市场变幻莫测，新源稀土的产品得以保证始终如一的质量，并凭借优势的产品赢得顾客的信赖，占领了市场。进入 21 世纪，产品种类有了新的变化、产品质量有了新的要求，国际质量管理体系也进行了与时俱进的发展，推出了 2000 版本，而新源稀土公司在 2003 年 10 月出色地完成了 ISO9001：2000 质量体系认证转版工作。

功夫不负有心人，经过几年的艰苦奋斗，带着对社会的责任心和对稀土产业的热情，冀代雨带领企业实现了跨越式的发展，在短短的几年时间里，生产能力不断攀升，在稀土行业的地位处于上升趋势，同时还收获了各界的认可：2002年12月，包头市工商局授予了新源稀土公司"守合同，重信用"单位的称号；2003年8月，凭借着技术先进的稀土生产线，得到内蒙古自治区科技厅的认可并认定为"高新技术企业"；特别是在2004年10月，被行业权威《中国稀土》杂志评为中国十大稀土企业之一；在2005年4月，由于优良的业绩被中国银行九原区支行评为"诚信企业"。

第三节　企业成长阶段：创新为要　建章立制

在企业成长阶段，新源公司发展表现为产品品种更加丰富、产量不断增长、产品质量进一步提高，企业经济效益进一步大幅攀升，这些成绩的取得主要是企业更加重视科技创新在企业中的作用，更加重视企业制度建设和企业管理能力的提升。

一、建立现代企业制度，完善内部组织结构

随着新源稀土公司生产线的增加，生产规模的扩大，员工数量的增加，建厂初的简陋的管理制度和运作模式越来越不能适应新形势，冀代雨逐步将精力转向思考整个公司的发展战略和更适合未来发展壮大的管理体制的问题，建立现代企业制度被提上日程了。

根据《公司法》、《证券法》及其他相关法律、法规确定的基本原则，新源公司制定了《公司章程》，确立了公司的基本治理结构，主要包括：①股东与股东大会；②董事与董事会；③监事与监事会；④经理层；⑤党支部和工会。

按照《公司法》，新源公司《公司章程》中明确了较为健全的组织结

构。公司组织机构中共包括 14 个部门，分别是：董事会、总经理、管理者代表、工艺技术总监、支部书记、生产副总、行政部、质量管理部、生产部、经营部、财务部、仓储部、动力安全部和研发中心（后设立）。

二、强化企业管理，提高管理能力

1. 质量管理再上新台阶

新源公司坚持贯彻"科技创新，追求卓越，客户至上，全员参与"的质量方针，确立了企业的质量目标，一直把产品质量视为企业的生命。以"人无我有、人有我优、人优我精"的竞争优势占领着市场，新源公司的产品长期受到国内外用户的信赖。

在 2001 年通过了 ISO9001 质量管理体系认证，2003 年 10 月完成 ISO9001：2000 质量体系认证转版工作之后，2006 年 8 月新源公司再度顺利通过了 ISO9000 质量体系的复评换证工作，进一步提高了员工的质量意识，从管理制度上规范了员工的行为，使产品质量得以保证。而后续在通过 ISO9001：2008 质量体系认证的过程中，新标准要求公司采取过程方法建立实施质量管理体系并不断改进其有效性，以持续地满足顾客和公司自身要求能力，指导公司实施和改进质量管理体系。公司编制了适合自身特点的 ISO9001：2008 版《质量手册》及相关的程序文件、作业文件及应用表等。该手册在详细阐述新标准八项管理原则、十二项质量管理体系基础原理的同时，还重新阐述了公司的质量管理体系，规定了质量管理体系要求和各项质量活动，成为今后公司实施质量管理、开展质量控制、质量保证和质量改进的基本原则。

持续地抓质量管理，企业产品质量有了显著提高。2006 年新源公司荣获中国国际高新技术成果交易会组委会颁发的优秀产品奖证书（见图 1-1）。经检测，目前公司有 12 个品种产品质量优于国际和国内同类产品（见表 1-1）。

图 1-1　2006 年公司荣获优秀产品奖证书

表 1-1　新源公司产品质量与国内外同类产品的比较

序号	产品名称	投产年度	2011 年销售额（万元）	与国际和国内同类产品相比优势或者差距
1	无油碳酸铈	2002	1264.77	无油、纯度高、杂质低
2	高纯氧化铈	2002	276.24	纯度高、非稀土杂质含量少
3	硝酸铈	2011	120.86	纯度高、非稀土杂质含量少
4	醋酸铈	2010	137.62	纯度高、非稀土杂质含量少
5	氧化镧	2002	163.27	纯度高、非稀土杂质含量少
6	氯化镧	2002	1168.03	纯度高、非稀土杂质含量少
7	低镨钕碳酸镧铈	2002	299.15	镨钕稀土含量低、杂质低
8	低镨钕氧化镧铈	2002	1516.26	镨钕稀土含量低、杂质低
9	低镨钕氯化镧铈	2002	549.70	镨钕稀土含量低、杂质低
10	碳酸镨钕	2002	4645.72	纯度高、非稀土杂质含量少
11	氧化镨钕	2002	10219.52	纯度高、非稀土杂质含量少
12	抛光粉	2011	7129.18	纯度高、杂质低、抛光性能好

2. 改进生产现场管理

选择生产现场管理制度时，新源公司坚持"引进来，走出去"的方针，积极引进先进的管理方法，并与公司的具体运行情况磨合，形成为自己所用的具有新源特色的管理制度。现在实行的生产现场管理方法主要是：6S 管理法、看板管理法、4M1E 管理法。其中，最主要的创新点是将5S 管理法发展成为 6S 管理法。6S 管理法是在 5S 管理法（整理、整顿、清扫、清洁、素养）基础上增加了"自检"（Self-inspection），即员工在每日和阶段性工作结束前作出自我反省与检讨，加强员工安全教育，培养自觉性、韧性和耐心，提高现场管理水平。

3. 注重品牌建设

为增强公司的辨识度，新源公司于 2005 年 1 月 7 日注册了具有特色的商标，图案为 。该图案总体以红色线条为主，将"新源"的大写首字母变形为底座和上升的新星，用托举的形象赋予新源公司向上发展的美好寓意，而且中心突出的黄色"RE"是英文资源"Resource"的前两个字母，又是英文稀土"Rare Earth"的缩写，这点明了公司主营产品的性质为稀缺的资源。商标确定后，新源公司在各种广告媒体、产品包装、公司网站等大力宣传，将其融入到公司形象、企业文化、产品质量管理等方面，努力打造包头市稀土行业的知名商标，乃至全国的驰名商标。

4. 提高管理者管理能力

公司董事长和总经理冀代雨带头，在百忙之中挤出时间深造学习，在 2010 年参加了清华大学的高级研修班，随后在 2011 年和 2012 年参加了天津工业大学工商管理专业（MBA）的学习并凭借优异的成绩获得了硕士学位，对于提高企业管理水平有极大帮助。

在企业家冀代雨以身作则下，新源公司的人员培训如火如荼，既有"请进来"的培训，也有"走出去"的培训；既有定期培训，也有不定期的培训；既有学历教育培训，也有非学历教育培训，力求使每个管理人员知识得到更新，跟上时代的步伐。值得一提的是，2010 年 5 月，公司一次性推荐郝喜平、冀代明、鲁继涛、刘永胜、王瑞敏、魏秀荣、朱进军 7 名管理人员赴天津工业大学工商管理硕士（MBA）研究生课程班学习。

5. 推进企业管理信息化

管理信息化是以信息化带动工业化，实现企业管理现代化的过程，是将现代化信息技术与先进的管理理念相融合，转变企业生产方式、经营方式、业务流程、传统管理方式和组织方式，重新整合企业内外部资源，提高企业效率和效益，增强企业竞争力的过程。

新源公司通过信息管理系统把企业的采购、生产、制造、财务、营销、管理等各个环节集成起来，共享信息和资源，有效支撑企业的决策系统，可以有效降低库存、提高生产的效率和质量、提升企业快速应变的能力。运用信息技术对企业的商流、物流、资金流和信息流进行有效控制和管理，逐步实现商流、物流、资金流和信息流的同步发展，通过四流系统将原来管理金字塔体系打破，实现扁平化的流水线管理方式，通过这个主线条衔接并重建每个员工、每道工序、每个部门的数字化基础，并达到规范化、标准化的要求，企业领导和管理人员可随时调用生产、采购、财务等部门所有数据，既实现资源共享，又实现实时监控，同时防微杜渐。随着互联网的发展，特别是电子商务的成熟，新源开始试水，设计并运行了公司门户网站，近阶段网站主要是在网络这个更大的平台上进行公司的宣传、产品的介绍以及业务的交流，在经验累积中还会尝试稀土产品的电子商务运营。

三、加大科技投入，推进科技创新

企业持续发展和产品质量的提高，背靠的是强大技术力量支撑。新源公司一直对高新技术予以高度的重视，视其为企业发展的中心工作，不断加大科技投入的力度，购买新设备、新技术、技术专利，通过内部培养和在稀土行业内和国内相关院校中网罗优秀的科技人才，切实提高企业的技术水平。

新源稀土公司对技术创新的重视与投入奠定了其在稀土行业高新技术企业的地位，2003 年 8 月被内蒙古自治区科技厅认定为"高新技术企业"。2009 年 9 月，通过了国家级高新技术企业审核并取证。目前，新源公司现有承担研究开发任务的专业技术人员 16 名，具有副高以上技术职称的 3 名，公司的检测中心为市级研发中心，并拥有发明专利 2 项、实用新型专利 1 项。

1. 研发中心的建立

建立研发中心是一个企业提升技术创新能力的重要环节，是一个企业寻求自我发展、增强企业自身竞争力的内在需求。新源稀土公司于 2007 年投资 800 余万元，在稀土高新区稀土应用园区新扩建了新源稀土研发中

心，其中，出资 247 万元采购了国际先进水准的检测设备（美国 PE 公司
生产的 ELAN-6100 质谱仪、OPTIMAXL-3300 的光谱仪、气相色谱仪、原
子吸收分光光度仪、红外线碳硫分析仪），稀土杂质检测下限可达 1PPM
以下，检测精度达到国际先进水平。扩建后的研发中心具有一流的试验条
件，这为新源公司向下游产业链的延伸、研发深加工后续产品插上了腾飞
的翅膀。

2008 年新源公司拿出 300 万元预算资金投入到研发中心新址的完善
中，并且公司每年的财政扶持资金中有 30% 都投入到技术创新中。以公司
的长期发展为着眼点，研发中心不断成长、壮大，还建立了完善的规章制
度和管理办法，中心内部还制定了详细的创新激励机制，充分调动了科研
人员的工作积极性。

研发中心逐步确立了其在新源公司技术创新的核心地位，这种创新模
式在高纯稀土工业化生产和特殊稀土化合物工业化生产方面，为新源带来
了丰硕的科研成果。实现工业化生产的高纯稀土工业化生产项目、高纯无
油碳酸铈工业化生产项目，实现了上亿元的年产值；2008 年 4 月建成的
稀土铈化合物工业化生产、镧系列深加工产品项目，在试生产中取得成功
并在年内实现了工业化生产，仅当年增加产值就有 1500 万元；稀土催化
材料工业化生产的深入研究取得了成功，2008 年末拿到稀土塑料稳定剂
用户使用合格检测信息，2009 年开始建设并进行试生产；加强与下游企
业的合作，继续研发稀土石油催化、裂化材料，该项目在 2010 年上马。

2. 产、学、研合作

鉴于前沿科学技术在稀土产品开发、转化、应用中的巨大作用，新源
公司一直注重与站在行业前端的高校进行技术合作。高等院校拥有丰富的
智力资源，可以组织相关力量在关键技术领域进行科研攻关，而新源公司
是科技创新、产业升级的主体，也是投入主体、研究主体、利益分配主体
和风险责任承担主体，具有互补优势的双方进行产、学、研合作可促进新
源公司技术创新。高等院校通过校企合作使自身所拥有的智力资源源源不
断地流向了新源公司，与新源公司的生产制造技术结合起来，从而实现技

术的新组合，共同建立技术实体，提高了新源公司整个企业的有效性，保证了新源公司和高等院校进行技术创新时所需要的技术、人才以及信息等资源的最佳供给和最佳组合。新源稀土通过与高等院校结合，实现了生产要素新的聚合与互补，在稀土市场上获得经济效益，新源稀土自身的科技水平也得到提升。

2004年，与内蒙古大学化工学院进行产学研合作，针对稀土催化材料的开发进行紧密的合作，聘请沈岳年教授作为公司的顾问，完成了年产10000吨稀土催化材料项目的科研编制。2009年，与内蒙古科技大学签订了产学研合作协议书，在高纯稀土、高端稀土抛光材料等领域获得内蒙古科技大学的人才和设备帮助，共同开展稀土项目研究、科技攻关及产品开发，并依靠产学研合作平台共同申报项目及产业化生产。新源稀土公司在制备大颗粒氧化铈、制备LED高端抛光粉等工艺方法得到了技术上的帮助和启发，并就大颗粒氧化铈及高端稀土抛光材料进行了工业化生产。

四、履行社会责任，实现安全发展、绿色发展

稀土产品的采选、冶炼和深加工均涉及安全生产和环境保护、节能减排等问题。新源公司在企业安全生产和清洁生产、绿色发展方面有独到之处。

1. 重视企业安全生产，实现安全发展

像新源公司主要从事高新材料生产的企业，安全生产的责任重于泰山，安全生产是关系到公司和员工生命财产安全的大事，公司将"以人为本，安全第一"的思想置于生产之上，所有的项目都必须符合安全生产的要求。

新源公司从"安全第一，预防为主"的原则出发，将安全生产责任制落到实处。首先，在行政领导层，明确企业法人代表是安全生产的第一责任人，贯彻"管生产必须管安全，谁主管谁负责"的原则，各个部门或环节的领导人或责任人，都必须在各自责任范围内对安全生产负责且不能推脱，做好安全生产管理和模范带头作用；其次，在具体生产过程中，针对

不同生产环节的特点规定了详细的生产规范，明确工人的分工，各自在自己的工作范围内对安全生产负责并对实现安全生产负责；再次，日常安全宣传管理，厂区内张贴生产流程和机器设备的操作规范，还张贴厂内以往安全纰漏和事故以警示，这就在无形中树立起安全生产人人有责的意识，每个员工在自己的岗位上认真履行各自的安全职责，新源根据以往经验的总结，成立了跨部门的安全生产指导小组，进行安全生产的监督和指导；最后，安全生产与个人、部门的奖惩挂钩，对在安全生产方面有突出贡献的部门及车间或个人要给予奖励，对违反安全生产制度和操作规程造成事故的责任者，要给予严肃处理，触及刑法的，交司法机关处理，而且将"安全生产"作为人员的第一考核条件，坚定实行"安全管理的一票否决"不动摇。

由于公司对安全生产工作的重视，自公司成立以来，没有发生任何一起人员伤害事故及大型设备事故。2012 年 12 月，经包头市安全生产监督管理局批准，新源稀土公司荣获安全生产标准化三级企业（有色其他）资质。

2. 力推清洁生产，实现绿色发展

新源公司自成立以来一直以"高起点、高标准、严要求"为原则，以"节能、降耗、减污、增效"为宗旨，不断推进企业环保和清洁生产工作，未发生任何一起环境污染事故，在获得显著的环境效益的同时，也获得了显著的经济效益和社会效益。2005 年新源公司被包头市环境等级评价系统测评为蓝色企业；2006 年作为国家首批开展清洁生产的企业，通过了清洁生产验收；2006 年开展了环境风险评价工作并通过验收。后来，2012年 2 月新源公司还通过了第二轮清洁生产审核，2012 年 3 月通过国家环保部环保核查。因在环境保护方面的持续努力，2012 年 5 月 10 日，环境保护部公布了第二批符合环保法律法规要求的稀土企业，新源公司名列其中。

这一期间，新源公司主要从两个方面来推进清洁生产：一是清洁能源的应用与推广，早在 2002 年 7 月，就与包头市煤气厂签订协议，开始使用煤气烧锅炉、灼烧氧化稀土，结束了工厂自己购买动力能源原料以解决产品生产的用热需求，这样一来大幅度降低了工厂能源燃烧过程产生的废气、残渣排放，消除了刚建厂时的环境污染问题；2006年12月，新源稀土公司再次做出能源调整，正式使用天然气作为清洁能源，相较于其他能源，天然气具有公认的优越性，比煤炭、石油等能源使用安全、热值高、洁净，而且燃烧后无废渣、废水产生。二是积极引进、应用节能减排设备和环保设备。2005年12月，公司建成日处理含铅废水200立方米的环保蒸氨车间一座，并投入运行，在不增加废水生成量、提高蒸氨效率的基础上，向行业先进指标看齐，保证蒸氨废水处理水质达到行业标准；公司总结实际生产中的经验，自主创新最适合稀土行业的环境保护装置，并在2009年10月获得了"工业蒸发尾气回收利用装置"的专利。

第四节　企业转型发展：从红海到蓝海

蓝海战略（Blue Ocean Strategy）最早由欧洲工商管理学院（INSEAD）教授W.钱·金（W. Chan Kim）和勒妮·莫博涅（Renée Mauborgne）于2005年2月合著的《蓝海战略》一书中提出。蓝海战略认为，聚焦于红海等于接受了商战的限制性因素，即在有限的土地上求胜，却否认了商业世界开创新市场的可能。运用蓝海战略，视线将超越竞争对手移向买方需求，跨越现有竞争边界，将不同市场的买方价值元素筛选并重新排序，从给定结构下的定位选择向改变市场结构本身转变。通过跨越现有竞争边界看市场并将不同市场的买方价值元素筛选与重新排序，企业就有可能重建市场和产业边界，开启巨大的潜在需求，从而摆脱"红海"——已知市场空间的血腥竞争，开创"蓝海"——新的市场空间。

2010年以来，随着中国经济社会的发展和对稀土价值认识的深化，稀土产业政策特别是产业上游的开采、冶炼分离领域的政策收紧，促使与稀土行业有关的企业都必须适应这种新形势。在国家稀土产业政策变化的大背景下，在内蒙古自治区包钢稀土力主的稀土产业上游重组和停产保价行动作用下，新源公司开启了战略性转型发展历程，从主要从事稀土上游的冶炼分离和简单稀土提纯转向下游稀土产业的新材料开发和高端应用领域。一方面，做专做精稀土深加工领域；另一方面，向稀土产业价值链增值环节延伸，实现从"红海"到"蓝海"的转变。

一、产业政策的变化促使企业战略性转型

2010 年以来的稀土产业政策，从限制和鼓励两个方面来推动公司进行转型升级：一方面，制定和实施稀土产业链上游如开采、冶炼分离等环节收紧政策，限制企业在稀土产业链活动和扩张，迫使企业不得不向稀土产业链下游发展；另一方面，制定和实施稀土产业调整升级政策和战略性新兴产业发展政策等鼓励和引导企业向稀土产业链下游延伸，向做专做精做深方向发展。

2010 年出台的稀土政策主要有：3 月 30 日，经稀有金属部际协调机制协调，国家发改委、工业和信息化部、国土资源部按照统一的计划指标下达了 2010 年稀有金属矿产品和冶炼分离产品指令性生产计划及开采总量计划。5 月 18 日，国土资源部下发《国土资源部关于开展全国稀土等矿产开发秩序专项整治行动的通知》（国土资发［2010］68 号），开展稀土等矿产开发秩序专项整治行动。配合专项行动，全国 78 个稀土等矿产资源开发整合矿区被列为 2010 年省级重点挂牌督办矿区。8 月 28 日，国务院发布《关于促进企业兼并重组的意见》（国发［2010］27 号），其中包括稀土行业，要求推动优势企业实施强强联合、跨地区兼并重组、境外并购和投资合作，推动产业结构优化升级。

2011 年出台的稀土政策主要有：1 月 24 日，环境保护部、国家质量监督检验检疫总局联合发布《稀土工业污染物排放标准》，该标准自 2011 年 10 月 1 日起实施。这是"十二五"期间，环境保护部发布的第一个国家污染物排放标准，标准的制定和实施将有利于提高稀土行业准入门槛，加快转变稀土行业发展方式，推动稀土产业结构调整，促进稀土行业持续健康发展。4 月 1 日，国家调整稀土原矿资源税税额标准，调整后的税额

标准为：轻稀土，包括氟碳铈矿、独居石矿，60元/吨；中重稀土，包括磷钇矿、离子型稀土矿，30元/吨。开采与铁矿共生、伴生的氟碳铈矿、独居石矿等稀土矿，除征收铁矿石资源税外，按上述规定税额标准征收稀土资源税。5月10日，国务院正式印发了《关于促进稀土行业持续健康发展的若干意见》（国发〔2011〕12号）。该文件明确了稀土行业发展的指导思想、基本原则和发展目标，提出用1~2年建立起规范有序的稀土资源开发、冶炼分离和市场流通秩序，资源无序开采、生态环境恶化、生产盲目扩张和出口走私猖獗的状况得到有效遏制；基本形成以大型企业为主导的稀土行业格局，南方离子型稀土行业排名前三位的企业集团产业集中度达到80%以上；新产品开发和新技术推广应用步伐加快，稀土新材料对下游产业的支撑和保障作用得到明显发挥；初步建立统一、规范、高效的稀土行业管理体系，有关政策和法律法规进一步完善。再用3年左右进一步完善体制机制，形成合理开发、有序生产、高效利用、技术先进、集约发展的稀土行业持续健康发展格局。该文件是迄今为止，国家政府层面发布的有关稀土行业的最高等级、最全面的政策，是指导稀土行业发展的纲领性文件，为稀土行业发展指明了方向。5月，内蒙古自治区人民政府办公厅印发了《内蒙古自治区稀土上游企业整合淘汰工作方案》（内政办发〔2011〕49号），明确由包头钢铁（集团）有限公司整合全区35家稀土采选、冶炼分离企业。11月，国务院四部门牵头开展了稀土开采、生产、环保和打击走私四个专项整治行动。7月13日，科技部发布国家"十二五"科学和技术发展规划，规划中将先进稀土材料列为需大力培育和发展的新材料科技产业化工程之一。具体包括：围绕分离提纯——化合物及金属——高端功能材料——应用全产业链，突破高性能稀土永磁、催化、储氢和发光等材料的制备、应用和产业化关键技术；提高高丰度稀土在化工助剂、轻金属合金、钢铁等材料中的应用水平，促进稀土材料的高效利用。加强知识产权保护和标准制定，培育稀土材料领域的创新型企业。12月20日，国家发展改革委、财政部、工业和信息化部联合下发了《关于组织实施稀土稀有金属新材料研发和产业化专项的通知》（发改办高技

［2011］3165 号），组织实施稀土稀有金属新材料研发和产业化专项，重点支持高性能稀土磁性材料、发光材料、催化材料、储能材料及器件，高性能钨、钼、锆等稀有金属材料及其器件开发、产业化与推广应用。

2012 年出台的稀土政策主要有：2012 年部分省市下达首批稀有金属开采企业及控制指标，纷纷要求有关矿山企业必须严格按照开采总量控制的要求组织生产，严禁超指标生产，2011 年未完成的开采总量控制指标不得跨年度使用。商务部公布 2012 年钨、锑、铟、锡、钼、银六种小金属首批出口配额和第二批钨、锑、锡、铟、钼出口配额，在总量微幅下降的基础上，今后我国小金属出口将全面向有技术含量的深加工产品倾斜，初级原料配额量将大幅减少。5 月 16 日，国家税务总局发布《稀土企业开具的发票纳入增值税防伪税控系统汉字防伪项目管理》文件，要求稀土企业于 6 月 1 日全面变更，统一使用专用发票。稀土专用发票主要是针对稀土矿产品和稀土冶炼分离产品，包括稀土产品及应税劳务共计 368 个品名，仍有部分品种尚未涵盖在内，预计随着发票的推行将逐步完善。7 月，工信部发布《稀土企业准入公告管理暂行办法》，把稀土矿山开发、冶炼分离、金属冶炼建设项目立项申请、土地使用权取得、环境影响评价、节能审查、排污许可、竣工环保验收、安全生产"三同时"、职业卫生"三同时"等手续符合建设项目管理程序要求，产污强度等环保指标达到清洁生产相关标准和规定的要求；稀土矿山开发项目必须具有依法办理的采矿许可证、安全生产许可证、爆破物品和危化品使用许可证等提到了首位。10 月，工信部组织有关部门，重拳打击稀土黑色产业链，为维护正常的稀土生产和市场秩序，决定在有关省（区）组织开展稀土违法违规行为核查整顿工作。

二、内蒙古稀土产业停产保价行动与上游企业重组

2013 年 7 月 1 日，包钢稀土（集团）高科技股份有限公司第四次发布停产保价公告，包括包钢稀土所属企业，以及部分内蒙古自治区稀土生产企业，新源公司也在其中。停产保价行动给新源公司带来巨大的负面影

响，企业停产、员工放假、经济效益大幅滑坡。在这种情况下，新源公司必须开辟新的领域。

我国稀土产品价格经过前几年的快速上升，特别是 2011 年上半年，稀土产品价格上涨速度更快，2011 年 6、7 月的价格与年初相比，轻稀土产品价格上涨了 3 倍以上，中重稀土产品价格上涨了 5 倍。但是，形势很快急转直下，2011 年下半年稀土产品价格出现大幅度跳水，到 11 月，稀土平均价格只有高点时的 60%；稀土出口配额也从"一吨难求"到"无人问津"，1~11 月中国累计出口稀土 14750 吨，仅占全年出口配额总量的 49%。在这种情况下，北方稀土龙头企业包钢稀土公司决定实施停产保价措施，希望扭转价格下滑的状态。但是，由于长期形成市场秩序的无序以及前期政策失误等多种因素作用，市场需求持续低迷，停产保价并不能阻止价格下滑的趋势，稀土价格继续下跌。包钢稀土公司于 2011 年 10 月实施第一次停产保价措施后，2012 年 10 月实施了第二次，2012 年 12 月第三次实施停产保价，每次停产均为 1~2 个月，但对企业的影响远远超过一两个月，而是一个季度、半年或一年。

比停产保价行动对新源公司影响更大的问题是内蒙古自治区稀土上游企业重组。在一系列政策作用下，2012 年 12 月 27 日，包钢稀土与内蒙古自治区内 12 家稀土上游企业及股东分别签署了《稀土上游企业整合重组框架协议》。本次整合重组主要根据 2011 年 5 月内蒙古自治区政府出台《内蒙古稀土上游企业整合淘汰工作方案》等文件精神实施的，将区内稀土原料加工企业分别列入重组合作、补偿关闭、淘汰关停的范围，希望通过对稀土上游企业的整合淘汰，最终形成由包钢集团统一开采、统一选矿、统一冶炼、统一经营和管理的稀土冶炼分离专营工作体制。12 家稀土上游企业分别为：包头市金蒙稀土有限责任公司、包头市玺骏稀土有限责任公司、包头市红天宇稀土磁材有限公司、包头市鑫业新材料有限责任公司、包头市新源稀土高新材料有限公司、包头市三隆稀有金属材料有限公司、包头市圣友稀土有限责任公司、包头市达茂稀土有限责任公司、包头市飞达稀土有限责任公司、内蒙古航天金峡化工有限责任公司、内蒙古生一伦稀土材料有限责任公司、五原县润泽稀土有限责任公司。

根据《框架协议》约定，上述 12 家企业及其股东同意无偿向包钢稀土转让本企业 51% 的股权。重组手续办理完毕后，包钢稀土对 12 家企业的经营战略、经营范围进行统一规划，对其产业、产品布局结构进行相应调整。同时，包钢稀土将在人才、技术、资金、稀土资源、指令性生产计划证券指标和产品出口配额方面给予 12 家企业支持。此次包钢稀土公告对省内 12 家稀土企业重组是包钢稀土重组整合的第一步，重组能否成功将决定着北方稀土整合的方向。虽然《框架协议》有效期一年，若一年内不能签署正式协议，《框架协议》到期自动失效，但是，时间已移至 2014 年 1 月，目前这种情况仍在僵持中，形势如何发展仍有待观察。不可否认，上游企业重组对新源公司上游产品的生产产生巨大影响，企业生产线时不时处于停产状态。

三、新源公司战略性转型举措

为适应我国经济社会发展的新形势特别是稀土产业发展的新形势、新要求，适应市场需求的变化和稀土产业政策的变化，新源公司将以年产 3000 吨高端液晶抛光粉项目和年产 3000 吨稀土催化材料项目为突破口，借助申报国家稀土产业调整升级专项资金和内蒙古自治区战略性新兴产业发展专项资金政策春风，大力推进企业战略性转型升级。

1. 做强做精年产 3000 吨高端液晶抛光粉项目

根据《国务院关于加快培育和发展战略性新兴产业的决定》（国发〔2010〕32 号）和《"十二五"国家战略性新兴产业发展规划》（国发〔2012〕28 号），稀土新材料产业属于战略性新兴产业。2011 年新源公司以申报国家稀土产业调整升级专项资金和内蒙古自治区战略性新兴产业发展专项资金为契机，积极向稀土下游产业链延伸，做专做精做深新材料产业，具体选择的项目是年产 3000 吨高端液晶抛光粉项目。

近年来，随着一些国外大企业相关产业进驻我国，我国稀土抛光粉企业也在生产规模上不断扩大，同时在产品档次上不断得到了提高，来满足全球对抛光材料不断增长的需要。由此可见抛光粉的产量近年来呈逐年递增的趋势，以液晶显示器（LCD）和等离子体显示器（PDP）为代表的平板显示技术已打破了阴极射线管（CRT）一统天下的局面。未来 3 年内，市场对计算机用大屏幕液晶显示器面板的需求将增长 50%，对电视机用大屏幕液晶显示器面板的需求将增长 300%。由于彩电显示屏的大型化和计算机显示器需求的高速增长。LCD 玻璃面板抛光粉是近年来稀土抛光粉的主要增长点，笔记本电脑、液晶电视、手机、数码相机、数码摄像机、MP3 等电子产品的普及使得该类稀土抛光粉的需求不断增加，每年的需求量已超过 20000 吨，并继续快速增长。另外，用于光通信元件、光掩膜、光储存介质（如玻璃磁盘）的稀土抛光粉的增长也较为迅速，将成为最近几年的另一个市场增长点。今后市场对抛光粉的需求仍将不断递增。为适应市场需求，将对年产 3000 吨抛光材料项目进行技术升级改造，从而全面提升抛光粉物理性能及应用性能，使制备的高端液晶抛光粉达到国际水平，为稀土产业调整升级做出贡献。

2. 大力推进年产 3000 吨稀土催化材料项目建设

轻稀土元素由于具有未充满的 4f 原子轨道和镧系收缩等特征，表现出独特的催化性能，使其在机动车尾气净化、石油化工、合成高分子、催化燃烧、燃料电池、室内空气净化及水处理等领域成为不可缺少的核心材料。

在汽车尾气净化催化剂中，所用的稀土主要是氧化铈、氧化镧和氧化镨等，其中氧化铈是关键成分，能有效拓宽汽车尾气的有效空燃比。表1-2 列出了 2001 年以来我国汽车、净化器产量、汽车尾气净化催化剂稀土消费量统计和未来几年的预测。石油炼制与化工也是稀土催化材料应用的一个重要领域。表 1-2 是 2001 年以来中国汽车及净化器产量统计及预测。今后，我国经济的快速发展为稀土催化材料提供了最重要的应用平台和巨大的需求空间。随着国内市场需求量增大，产品应用升级，完全可能带动国内稀土催化材料的消费市场。预计 2015 年，我国各种稀土催化材料将消耗稀土 2 万吨左右。

表1-2 2001年以来中国汽车及净化器产量统计及预测

年 份	2001	2002	2003	2004	2005	2010	2020
汽车产量（万辆）	234.2	325.1	444.4	524	595	800~1000	2400~2800
净化器产量（万套）	130	180	220	310	~460	>1000	
汽车尾气净化催化剂稀土消费量（吨）	270	384	512	620	~920	>3000	
原油加工量（万吨）	19406	19289	21955	24255	26460	~28000	~40000
石油炼制与化工催化剂稀土消费量（吨）	4300	4500	4500	4935	5325	~5500	~8500

注：含外企在中国的本土采购量。

当前，我国稀土催化材料的生产和应用与发达国家相比还有一定差距。这不仅阻碍了轻稀土资源的高效利用，也阻碍了由稀土催化材料带动的能源与环保产业的快速发展。随着我国稀土永磁、荧光粉（主要使用重稀土）等产量的逐年增加，造成了占稀土总量60%~70%的镧、铈等轻稀土的大量积压，导致稀土产业存在着严重的不平衡。因此，从清洁油品生产、机动车尾气净化、燃料电池等领域拓宽稀土催化材料应用，对解决我国稀土材料成分配比失衡、实现稀土资源全面和高效利用具有重大的科学和社会意义。

新源公司凭借多年在稀土新材料领域的工艺装备、技术实力优势，以及销售渠道、所在地区原料优势，开展年产3000吨稀土催化材料项目建设，将给企业带来巨大的经济效益，并具有良好的社会效益和环境效益。

专栏1-1 新源公司大事记

2001年3月成功收购原"包头市新源稀土分公司"。

2001年7月公司"年产3000吨混合稀土和年产3000吨高纯稀土氧化物"项目完成了立项批复。

2001年10月冀代雨董事长被中华人民共和国农业部授予"全国乡镇企业家"称号。

2001年12月申请并取得ISO9002：1994质量体系认证。

2002年7月与包头市煤气厂签订协议，使用煤气烧锅炉，灼烧氧化稀土，解决环境污染问题。

2002 年 7 月年产 3000 吨高纯氧化物稀土萃取生产线试车成功，并投产。

2002 年 10 月申请并取得"生产企业自营进出口权"。

2002 年 12 月包头市工商局授予"守合同，重信用"单位。

2003 年 8 月被内蒙古自治区科技厅认定为"高新技术企业"。

2003 年 10 月完成了 ISO9001：2000 质量体系认证转版工作。

2004 年 1 月通过包头市环保局"建设项目三同时"验收。

2004 年 2 月经"中国稀土网"测评为中国稀土企业十强。

2004 年 4 月经稀土高新区党工委批准，成功组建了"包头市新源稀土高新材料有限公司党支部"。

2005 年 4 月被中国银行九原区支行评为"诚信企业"。

2005 年 12 月建成日处理含铵废水 200 立方米的环保蒸铵车间一座，并投入运行。

2006 年 4 月限期治理工作任务通过包头环保局组织验收。

2006 年 5 月董事长冀代雨被包头市青联评为第四届包头市杰出青年企业家。

2006 年 7 月被包头市环保局评定为"环境表现蓝色企业"。

2006 年 8 月顺利完成了 ISO9000 质量体系的复评换证工作。

2006 年 11 月完成了环境风险评价报告，并通过包头环保局验收。

2006 年 11 月完成了安全现状评价报告，并通过包头市安全监察局验收。

2006 年 12 月完成了内蒙古自治区环保局和内蒙古自治区经委下达的强制清洁生产审核，并顺利通过了验收。

2006 年 12 月公司正式使用天然气作为清洁能源。

2008 年 7 月内蒙古工商局授予"守合同，重信用"单位。

2009 年被认定为国家级高新技术企业。

2012 年 2 月通过了第二轮清洁生产审核。

2012 年 3 月通过国家环保部核查。

专栏 1-2　稀土产业政策

稀土金属因其储量稀少和在现代高科技产业、新能源产业、军事工业等具有日益广泛应用而被称为"工业味精"、"工业维生素"，拥有"科技元素"、"未来元素"的美誉。自 20 世纪 80 年代以来，我国稀土产业在储量、产量、消费量、出口等方面均居世界第一，2010 年前后我国稀土产业的生产和出口占全世界比重在 90% 以上。

但是，多年来我国对稀土资源监管处于失控状态，源自 20 世纪 80 年代实行"有水快流"开采政策至今对稀土资源开采产生不利影响，稀土产业的企业数量多、规模小、粗放经营、滥采乱挖、产能过剩、走私贩私等无序竞争状态一度成为我国矿业秩序混乱的"典型代表"。这种产业竞争无序状态，不仅使宝贵的稀土资源在开采环节上被严重破坏和浪费掉，而且由于开采和冶炼企业在销售环节上竞相压价，"稀土资源卖出土价钱"，使得宝贵的稀土资源大量流失到国外，严重威胁到我国产业安全和经济安全。

2008 年以来，我国加大了稀土资源的保护力度，相继采取了一系列措施，包括实行稀土采矿许可证制度、开采总量控制、生产执行指令性计划、实行出口配额制度，以及提高产业准入标准、加大企业兼并重组力度等。这些措施取得了较好的效果，稀土价格开始一路上升，稀土价格正在由"土价"向正常价值接近，国际话语权大大提高。但是，一些深层次问题依然困扰稀土产业发展，产业组织结构变化不大，矿业开发秩序并未真正好转。并且，当前主要依靠政府行政部门强力推进的资源保护措施也存在着一些"副作用"，需要引起足够重视。

专栏表 1-1　稀土产业政策

2003 年 10 月	稀土金属与稀土氧化物出口退税分别自 17% 与 15% 降为 13%
2004 年 11 月	国家发改委、商务部联合修订《外商投资产业指导目录》，将稀土冶炼、分离（限合资、合作）、稀土勘查、开采、选矿等目录列入禁止外商投资产业目录
2004 年 12 月	商务部、海关总署公布《2005 年出口许可证管理货物目录》，稀土属于实行出口配额许可证管理的货物，实行全球出口许可证管理
2005 年 4 月	财政部、国家税务总局下发《关于调整部分产品出口退税率的通知》，从 5 月 1 日起取消稀土金属、稀有氧化物、稀土盐类产品的出口退税
2005 年 5 月	商务部、海关总署联合发布公告，自 2005 年 5 月 19 日起，将稀土原矿等产品列入价格贸易禁止类产品
2006 年 4 月	中国政府宣布停止发给新的稀土开采执照
2006 年 4 月	2006 年稀土开采配额下调 20%
2006 年 11 月	对稀土矿产品、化合物加征 10% 的出口关税
2006 年 11 月	商务部、海关总署、国家环保总局发布《加工贸易禁止类商品目录》，将 41 种稀土金属、合金、氧化物和盐类等商品列入加工贸易禁止类商品目录
2006 年 12 月	商务部宣布合格稀土产品出口商，家数自 47 家减少为 39 家
2007 年 1 月	稀土矿和冶炼产品生产由指导性改为指令性计划，各省被限定开采量
2007 年 6 月	稀土精矿出口关税自 10% 提高到 15%，稀土金属出口关税则为 10%
2008 年 3 月	对南方稀土矿开采进行严厉整顿，取缔多家非正规稀土矿开采权
2008 年 8 月	2008 年整体稀土出口配额比 2007 年下降 21%
2008 年 11 月	对钇、铕、镝、铽元素出口关税上调 25%，其他产品均上调至 15%
2008 年 12 月	此前不征税的金属镝铁和钕铁硼追加 20% 出口关税
2009 年 1 月	2009 年第一批一般贸易出口配额同比下降 33%
2009 年 4 月	暂停受理稀土矿勘查许可证、采矿许可证申请
2009 年 4 月	2009 年稀土开采限额在 2008 年基础上下降 6%
2009 年 9 月	2009 年一般贸易稀土出口总配额同比下降 3%
2009 年 9 月	2009 年外资企业稀土出口配额同比减少 21%
2010 年 5 月	国土资源部公布《稀土等矿产开发秩序专项整治行动的通知》，6~11 月全国各地开展专项活动
2010 年 12 月	2011 年第一批出口配额总量同比下降 35%
2011 年 2 月	国务院常务会议上研究部署促进稀土行业健康发展的政策措施，制定了稀土行业的"十二五"规划，提出加快稀土关键应用技术的研发和产业化
2011 年 3 月	国家税务总局宣布上调需要资源税，调整后的税额标准为：轻稀土，包括氟碳铈、独居石矿，60 元/吨；中重稀土，包括磷钇矿、离子型稀土矿，30 元/吨
2011 年 5 月	内蒙古自治区政府办公厅印发了由自治区经信委制定的《内蒙古稀土上游企业整合淘汰工作方案》，确定了在呼和浩特、包头和巴彦淖尔 3 市整合 4 家，补偿 22 家，直接关停 9 家稀土冶炼企业的方案，形成包钢稀土一家独营的局面，预计 6 月底完成相关工作

续表

2011 年 5 月	国务院办公厅发布《国务院关于促进稀土行业持续健康发展的若干意见》
2011 年 5 月	国土资源部部长率众前往南方五省调研，定调此次"五省联合行动"的主要任务是打击非法开采，推动稀土资源五省联合监管
2012 年 1 月	工信部发布《新材料产业"十二五"发展规划》，重点建设内蒙古包头等稀土新材料产业基地
2012 年 6 月	国务院发布《中国稀土状况与政策》白皮书，提出中国以 23% 的稀土资源承担了世界 90% 以上的市场，驳斥了欧美在世界贸易组织的诉讼
2012 年 7 月	工信部发布公告《稀土行业准入条件》，作为稀土建设项目进行投资核准管理、国土资源管理、环境影响评价、信贷融资、安全监管等工作的依据
2012 年 12 月	包钢稀土与内蒙古自治区 12 家稀土上游企业签署了《整合重组框架协议》
2013 年 6 月	工信部印发《新材料产业标准化工作三年行动计划》的通知
2013 年 8 月	八部委（工信部、公安部、国土资源部、环保部、海关总署、国税总局、国家工商行政管理总局、国家安全生产监督管理总局），2013 年 8 月 15 日至 11 月 15 日开展打击稀土开采、生产、流通环节违法违规行为专项行动
2013 年 9 月	国土资源部下达 2013 年度稀土矿、钨矿、锑矿开采总量控制指标的通知
2014 年 1 月	国务院批准工信部组建稀土大集团的方案，构建"1+5"格局

专栏表 1-2　稀土开采、生产与出口控制指标

年份	国土资源部下达指标（万吨）	工信部下达指令性生产计划指标（万吨）		商务部下达指标（吨）
	矿开采总量	矿产品	冶炼分离产品	出口配额
2008	8.8	13.0	11.9	47488.8
2009	8.2	12.0	11.1	50145.1
2010	8.9	8.9	8.6	30259.0
2011	9.4	9.4	9.0	30184.0
2012	9.4	9.4	9.0	30996.0

注：稀土开采总量控制指标：2006 年 4 月国土资源部依据全国稀土储量及合法矿山的开采量，首次制定并下达了稀土开采总量控制指标。

稀土指令性生产计划：2007 年起，国家发改委根据稀土市场需求也将稀土矿产品和冶炼分离产品生产纳入指令性计划管理，2009 年起由工信部发布指令性生产计划。

出口配额管理：1999 年我国对外贸易经济合作部发布第一号公告，决定对 13 种商品实行配额管理，稀土产品为新增配额管理商品，列入《1999 年出口许可证管理商品分级发证目录》中的第 7 类。2007 年以来加强了出口配额管理，但在 2010 年以后，出口配额指标多于实际出口指标，出口配额管理名存实亡。

第二章　企业治理结构和管理制度

本章梳理了新源公司的企业治理结构，并就其基本组织结构及其职权配置和主要的管理制度进行了归纳总结，以实现对该公司的治理结构和基本制度进行全方位、立体式、概括性总结，从而在整体上反映企业基本体制和制度全貌。

企业治理结构和管理制度是企业运行的基本制度安排，是决定企业能否健康可持续发展的制度性、基础性保障。良好的企业治理结构，可解决企业各方权力制衡问题，对公司能否高效运转、是否具有竞争力，起到决定性的作用。企业管理制度是保持企业良性运转的工具，健全完善的企业管理制度有利于优化企业的管理流程，提高企业的管理效能，提升公司的经济运行质量及员工工作效率。

第一节　企业治理结构

企业治理结构，指为实现公司最佳经营业绩，公司所有权与经营权基于信托责任而形成相互制衡关系的结构性制度安排。为规范公司运作，完善公司治理结构，根据《公司法》、《证券法》及其他相关法律、法规确定的基本原则，新源公司制定了《公司章程》，确立了公司的基本治理结构。即：公司内设机构由董事会、监事会和总经理组成，分别履行公司战略决策职能、纪律监督职能和经营管理职能，在遵照职权相互制衡前提下，客观、公正、专业地开展公司治理，对股东（大）会负责，以维护和争取公司实现最佳的经营业绩。董事会是股东（大）会闭会期间的办事机构。股东（大）会、董事会和监事会皆以形成决议的方式履行职能，总经理则以行政决定和执行力予以履行职能。具体而言，新源公司的企业治理结构主要包括：①股东与股东大会；②董事与董事会；③监事与监事会；④经理层；⑤党支部和工会。

一、股东与股东大会

1. 股东及股权结构

新源公司成立于 2001 年 9 月，企业类型为有限责任公司。按照公司章程，2001 年新源公司的股东及出资情况如下：冀代雨以实物出资 400 万元，并以人民币出资 120 万元，占注册资本比例为 51%；中国有色金属进出口广东公司以货币出资人民币 500 万元，占注册资本的 49%。根据历年来企业股东及股权结构变化表（见表 2-1）可以看出，2008 年以来，新源公司股东结构一直保持稳定，股东及其股权结构没有发生变动。

表 2-1　历年来企业股东及股权结构变化表

指标	2008 年	2009 年	2010 年	2011 年	2012 年
一、企业股权结构：所有制结构					
1. 法人资本（国有企业法人）（%）	49	49	49	49	49
2. 个人资本（董事长）（%）	51	51	51	51	51
二、企业股权结构：前两股东结构					
1. 第一大股东名称	冀代雨	冀代雨	冀代雨	冀代雨	冀代雨
2. 第一大股东持股比例（%）	51	51	51	51	51
3. 第二大股东名称	广东广晟有色金属进出口有限公司	广晟有色金属进出口有限公司	广晟有色金属进出口有限公司	广晟有色金属进出口有限公司	广晟有色金属进出口有限公司
4. 第二大股东持股比例（%）	49	49	49	49	49

注：中国有色金属进出口广东公司于 2007 年 11 月更名为广东广晟有色金属进出口有限公司。

2. 股东权利、义务

根据公司章程，新源公司股东享有以下权利：①出席股东会，按投资比例行使表决权；②选举或者被选举为公司董事、监事；③按出资比例分取红利；④查阅股东会会议记录和公司的财务会计报告；⑤优先认购公司增加的注册资本；⑥转让全部或者部分出资；⑦在同等条件下优先购买其他股东转让的出资；⑧公司解散时，按出资比例分取剩余的财产。

根据公司章程，新源公司股东有以下义务：①按时足额交纳所认购的出资；②股东在公司登记后，不得抽回注册资金；③以实物或无形资产出资的股东，在公司成立后，发现其出资实际价格显著低于公司章程所定价格的，应当补交其差额；④依法转让出资；⑤遵守公司章程。

除此之外，根据公司章程，股东之间还可以相互转让其全部或部分出资。且股东向股东以外的人转让其出资时，必须经过全体股东过半数同意；不同意转让的股东应当购买该转让的出资，如果在 15 日内不购买该转让的出资，即视为同意转让。经股东同意转让的出资，在同等条件下，其他股东对该转让的出资具有优先购买权。

3. 股东会

新源公司设股东会，股东会由公司的全体股东组成，是公司的最高权力机构和最高决策机构。股东会行使以下职权：①决定公司经营方针和投资计划。②选举和更换董事、决定有关董事的报酬事项。③选举和更换由股东代表聘任的监事，决定有关监事的报酬事项。④审议批准董事会的报告。⑤审议批准监事会的报告。⑥审议批准公司的年度财务预算方案、决算方案。⑦审议批准公司的利润分配方案和弥补亏损方案。⑧对公司增加或者减少注册资本作出决议。⑨对股东向股东以外的人转让出资作出决议。⑩对公司合并、分立、变更公司形式、解散和清算等事项作出决议。⑪修改公司章程。

公司章程还规定：①股东会对公司增加或者减少注册资本、合并、分立、解散、变更公司形式、修改公司章程作出决议，必须经持公司资本 2/3 以上表决权的股东通过。②股东会对公司增加或者减少注册资本、合并、分立、解散、变更公司形式、修改公司章程作出决议时，应采用书面形式表决。③股东会会议由股东按出资比例行使表决权。④股东会定期会议每

6个月召开一次。股东会会议由董事长召集，董事长主持，董事长因特殊原因不能履行职务时，由董事会指定副董事长或其他董事主持。⑤遇下列情况，经代表1/4以上表决权的股东，1/3以上的董事，或者监事的提议，可以召开临时股东会：公司出现严重亏损；董事有严重违法行为；董事会长期不履行职责。⑥经代表1/4以上表决权的股东，1/3以上的董事，或者监事提议召开的临时股东会会议，董事会应及时召开，如提议后的15日内不召开临时股东会会议，可由提议人主持召开临时股东会会议。临时股东会会议的职权，与定期股东会会议相同。⑦召开股东会会议，应当于会期15日以前书面通知全体股东。⑧股东会应当对所议事项的决定做成会议记录，出席会议的股东应当在会议记录上签名。

二、董事与董事会

1. 基本情况

按照公司章程，新源公司依法设立了董事会，代表股东行使经营决策权和管理权。公司章程约定，董事会成员为5人，由每个股东按照出资比例负责推荐，并由股东会选举产生。董事会设董事长1人，由董事会选举产生。董事每届任期3年，任期届满可以连选连任。董事在任期届满前，董事会不得无故解除其职务。2012年新源公司董事会成员的基本信息如表2-2所示，可以看出，目前该公司董事会成员为5人，分别是冀代雨、严小必、王蓉、冀代明、高根利。

表2-2 新源公司董事会基本信息汇总

序号	姓名	性别	职务	年龄（岁）	政治面貌	学历	专业
1	冀代雨	男	董事长兼总经理	45	党员	研究生	工商企业管理
2	严小必	男	董事会成员	59	群众	大学	—
3	王蓉	女	董事会成员	50	群众	大学	—
4	冀代明	男	副总（董事会成员）	34	党员	大学	计算机应用
5	高根利	男	书记（董事会成员）	47	党员	中专	—

2. 董事会

根据公司章程的规定，董事会议由董事长召集主持。董事会所议事项的决定应做成会议记录，出席会议的董事应在会议记录上签字。董事会议采取一人一票表决制度，决议须有出席董事多数票同意才能通过。通常情况下，召开董事会，应由全体董事参加，特殊情况下，也必须由2/3以上董事参加，且1/3以上董事要求召开董事会，董事长应及时组织召开。特殊情况下董事长可随时召集董事会会议。公司董事的任职条件，应符合《公司法》及有关法律、法规的规定，违反者该选举、委派或者聘任无效。

董事会对股东会负责，行使下列职权：①负责召集股东会，并向股东会报告工作。②执行董事会的决议。③决定公司的经营计划和投资方案。④制订公司的年度财务预算方案和决算方案。⑤制订公司的利润分配方案和弥补亏损方案。⑥制订公司增加或者减少注册资本的方案。⑦拟订公司合并、分立、变更公司形式、解散的方案。⑧决定公司内部管理机构的设置。⑨决定聘任或者解聘公司经理、财务负责人。⑩根据经理提名决定聘任或解聘公司副经理，决定经理、副经理、财务负责人报酬事项。⑪制定公司的基本管理制度。

董事会的议事规则如下：①董事会每年召开例会两次，由董事长召集主持。董事长因特殊原因不能或不履行职务时，由半数以上的董事共同推选一名董事履行职务。②公司遇到下列情况时，经1/3以上董事提议，可以召开临时董事会会议：公司出现严重亏损；董事有严重违法行为；发现公司经营决策有重大失误，会给公司造成重大损失时。③经2/3以上董事提议，临时董事会会议应及时召开。④董事会会议对下列事项进行表决时，须经2/3以上董事同意，并以书面形式表决通过：重大人事任免；重大经营计划和投资方案。⑤召集董事会会议，应当于会期10日前书面通知全体董事。⑥董事会要对所议事项的决定做成会议记录，出席会议的董事应在会议记录上签名。

3. 董事

董事是指由公司股东会选举产生的具有实际权力和权威的管理公司事

务的人员，是公司内部治理的主要力量，对内管理公司事务，对外代表公司进行经济活动。占据董事职位的人可以是自然人，也可以是法人。但法人充当公司董事时，应指定一名有行为能力的自然人为代理人。目前新源公司董事有 5 人。

新源公司的公司章程规定，公司董事具有下列义务、责任：①董事应当遵守公司章程，忠诚履行职务，维护公司利益，不得利用在公司的地位和职权谋取私利，不得收受贿赂或者牟取其他非法收入，不得侵占公司的财产。②董事不得挪用公司资金或者将公司资金借贷给他人；不得将公司资产为本公司的股东或者其他个人债务提供担保。③董事未经股东会同意，不得自营或者为他人经营与本公司同类的营业或者从事损害本公司利益的活动。从事上述营业或者活动的，所得收入应当归公司所有。除公司章程规定或者股东会同意外，董事不得同本公司签署合同或者进行交易。④董事执行公司职务时，违反法律、行政法规或者公司章程的规定，给公司造成损失的，应当承担赔偿责任。

三、监事和监事会

监事会是由股东（大）会选举的监事以及由公司职工民主选举的监事组成的，对公司的法律教育网业务活动进行监督和检查的法定必设和常设机构。根据新源公司章程，公司设监事会，监事会由股东各委派 1 人组成。明确要求公司董事、经理、财务负责人不得兼任监事。监事每届任期 3 年，任届期满，可以连选连任。且监事列席董事会会议。公司监事的任职条件，应符合《公司法》及有关法律、法规的规定，违反者该选举、委派或者聘任无效。

根据新源公司章程第三十五条，监事行使下列职权：①检查公司的财务。②对董事、经理执行公司职务时违反法律、法规或者公司章程的行为进行监督。③当董事和经理的行为损害公司的利益时，要求董事和经理予以纠正。④提议召开临时股东会。⑤公司章程规定的其他职权。

根据新源公司章程规定，公司监事具有以下义务、责任：①监事应当遵守公司章程，忠诚履行职务，维护公司利益，不得利用在公司的地位和职权谋取私利，不得收受贿赂或者牟取其他非法收入，不得侵占公司的财产。②监事执行公司职务时，违反法律、行政法规或者公司章程的规定，给公司造成损失的，应当承担赔偿责任。

四、经理层

新源公司章程第三十一条规定，公司经理由董事会聘任或解聘。经理对董事会负责，且列席董事会会议。公司经理的任职条件，应符合《公司法》及有关法律、法规的规定，违反者该选举、委派或者聘任无效。表2-3揭示了新源公司经理层的基本信息。可以看出，目前经理由冀代雨董事长兼任，除此之外，还有3位副总分别主管销售、生产和技术。其中，冀代明副总分管销售业务；鲁继涛副总分管生产业务；苏云飞副总分管工艺技术。值得一提的是，新源公司作为私人控股企业，成立了党支部，其中党支部书记由副总经理兼任体现在企业治理结构中。

表 2-3　公司经理层基本信息

序号	姓名	性别	职务	年龄(岁)	政治面貌	学历	专业
1	冀代雨	男	董事长兼总经理	46	党员	研究生	工商管理
2	冀代明	男	副总	34	党员	本科	计算机应用
3	高根利	男	现场总监兼党支部书记	47	党员	中专	—
4	鲁继涛	男	副总	35	党员	中专	钢铁冶炼
5	苏云飞	男	工艺技术总监	45	党员	大专	机电一体化

根据公司章程，目前公司经理层行使下列职权：①主持公司的生产经营管理工作，组织实施董事会决议。②组织实施公司年度经营计划和投资方案。③拟订公司内部管理机构设置方案。④拟订公司的基本管理制度。⑤制定公司的具体规章。⑥提请聘任或者解聘除应由董事会聘任或者解聘以外的管理人员。⑦代表公司与公司职工签订劳动合同。⑧董事会授予的其他职权。

公司经理的义务、责任：①经理应当遵守公司章程，忠诚履行职务，维护公司利益，不得利用在公司的地位和职权谋取私利，不得收受贿赂或者牟取其他非法收入，不得侵占公司的财产。②经理不得挪用公司资金或者将公司资金借贷给他人；不得将公司资产为本公司的股东或者其他个人债务提供担保。③经理未经股东会同意，不得自营或者为他人经营与本公司同类的业务或者从事损害本公司利益的活动。从事上述业务或者活动的，所得收入应当归公司所有。除公司章程规定或者股东会同意外，经理不得同本公司签署合同或者进行交易。④经理执行公司职务时，违反法律、行政法规或者公司章程的规定，给公司造成损失的，应当承担赔偿责任。

五、党支部和工会

1. 党支部

尽管新源公司是一个自然人控股的有限责任公司，但仍然于2004年设立了党支部。自成立以来，在高新区党工委以及公司领导的关怀下，党支部按照规程来完成党支部的工作，不断地强化党组织力量和党员员工党性意识，充分发挥党支部在组织中的战斗堡垒作用，通过加强党建工作，提高团队理念。团结以党员为核心的员工队伍，推动学习型的企业文化建设，从而来增强党组织凝聚力和战斗力。

包头市新源稀土党支部设党支部书记、组织委员、宣传委员。其中，高根利为党支部书记，冀代雨为组织委员，王秋萍为宣传委员。公司现有党员15人。

由于是典型的民营企业，在新源公司中，虽然党组织不再占有和支配企业的物质资源，却拥有独特的思想政治资源，以及密切联系群众的优良传统。通过调研发现，新源公司员工身份社会化的特点比较明显，党支部的工作开展更加具有积极的社会意义。新源公司党支部，采取"一个党员一盏灯，一个党员一面旗"的示范作用，充分发挥党员在民企中的作用。成立多年来，能够坚持每月组织一次党员民主生活会，学习党的基本路线、方针、政策。充分发挥老党员的先锋模范带头作用，发扬"一帮一、一带一"的优良传统，对入党积极分子精心培养，做到成熟一个，发展一个，自党支部成立以来共计发展了6名新党员。

新源公司多年来党建工作取得了丰硕成果。新源公司的党建思路，就是紧紧围绕公司的发展来开展党建工作。公司董事长兼总经理同时兼党支部委员，这种机制的建立使公司的经济发展和精神文明建设得到同步的提升，几年来尽管稀土行业起起伏伏，而新源稀土始终稳步发展，在企业利润和税收增加的同时，员工也得到了极大的实惠，员工的精神面貌也发生了变化，几年来公司没有出现过违法乱纪、寻衅滋事的，而出现的是主动为国分忧，勇于承担社会责任。2008年汶川地震后，在党支部的倡导下，党员和积极分子主动捐款献爱心，带动全体员工积极响应；2010年玉树地震，员工们照样慷慨解囊。同样，公司通过党建工作，使企业不仅自觉地履行经济责任，而且自觉地履行着政治责任和社会责任，共为15名学生资助完成学业，拿出9.5万元支持社会公益事业，公司董事长兼总经理冀代雨同志多次被评为市级和开发区级优秀共产党员，实现了企业党建与企业发展工作相互促进、相互协调的局面。新源稀土公司党支部牌匾如图2-1所示。

图2-1　新源稀土公司党支部牌匾

2. 工会

工会是中国共产党领导的职工自愿结合的工人阶级群众组织，是党联系职工群众的桥梁和纽带，是国家政权的重要社会支柱，是会员和职工利益的代表。为保护工人利益，体现职工诉求，新源公司也成立了工会。工会组织岗位设置共4人：目前工会主席由党支部书记高根利兼任，女工委员为刘瑛，工会委员为鲁继涛，财务委员为吴春玲。不难发现，为充分发挥人力资源优势，降低企业人力资源成本，新源公司党支部和工会两部门大多由企业经营职能部门负责人或一线工人兼职担任。

新源公司工会具有以下权利：①参与管理国家事务、经济文化事业和社会事务的权利；②对执行劳动法的监督权；③保障职工依法行使民主参与的权利；④帮助、指导员工与企业签订劳动合同和代表职工与企业签订集体合同的权利。新源公司工会的主要职责有：①教育职工的职责；②组织职工开展社会主义劳动竞赛，开展群众性的合理化建议、技术革新和技术协作活动，提高劳动生产率和经济效益，发展社会生产力；③协助企业办好职工集体福利事业，做好工资、劳动保护和劳动保险工作。

第二节　企业组织结构与职权配置

企业的组织结构与职权配置，是指企业决策权的划分体系以及各部门的分工协作体系。组织结构是表明组织各部分排列顺序、空间位置、聚散状态、联系方式以及各要素之间相互关系的一种模式，是整个管理系统的"框架"。组织结构需要根据企业总目标，把企业管理要素配置在一定的方位上，确定其活动条件，规定其活动范围，形成相对稳定的科学的管理体系。没有组织结构的企业将是一盘散沙，组织结构不合理会严重阻碍企业的正常运作，甚至导致企业经营的彻底失败。相反，适宜、高效的组织结构能够最大限度地释放企业的能量，使组织更好地发挥协同效应，达到"1+1>2"的合理运营状态。通过调研我们发现，新源公司是典型的直线职能制组织结构。

新源公司直线职能制组织结构的特征是：①命令、指挥集中在企业最高层——也就是总经理手中；②为各级领导设置职能部门或职能人员，以此作为主要领导人的参谋和助手，并发挥其专业管理的作用；③职能部门对基层作业部门有指导权、监督权，一般没有指挥权，指挥权由企业主要领导人行使。

一、企业组织机构设置

为确定组织机构，规定各部门的工作职责，协调各部门工作关系，提高工作效率，新源公司专门制定了《组织与权责控制程序》，明确了公司的组织机构及其职能定位，并适时进行调整以适应公司发展。《组织与权责控制程序》适用范围涵盖整个公司。其基本结构如图2-2所示。

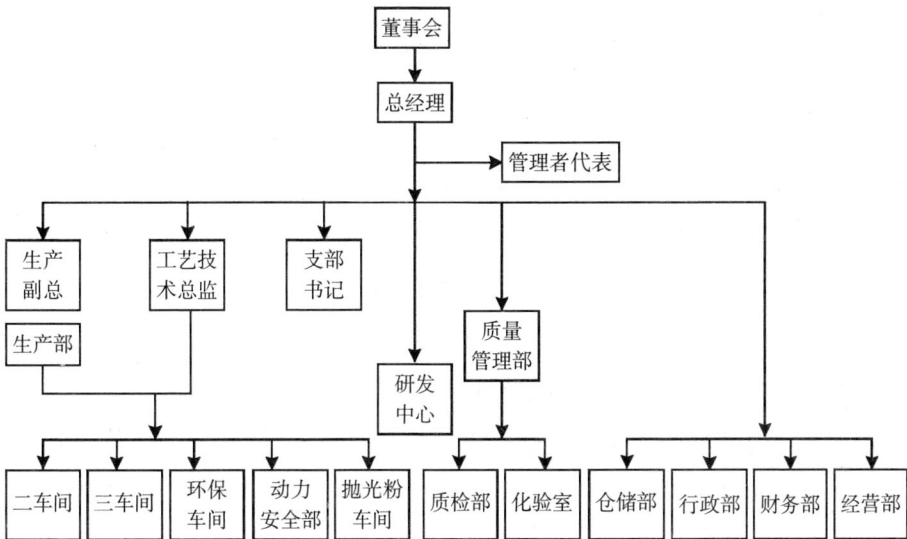

图 2-2　组织机构

按照《公司法》，新源公司《公司章程》中明确了较为健全的组织结构。公司组织机构中共包括14个部门，分别是董事会、总经理、管理者代表、工艺技术总监、现场总监兼党支部书记、生产副总、行政部、质量管理部、生产部、经营部、财务部、仓储部、动力安全部、研发中心

（新设立）。

二、各机构职能划分

1. 董事会

董事会是公司最高权力机构，决定公司所有重大事项：①审定公司的发展规划、年度生产经营计划。②确定公司的经营方针和管理机构的设置。③审查公司年度财务预算、决算方案和利润分配方案。④听取和审查总经理的工作报告。⑤对公司增资、分立、合并、终止和清算等重大事项提出方案。⑥聘任和解聘公司总经理及其他高级管理人员。⑦讨论决定股东提出的提案。

2. 总经理

①对公司产品质量负全责。②组织实施董事会决议并定期向董事会报告工作。③全面负责公司的日常行政和业务活动。④制定公司的发展规划、生产经营计划草案。⑤组织有关人员对质量管理体系进行全面策划，制定质量方针和质量目标。⑥任命管理者代表，主持管理评审工作并对产品质量负全责。⑦提出公司组织机构设置方案，明确各级的职责权限和接口关系、配置资源，形成高效率的工作体系。⑧主持公司管理体系的建立、运作与改进工作。⑨组织制定公司规章制度。⑩提出公司年度财务预、决算方案和利润分配方案。⑪提名公司各部门负责人及任免各级管理人员。⑫决定本公司职工的奖励和处分、聘用和辞退。⑬代表本公司对外处理业务。⑭董事会授予的其他权力。

3. 管理者代表

管理者代表是总经理的工作助理，依照总经理的指示和授权开展工作：①对产品质量提出改进措施，报最高管理者决策。②负责内审工作的指挥协调，参与质量评审会和质量分析会。③负责整个组织内提高满足顾客要求的意识，保证质量管理体系实施和保持。④负责与质量管理体系有关事宜的外部联络。

4. 工艺技术总监

①负责公司生产技术管理，组织重大技术决策和技术方案的制定和实施。②编制并审定生产工艺规程，负责新工艺、新产品、新技术的引进和应用工作。③监督、控制生产工艺规程的执行、落实情况，组织生产车间和有关部门不断改进优化生产工艺，为生产提供技术保障。④收集同行业及稀土应用等相关信息，研究最新技术发展方向、组织制定企业技术发展规划。⑤制定技术人员、工艺操作人员培训计划，并负责组织技术培训工作的落实。⑥负责重大技术合作、重点高新产品项目谈判的技术准备工作，为决策提供技术依据。⑦完成总经理交办的其他工作。

5. 党支部书记兼现场总监

①抓好党员的教育管理工作，增强党员在思想建设、科技创新、技能学习等方面的带头作用。②参与公司重大问题的决策，支持和监督经理履行职责协调公司内部关系，调动各方面积极性。③负责做好公司行政部的管理、精神文明建设和职工思想政治工作。④组织安排好党员、干部及支部委员会的学习，加强支部委员会的自身建设，发挥支部委员会的集体领导作用。⑤负责干部的推荐、考察、培养、教育工作，认真抓好党的组织建设，及时吸收优秀积极分子加入党的组织。⑥领导工会、共青团等群团组织，支持他们根据各自章程，独立开展工作，落实公司制度、政策。⑦负责公司现场的组织与管理、监督。⑧完成总经理交办的其他工作。

6. 生产副总

①组织建立和完善生产指挥系统，实现安全生产。②编制生产计划，检查生产工作，确保生产任务的完成。③根据生产运行计划，掌握生产进度，搞好各车间的协调，组织分配劳动力，平衡调度设备材料。④每周定期召开生产会，分析生产形势，提出解决问题的办法和措施。⑤根据生产需求，编制物资采购计划，并认真实施，及时联系解决生产缺口物资。⑥抓好设备管理，提出更新改造方案，定期组织维修保养。⑦负责生产中的技术和质量保证工作，发现问题及时组织解决和处理，重大问题直接报

总经理。⑧完成总经理交办的其他工作。

7. 行政部

①贯彻落实公司的质量方针、质量目标和各项规章制度，教育员工遵章守纪，提高员工综合素质，激励员工工作积极性。②组织制定并不断完善企业经济责任制考核方案并负责实施；对公司各项管理工作成效进行日常监督、考核和处置，及时发现、纠正企业管理工作中的不足；完善和保持公司各项管理制度的有效运行，督促、检查质量方针、质量目标的贯彻、落实。③负责文件和资料控制的归口管理，组织质量体系文件的归档分发，行政文件、技术文件、设备档案和有关资料等的收集及保密工作的管理和归档。④负责企业文化建设及厂区内美化、绿化、环境卫生和文明生产工作。⑤负责制定各类人员的岗位职责，经批准发布后组织实施并考核。⑥组织制定劳动保护用品发放标准，负责审批劳动保护用品的发放。⑦负责公司有关诉讼涉及法律事项的管理。⑧负责食堂、浴池、职工宿舍和办公楼及土地、房屋建筑的管理。⑨负责打字、复印、传真、通信和文书工作及商标管理。⑩负责公司对外接待及相应对外联络、对内信息传递。⑪负责办公用品、用具、设备及机动车辆（叉车除外）管理，及办理车辆相关手续。⑫负责公司安全保卫（包括夜间安全保卫工作）和消防管理。⑬负责劳动用工和人事管理，组织员工培训、审核工资总额、检查劳动纪律。⑭负责本部门的各种原始记录、台账、报表等填写、汇总、分析、传递和反馈工作；做好本部门生产、经营、管理任务的分解、考核工作；按规定时间、线路传递、反馈由本部门归口管理的经济技术指标的考核结果。⑮完成领导交办的工作及公司管理制度中规定的其他工作。

8. 质量管理部

①贯彻落实公司的质量方针、质量目标和各项规章制度，教育员工遵章守纪，提高员工综合素质，激励员工生产工作积极性。②组织编写、修订质量管理体系文件，全面负责质量管理体系运行的日常管理，对质量管理体系运行的持续和有效负责。③负责质量管理体系记录的归口管理，组

织内部质量审核，纠正和预防措施的实施、跟踪和验证工作。④负责对进货、过程和最终产品的质量制定并对检验职能的履行进行监督和管理，确保最终产品的合格率。⑤参与合同评审和对供方的评价选择。安排对供方提供的样品进行检验和试验，并评价其质量保证能力。⑥对公司全员质量意识的提高负责。⑦代表公司拒收不合格的原材料、辅料，有权禁止不合格产品出厂。对不执行检验、测量和试验设备程序的部门和人员追究责任。⑧选定、编制、修改并经授权批准执行原料、辅料、中间产品和出厂产品的检验规程。⑨负责本部门的各种原始记录、台账、报表等填写、汇总、分析、传递和反馈工作，做好本部门生产、经营、管理任务的分解、考核工作。按规定时间、线路传递、反馈由本部门归档管理的经济技术指标的考核结果。⑩完成领导交办的工作及公司管理制度中规定的其他工作。

9. 生产部

①贯彻落实公司的质量方针、质量目标和各项规章制度，教育员工遵章守纪，提高员工综合素质，激励员工工作积极性。②直接领导各车间依据产品生产计划（年、月）组织协调公司的生产工作。③依据产品生产计划制定原辅材料、机物料的使用计划，推广应用统计技术。④制定企业产品标准、内控标准、包装标准、原辅材料采购标准。⑤下达作业指导书和作业指令，编制各生产工序原辅材料消耗定额等企业技术文件。⑥负责对产品生产过程中工艺技术文件执行情况进行监督、管理。⑦负责对严重及重大不合格产品组织评审并处置。⑧负责组织实施新产品的研制开发，具体组织新工艺技术的研发引进。⑨负责公司安全生产管理职业卫生和环境保护工作。⑩负责公司生产、动力设备的管理及非标备品备件的外协工作。⑪负责提出各车间员工的录用，车间之间调动、辞退等建议。⑫根据考核结果审核各车间应得工资总额。⑬协助公司值班人员共同做好夜间的安全保卫工作。⑭负责公司的生产统计工作。⑮负责本部门的各种原始记录、台账、报表等填写、汇总、分析、传递和反馈工作。⑯做好本部门生产、经营、管理任务的分解、考核工作。⑰按规定时间、线路传递、反馈

由本部门归档管理的经济技术指标的考核结果。⑱完成领导交办的工作及公司管理制度中规定的其他工作。

10. 经营部

①贯彻落实公司的质量方针、质量目标和各项规章制度，教育员工遵章守纪，提高员工综合素质，激励员工工作积极性。②根据市场预测、合同、生产能力和库存情况编制年度和月产品生产计划。③负责产品销售和售后服务工作、顾客投诉。④建立顾客档案，向国内外顾客提供宣传和咨询。⑤负责合同评审的组织实施。对交付的产品及其标识进行防护，确保按质、按量、按交货期向顾客提供产品。⑥负责出口产品的报关工作及产品外协加工工作。⑦经常开展市场调研及时向领导和生产技术部门反馈信息，协助做好新产品的开发和新技术的应用工作。⑧负责对供方进行评审、选择，编制合格供方名单并建立档案。⑨依据原辅材料、机物料使用计划和库存情况组织实施采购，确保采购产品及时并满足规定要求。⑩负责本部门的各种原始记录、台账、报表等填写、汇总、分析、传递和反馈工作。⑪做好本部门生产、经营、管理任务的分解、考核工作。⑫按规定时间、线路传递、反馈由本部门归档管理的经济技术指标的考核结果。⑬完成领导交办工作及公司管理制度中规定的其他工作。

11. 财务部

①贯彻落实公司的质量方针、质量目标和各项规章制度，教育员工遵章守纪，提高员工综合素质，激励员工工作积极性。②负责制定并依据企业财务管理制度，做好流动资金管理、固定资产管理、现金、费用管理，做好会计核算、经济核算、经济活动分析和会计档案保管等工作。③统一管理和指导全公司的核算工作。④负责公司及车间级生产产品的目标成本管理工作。⑤协调指导仓管工作。⑥依据产品成本的统计、核算和分析工作，每月定期向总经理提供经济分析数据和指标。⑦负责公司各项经济指标的汇总、审定和考核，做好综合统计及管理工作。⑧负责本部门的各种原始记录、台账、报表等填写、汇总、分析、传递和反馈工作。⑨做

好本部门生产、经营、管理任务的分解、考核工作。⑩按规定时间、线路传递、反馈由本部门归口管理的经济技术指标的考核结果。⑪完成领导交办的工作和公司管理制度中规定的其他工作。

12. 仓储部

①严格遵守公司质量管理体系文件的规定和本制度的有关规定。②各类物资，如原辅材料、产品及备品备件等要分类、分库存放。③库房要建立健全出入库记录，做到账、物、卡一致。④库房物资及库存情况不得向无关人员泄露，更不能向厂外泄露。⑤库房内严禁存放无账、无名称、无规格、无数量、无入库手续的物品。⑥未经检验或检验不合格的物资确需入库保存时，应放入待检区，并做好记录。⑦未经总经理批准，库房内不得存放私人财物和厂外物资。⑧库管员要及时向部长汇报库存情况，每日报库存日报表。⑨对库存物资要按规定定期盘点，盘点情况以书面形式呈报总经理。⑩库房内要保持整洁、卫生、物资摆放有序，标识明显。⑪库房要加强防火、防水、防盗等防患措施，并保持良好通风。⑫对原材料、辅助材料和备品备件要建立库房最高最低限额储备制度，高于最高储备和低于最低储备量时，库管员要及时通报经营部长。《原材料、辅助材料最高最低储备限额》由经营部制定；备品备件最高最低储备限额由生产部制定。

13. 机修动力部

①贯彻落实公司的质量方针、质量目标和各项规章制度，教育员工遵章守纪，提高员工综合素质，激励员工生产积极性。②负责全公司水、电、蒸汽、燃气的供应及部分设备的新增、制作和安装。③负责全厂设备维护和检修。④负责本部门的各种原始记录、台账、报表等填写、汇总、分析、传递和反馈工作。⑤做好本部门生产、经营、管理任务的分解、考核工作。⑥按规定时间、线路传递、反馈由本部门归档管理的经济技术指标的考核结果。⑦完成领导交办的工作和公司管理制度中规定的其他工作。

14. 研发中心

①全面了解、把握国家、自治区、市有关稀土产业的科技、产业政策和发展方向。②加强对外联系和宣传，积极争取上级部门的项目支持。③积极开展国内外科技合作与交流，加强与院校的合作。④积极研发、应用稀土生产新技术、新工艺，提高稀土产品的科技含量和技术附加值，塑造高品质品牌，参与市场竞争。⑤积极完成领导交办的各项任务。

第三节　企业主要管理制度

企业主要管理制度是企业进行生产经营的基础性、保障性制度安排。目前新源公司管理制度主要有：生产管理制度、采购与销售管理制度、人力资源管理制度、财务管理制度、研发管理制度、质量管理制度、环境保护制度、安全生产管理制度、后勤保障制度九大方面内容。这些企业管理制度是对企业管理活动的制度性安排，涉及公司经营目的和观念、公司目标与战略、公司的管理组织以及各业务职能领域活动等。

一、企业主要管理制度概述

企业管理是项非常复杂与烦琐的动态管控过程，它没有一成不变的管理模式，但是有一定遵循的管理规律。企业主要管理制度，一般是系统性的、严谨而权威性的、不断创新而符合企业实际发展运行的管理体系。因此，一套系统完整、高效权威的企业管理体系对于复杂繁琐的企业管理必不可少，企业标准化管理体系就是这样一项企业管理的基本工具。企业标准化管理体系涉及了企业管理制度的方方面面，其中包括职业素质标准、岗位职责标准、岗位考评标准、企业全面形象管理、组织管理、行政后勤保障管理、人力资源管理、生产管理、技术研发管理、设备管理、质量管理、财务管理、物控管理、营销管理、经济合同管理、管理判例等方面，是企业管理运行较为完备的制度体系。为提高产品质量和管理水平，适应市场经济的要求，新源公司于 2001 年通过了 CQCISO9002：1994 质量体系认证，基本建立了较为完善的企业管理制度、企业标准化管理体系。

企业管理制度是企业员工在企业生产经营活动中共同遵守的规定和准则的总称，企业管理制度的表现形式或组成包括企业组织机构设计、职能部门划分及职能分工、岗位工作说明、专业管理制度、工作或流程、管理表单等管理制度类文件。企业管理制度是实现企业目标的有力措施和手段，它作为员工行为规范的模式，能使员工个人的活动得以合理进行，同时又成为维护员工共同利益的一种强制手段。因此，企业各项管理制度，是企业进行正常经营管理所必需的，它是一种强有力的保证。通过调研，我们发现目前新源公司的基本管理制度主要包括生产管理制度、采购与销售管理制度、人力资源管理制度、财务管理制度、研发管理制度、质量管理制度、环境保护制度、安全生产管理制度、后勤保障制度九方面的内容（见图 2-3）。

图 2-3 企业主要管理制度

二、生产管理制度

为了规范企业生产经营行为，新源公司对具体生产活动进行了详细规范，制定并颁布了生产订单管理、生产计划管理、生产物料管理、生产设备管理、生产进度管理、生产过程与现场管理、生产工艺管理、生产调度管理、生产统计管理、看板管理、设备维护保养、备品备件使用管理等一系列生产管理制度。

生产管理制度是作为开展生产工作的指引，适用于公司生产系统包括输入、生产转换过程、输出和反馈四个环节的计划、组织、指挥、控制和协调等方面管理活动。必须遵循效益化、科学管理、以销定产和组织均衡生产的原则开展生产管理活动。

总经理负责对公司生产管理的总体策划、授权、监督工作。主管生产的副总经理为公司生产管理的直接责任人，负责组织实施生产管理工作。生产技术部负责生产计划的编制、下放，生产进度的控制、监控，确保安全生产；负责设计技术工艺文件，编制工艺流程，并监控生产按计划和技术标准进行操作。质检部负责从原材料入厂到成品出厂的全过程质量检验工作，分析和改善全过程的质量问题，负责按要求进行成品的检验工作。仓储部负责按要求进行备料、发料、贮存、保管工作。行政部负责按生产需求，编制人力资源计划，提供满足生产需要的人力资源。财务部按生产需求，编制资金使用计划，确保资金的正常供给。企管部负责安全生产管理，监督生产管理的实施。

三、采购与销售管理制度

新源公司确定经营部负责物料的采购供应与产品的销售管理，包括负责按生产需求，编制设备及备品配件、辅料采购计划、实施采购，确保物资的正常供给；负责编制销售计划、接受顾客合同、组织合同评审及履行合同等相关工作。

1. 采购管理

新源公司制定了采购管理控制程序，对所有产品的采购实施管理控制，以保证所采购的产品满足规定要求。该规定适用于本公司所用原辅材料（包括委托加工）、备品备件等的采购过程的控制。

具体工作程序包括：

（1）对合格供方的评定。①经营部负责推荐原辅材料、备品备件的供方名录。②经营部负责推荐委托加工的供方名录；并负责组织相关部门对委托加工的供方以会议的形式进行评审；经营部负责对产品进行标识。③经营部负责组织质管部，根据采购标准对供方产品进行评定。④经营部组织质管部、生产技术部，根据供方的相关资料，供方业绩、生产状况和能力及产品质量，对供方进行评定，选择合格供方，填写《供方评定记录》，对已列入《供方评定记录》的合格供方在供货时如出现问题需重新评定，对于不影响产品质量的供方可不进行评定。⑤经营部根据《供方评定记录》填写《合格供方名录》，并根据合格供方的日常供货情况，于每年11月对合格供方进行评定，填写《供方表现评定记录》，凡得分在75分或以上者可列入《合格供方名录》，对不合格的供方，注销其合格供方资格。⑥经营部负责保存合格供方评定过程中的所有记录。

（2）采购的管理。①经营部要执行采购时，应在合格供方内进行采购，如遇到特殊情况或紧急情况，合格供方不能满足采购要求时，可由总经理批准，在其他供方处进行采购，同时应在进货入库时加强检验。②采购计划的编制、实施。由各部门根据需要采购产品的型号及技术质量要求等填写《材料采购计划》，由部门负责人签字同意，报经营部，先与经营部与库存情况核对，报总经理批准后，经营部依据采购计划采购。③经营部根据市场和公司所需产品情况来确定是否签订采购合同，并填写《采购合同登记表》妥善保管。④对采购产品的验证，依据《进料检验管理控制程序》执行。⑤当在采购资料中明确规定时，可到供方货源处对采购产品进行验证，由经营部组织质管部、生产部进行，并做好记录。⑥在合同规定情况下，经营部可安排到合同供方货源处，对采购产品进行验证，但验证结果不能作为本公司对采购产品验证的依据。⑦保留所有采购过程中的记录，并按《记录控制程序》的相关规定执行。

2. 销售管理

经营部负责合同评审工作的组织协调以及与顾客的联络接口工作。通过销售合同的修改、签订和管理，确保公司有能力满足合同要求，维护和提高公司的信誉。具体工作程序是：

（1）销售产品时，在合同或订单签约前，由经营部按合同要求填写《合同评审表》，召集生产车间、质管部以会议形式进行评审。①常规合同的评审由经营部负责人及业务员组织评审。②特殊合同的评审由经营部组织其相关部门以会议的形式进行评审。合同评审内容包括合同中技术和经济指标是否适宜；生产能力是否满足合同的要求；合同中规定的其他条款是否满足。参加合同评审的人员根据本部门职责确定公司是否能够满足合同条款要求，在《合同评审表》中签署本部门意见并签字。

（2）协调评审：①参加评审的部门认为公司不能达到合同某项要求时，经营部负责与顾客协商达成协议后由经营部按规定重新进行评审。②对于电话、口头订货的，经营部须做详细记录，填写《电话记录》，并就合同要求与顾客取得一致意见后，由顾客签字确认按规定组织评审。

（3）合同的签订。依据《合同评审表》中的评审意见，如果评审结果能满足合同所有要求，由经理或授权委托人签字。当合同签订后，经营部应给生产车间下发《备货通知单》。

（4）合同的修订。①当顾客提出更改合同内容要求时，经营部要取得书面依据或《电话记录》后，填制《合同评审表》。②当本公司要求更改合同时，由相关部门填写《合同更改申请表》，说明原因递送经营部，经营部呈报经理或授权委托人后，征求顾客意见，顾客同意后签字确认，并及时将信息反馈相关部门。

（5）合同的管理。①经营部将合同或订单附《合同评审表》及有关记录妥善保管，对于执行完毕或放弃执行的合同，应有"执行完毕"或"放弃执行"印记，否则说明正在执行。②合同的保管期限在执行完毕到次年年底。

3. 服务质量控制管理

经营部负责对客户满意的归口管理。质管部负责提供产品销售时合同要求的各种结果分析报告单。经营部负责提供出口产品所需的各种检验证书。通过对服务的实施、验证和报告的控制，确保满足顾客的要求。

具体工作程序是：①如有顾客咨询时，经营部应对顾客的咨询予以满意的答复，并填写《顾客咨询记录》。②产品交付时，质管部应根据合同要求为其提供所需的化验报告单等。③顾客需要时，经营部应提供样品，并填写《样品递送记录》。④产品出口时，经营部根据合同要求为其提供所需的各种检验证书。⑤如有顾客提出质量异议时，质管部可指派有关技术人员为顾客提供咨询、检验等服务。⑥根据业务的需要，经营部给顾客发放《顾客满意度调查表》。⑦当合同或法律法规对服务有其他要求时，应按规定完成其他服务。

四、人力资源管理制度

人力资源管理是指运用科学的方法，协调人与事的关系，处理人与人的矛盾，充分发挥人的潜能，使人尽其才，事得其人，人事相宜，以实现组织目标的过程。主要包括人力资源规划、人员招聘、员工培训与开发、绩效管理、薪酬管理、劳动关系管理六大板块。根据调研，我们发现新源公司通过人力资源管理手册，就人力资源规划、人员招聘、人力资源员工培训与开发、绩效管理、薪酬管理、劳动关系管理进行了全面管理。

1. 人力资源管理手册

公司在人力资源管理方面致力于达成以下目标：构筑先进合理的人力资源管理体系，体现"以人为本"的理念，在使用中培养和开发员工，使员工与企业共同成长。保持公司内部人事制度和程序的统一性和一致性。保持人力资源系统的专业水准和道德标准。保证各项人事规章制度符合国家和地方的有关规定。为达到上述目标，公司人力资源部编制本手册，以此规范和指导有关人力资源方面的政策和程序。公司人力资源部是负责制定及实施有关人力资源政策和程序的部门。

人力资源管理手册共包括十七章内容，分别是：第一章手册的目的；第二章人力资源部的工作职责；第三章招聘工作；第四章新员工入司工作流程；第五章员工转正考核工作流程；第六章员工内部调动工作流程；第七章员工离职；第八章劳动合同；第九章薪资制度；第十章考勤管理；第十一章员工福利；第十二章绩效管理；第十三章奖励制度；第十四章违纪处分；第十五章培训与发展；第十六章职业生涯发展；第十七章人事档案管理。

2. 其他规章制度

为规范企业员工行为，加强对企业员工考核，新源公司专门制定了《员工行为规范及考核》，其基本内容包括基本仪容仪表、基本行为举止、劳动工作纪律、检查与考核四部分内容；新源公司专门制定了《员工文明行为守则》，就思想品质、作风纪律、着装规范、仪容、举止、办公、电话、接待、会话、会风、用餐、乘车、如厕共 13 个方面进行了规范；为加强劳动纪律管理，规范考勤和请销假行为，使公司全体员工养成守时出勤的良好习惯，进一步提高工作效率，新源公司特制定了《考勤及请销假制度》。本制度共包括 11 条。

五、财务管理制度

财务管理制度是由三个部分组成的完整系统，它包括以下三类：①会计组织系统，它包括会计的组织机构以及在该组织机构下所设置的会计岗位和职责划分。②会计业务处理系统，它规定了各类业务会计处理程序，包括各类业务内部控制要求、会计信息传递程序、处理环节，以及相应凭证、账簿、报表的编制、流转和归档过程。③会计信息系统，它包括两方面的内容，分别是：会计信息核算和报告的指标要求，会计信息收集、分类、记录、传递的载体要求。通过调研发现，为加强企业财务管理，新源公司根据国家有关法律、法规相关财务制度，结合公司具体情况，制定了包括财务组织管理制度、财务业务管理制度、财务管理程序、财务人员管理制度等配套完整的财务管理制度体系。

具体来看，为了加强会计、财务管理工作，新源公司根据企业实际情况，专门制定了《财务组织管理制度》，为财务组织和财务人员提供了行为规范和工作标准。主要包括部门职责、财务人员职能、财务人员管理制度三方面内容。为了规范公司财务报账程序，新源公司结合公司实际业务制定了《财务报账制度》。《财务报账制度》是该公司结合公司业务实际制定的专门制度，具体包括物质请购计划、合同签订、报账单据附件内容、付款单据、增值税发票管理办法、付款手续六方面内容。《财务报账制度》是企业标准化管理体系建设的重要内容。财务管理程序包括资金投入的管理、资金营运的管理核算、分配的核算。财务管理程序还规定了账簿、财务报表的编制、报送。具体包括会计凭证的编制、报表的编制。财务管理程序还规定了财务关系处理，包括协调好企业与政府部门之间的关系、处理好企业内部各单位之间的票据传递等内容。此外，为了真实可靠地进行财务管理工作，新源公司还专门制定了一系列规范性文件，主要有《固定资产管理规定》、《成本核算办法》、《会计档案管理规定》、《出口退税管理办法》等。

六、研发管理制度

研发是企业在激烈的技术竞争中赖以生存和发展的命脉，是实现产品升级换代宗旨的重要阶段，它对企业产品发展方向、产品优势、开拓新市场、提高经济效益等方面起着决定性的作用。为了加强对公司新产品开发和产品改进工作的管理，加快公司技术积累、打好技术基础、加快产品研发速度、指导产品研发工作、提高技术人员素质，十分有必要制定研发管理制度。

为了建立一个良好的激励机制，更好地调动科技人员的工作积极性，充分发挥大家的潜能，科学、合理、高效地完成公司的新产品开发工作，新源公司专门制定了《研发中心内部管理制度》。本制度适用于研发中心所有人员，制定依据主要包括公司《人事管理制度》、公司《新品研发工作程序及奖惩办法》、公司《商业秘密安全管理条例》。本制度包括组织机构建设、总则、日常管理制度、课题管理制度、技术秘密管理制度五个部分。

七、质量管理制度

质量管理体系 ISO9001：2005 标准定义为"在质量方面指挥和控制组织的管理体系"，通常包括制定质量方针、目标以及质量策划、质量控制、质量保证和质量改进等活动。实现质量管理的方针目标，有效地开展各项质量管理活动，必须建立相应的管理体系，这个体系就叫质量管理体系。质量管理体系是组织内部建立的、为实现质量目标所必需的、系统的质量管理模式，是组织的一项战略决策。它将资源与过程结合，以过程管理方法进行的系统管理，根据企业特点选用若干体系要素加以组合，一般包括与管理活动、资源提供、产品实现以及测量、分析与改进活动相关的过程组成，可以理解为涵盖了从确定顾客需求、设计研制、生产、检验、销售、交付之前全过程的策划、实施、监控、纠正与改进活动的要求，一般以文件化的方式，成为组织内部质量管理工作的要求。

1.《质量手册》介绍

新源公司《质量手册》（以下简称手册）是依据 ISO9001：2008 标准及质量管理体系八项管理原则、十二项质量管理体系基础原理编制的。手册阐述了本公司的质量管理体系，规定了质量管理体系要求和各项质量活动，是本公司实施质量管理、开展质量控制、质量保证和质量改进的基本法则。ISO9001：2008 标准要求组织采用过程方法建立实施质量管理体系并不断改进其有效性，以持续地满足顾客和组织自身要求能力，对本公司实施和改进质量管理体系具有指导作用。为此，新源公司对原来的管理体系进行系统的调查分析之后，综合各方面的意见和建议，编制了 ISO9001：2008 版《质量手册》及相关的程序文件、作业文件及应用表单等。

手册依据 ISO9001：2008《质量管理体系要求》，结合本公司生产特点及质量管理和质量保证需要进行描述，内容包括：质量方针和质量目标；本公司质量管理体系的范围；质量管理体系要求的所有引用程序文件；质量管理体系过程间相互关系及作用。手册规定的原则和要求适用于本公司碳酸稀土、稀土氧化物、稀土盐类的生产；手册适用于公司质量管理工作，也可作为提高员工质量意识的培训教材；手册对外可作为向顾客（第二方）提供质量保证和独立的第三方认证机构进行评审的依据。

2.《质量手册》体系

质量体系文件包括：质量手册、程序文件、作业文件、应用表单、外来文件。公司制定《文件控制程序》，以保证质量手册和质量体系所有文件得到有效控制。公司制定 《记录控制程序》，保持对质量体系运行中所有记录得到有效控制。《质量手册》是公司质量管理体系的纲领性文件，是公司建立并实施质量管理体系的行动指南，是指导公司各部门和全体员工实施质量管理的行为准则。公司全体员工以持续满足顾客的要求和期望为宗旨，严格遵照《质量手册》的各项要求执行。为了贯彻执行 ISO9000：2008 质量管理体系要求，加强对质量管理体系运行的领导，专门任命了管理者代表。相关的支持性文件包括《文件控制程序》、《记录控制程序》。

八、环境保护管理制度

环境保护管理制度，是指以环境法律规定为依据，把环境保护工作纳入计划，以责任制为核心，以签订合同的形式，规定企业在环境保护方面的具体权利和义务的法律责任制度。为了保护公司生活和生产环境，防治污染，保障职工身体健康，确保全面完成污染减排指标，实施可持续发展战略并实现清洁生产，新源公司专门制定了《企业环境保护管理制度》。

1. 基本情况

企业环境保护管理制度共包括八章，分别为总则、环境监测工作、环境保护工作日常管理、建设项目的环境管理、环境保护设施的管理、环境污染事故的管理、奖励与处罚、附则，总共 26 条，于 2008 年 1 月 16 日制定并施行。新源公司环境保护工作坚持预防为主、防治结合、综合治理的原则；坚持推行清洁生产、实行生产全过程污染控制的原则；实行污染物达标排放和污染物总量控制的原则；坚持环境保护工作作为评选先进的必要条件，实行一票否定制。环境保护工作的主要负责人，应对环境保护工作实施统一监督管理，行政一把手是环境保护第一责任人。配备与开展工作相适应的环保管理人员，掌握生产工艺技术及生产运行状况。

2. 主要内容

新源公司《企业环境保护管理制度》内容主要包括六个方面：一是环境监测工作，比如要求每年根据公司环保工作的要求定期定时开展企业排污情况的监测工作。二是环境保护工作日常管理，比如要求把环境保护工作纳入日常生产经营活动的全过程中，实现全过程、全天候、全员的环保管理，在布置、检查、总结、评比的同时，必须有环保工作内容。三是建设项目的环境管理，比如要求新、改、扩建和技术改造项目（以下简称建设项目），必须严格执行有关环境保护法律法规，严格执行"三同时"制度。四是环境保护设施的管理，比如要求生产部要将环保设施的管理纳入设备的统一管理。环保设施需检修或临时抢修，要对其处理或产生的污染物制订应急处理方案，并上报公司批准，保证污染物得到有效处理和达标排放。五是环境污染事故的管理，比如要求凡发生污染事故后，必须立即采取应急处理措施，控制污染事态的发展，并立即上报公司安全环保责任管理部门，开展事故调查等工作，12小时内将事故报告或简报上报公司，公司安全环保责任管理部门按照有关事故处理规定分级负责，逐级上报，接受处理。六是奖励与处罚。

九、安全生产管理制度

所谓安全生产管理就是针对人们在安全生产过程中的安全问题，运用有效的资源，发挥人们的智慧，通过人们的努力，进行有关决策、计划、组织和控制等活动，实现生产过程中人与机器设备、物料环境的和谐，达到安全生产的目标。安全生产管理的内容包括安全生产管理机构、安全生产管理人员、安全生产责任制、安全生产管理规章制度、安全生产策划、安全生产培训、安全生产档案等。安全生产管理制度是根据我国安全生产方针及有关政策和法规制定的，是企业和员工在生产活动中共同遵守的规范和准则。

为加强公司生产工作的劳动保护、改善劳动条件，保护劳动者在生产过程中的安全和健康，促进公司事业的发展，根据有关劳动保护的法令、法规等有关规定，结合公司的实际情况，新源公司制定了《安全生产管理条例》。本条例共分为总则、机构与职责、教育与培训、安全生产禁令、检查和整改、奖励与处罚、附则七部分内容。《安全生产管理条例》指出，公司的安全生产工作必须贯彻"安全第一、预防为主"的方针，贯彻执行总经理负责制，各级领导要坚持"管生产必须管安全，谁主管谁负责"的原则，生产要服从安全的需要，实现安全生产和文明生产。

十、后勤保障制度

企业的后勤保障工作对于企业的重要影响不亚于直接参与生产经营活动的其他部门，后勤保障关系着企业员工的工作环境、工作情绪以及工作效率。随着市场经济进一步深化发展，企业的产品结构调整、成本管理、劳动生产率提高、工艺纪律优化、质量管理等与企业效益改善关联度高的管理活动普遍被人们所认知，而后勤管理工作的管理行为由于看似与效益不着边际，被人们特别是相当一些管理层群体逐渐有所淡化。殊不知，好的企业后勤管理活动能够与成本管理、生产管理一样为企业发展带来正能量，能够为企业的可持续发展提供强有力的支撑保障，提升企业综合竞争实力。

企业的后勤保障工作是一项综合性的工作，和其他企业一样，看起来管的都是吃、喝、拉、撒、睡的小事，微不足道。其实不然，企业后勤工作意义重大，不可小视。主要涉及后勤服务的工作包括职工福利、厂区现场卫生、厂区绿化美化、房屋修缮等，是企业管理中不可缺少的、十分重要的一部分。这些工作的特点主要体现在"杂、高、多"。所谓杂，就是工作繁杂，体现在员工食堂、门窗玻璃、房屋安全、办公照明、厕所卫生、澡堂管理、厂区卫生、车间通道地坪修复等。所谓高，就是质量要求高，要让员工满意，心情舒畅。所谓多，就是临时性、突发性、应急性的事情太多，往往容易造成工作上的被动局面。

后勤保障制度，就是为公司全体员工服务，通过规范公司后勤保障管理，保证公司各项业务正常运作，从而为员工创造良好的工作环境，提高员工工作效率。主要包括采购及仓库管理、车辆管理、邮政通信事务管理、安全卫生管理及电脑管理等。为企业的生产经营活动创造一个良好的后勤保障条件，新源公司专门制定了《后勤保障控制程序》，适用于本公司后勤保障工作的控制。主要职责分工为：行政部负责后勤保障的管理及劳保、办公用品的保管及发放工作；经营部负责劳保用品的采购、保管、发放及办公用品的采购；生产技术部协助行政部制定劳保用品发放标准；

由各部门提名的安全防火人员负责公司内部的安全防火工作。

新源公司《后勤保障控制程序》的主要内容包括八部分：①劳保用品、办公用品的购置、领发、使用；②餐厅管理；③安全防火；④警卫及门卫管理；⑤集体宿舍的管理；⑥澡堂的管理；⑦公务车辆的派发与使用；⑧来访人员的接待。

第三章　生产管理

生产管理，是指为实现经营目标，有效地利用生产资源，对企业生产过程进行计划、组织、控制，生产出满足社会需要、市场需求的产品或提供服务的管理活动的总称。广义意义上的生产管理要对企业活动的全过程进行综合性的、系统的管理，其涉及内容也是十分广泛的，包括生产过程的组织、市场技术准备工作、生产计划和生产作业计划的编制、生产控制、物资管理、设备管理、质量管理、安全生产、环境保护等。企业是一个有机整体，而企业管理就是一个完整的大系统，由许多子系统所组成，而生产管理是其中的一个子系统，处于执行的地位。由于市场经济的发展，对产品越来越高的要求也对生产管理提出了更高的要求，因此加强生产管理就变得更为重要了。

新源公司在敏感地捕捉稀土行业导向和市场需求变化之际，将种种努力落到实处，实际的产品生产一直是公司经营的根基，公司的生产管理也在根据市场的变化和时代的进步与时俱进的改进。

第一节　生产布局与生产工艺流程

一、企业生产布局

布局是生产过程组织工作的一个重要组成部分，它把厂房、场地、机床、设备、搬运设备、辅助设施、生产流程、生产方法、劳动力结合成一个统一的有机总体，这涉及技术装备的装置、加工的方法、设备的使用与保养、流程的安排、搬运的方法、在制品的管理等。布局的好坏实质上是一个工厂技术与管理水平的综合反映，合理的布局是工业企业取得良好经济效果的重要因素，是影响生产效率的先决条件，并会长期影响企业的生产经营活动的效果。

狭义上理解，工厂的总体布局是指厂房建筑、设备、设施如何安置的相互关系问题，即工厂总平面布置，合理的布局要能够实现市场过程的最短的流程、最少的操作、最快的周期、最低的成本。新源公司是在旧基础上进行公司平面布局时，为了实现最优效率的目的，考虑了多个相关方面：节省基建投资额、减少生产时间、提高现有的空间利用率、为员工提供安全和方便的工作条件、保持设备和工序的灵活性、减少搬运费用、减少搬运设施的不统一性、利于制造的工艺过程、利于调整组织结构等。新源公司在布局过程中考虑的因素越多，其实限制约束就越大，布局工作就越复杂，但是在纷繁复杂的情况下，新源公司形成了适合生产的合理布局（见图3-1）。新源公司现在呈现的布局中，有限的空间得到了合理、充分、有效利用，既防止了空间浪费，又充分发展了立体空间，而且具有良好的灵活性和适应性，为市场变化和未来发展做好了预留空间的规划。在厂区内，各个车间尽可能按照工艺流程的顺序布置，以便使材料、半成品的流动方向无交叉倒流；各辅助车间、服务部门设在了其主要服务车间的附近，最大可能地减少服务半径；出于稀土冶炼的考虑，工厂还做好了良好的污染物治理工作，并积极做好劳动者保护措施，完善照明设施、污染处理、动力系统等。

二、生产工艺流程

生产流程，又称工艺流程，是指在生产工艺中，从原料投入到成品产出，通过一定的设备按顺序连续地进行加工的过程，完整的生产流程包括客户、过程、输入、输出、资源、绩效、供应商等要素。新源公司在初期发展时期主要生产产品是稀土氧化物，故形成了以稀土氧化物为生产核心

图例说明

□ 建筑物
--- 道路
━━ 产区间

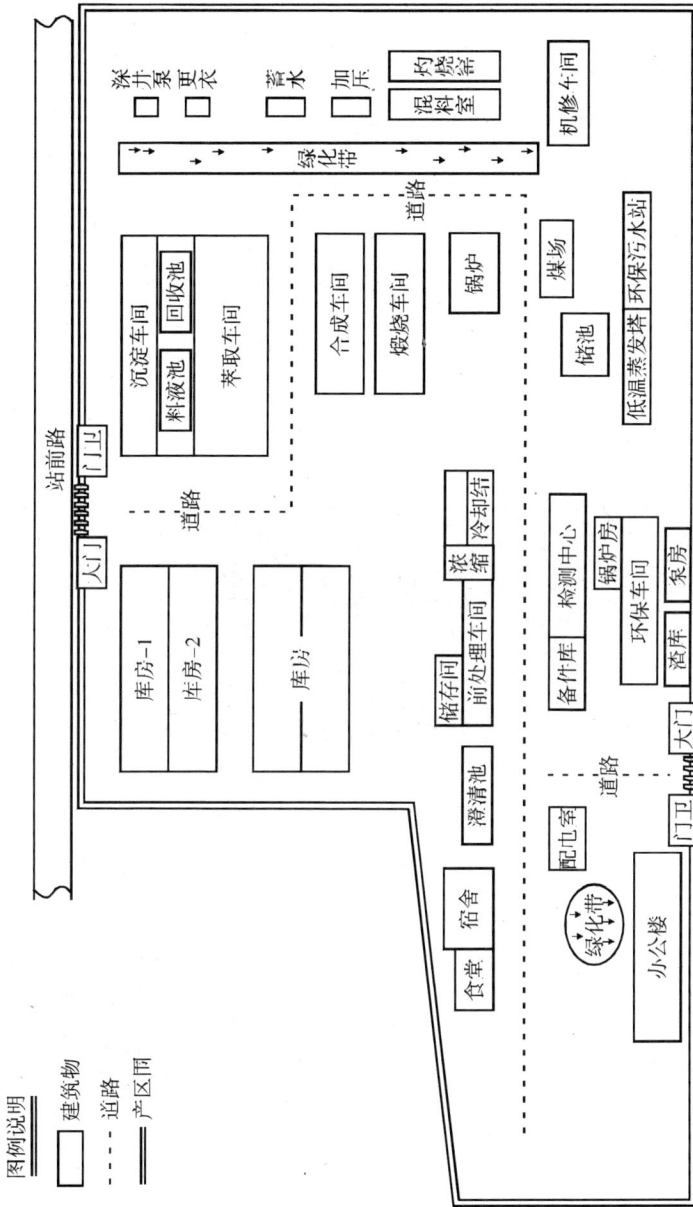

图 3-1 新源公司厂区平面示意图

的工艺流程，并在工厂厂区进行了合理布局。随着稀土市场需求的变化，新源公司进行了产品升级，将具有高附加值的高纯稀土和稀土抛光粉作为主打产品，工艺流程也紧随新变化做出了调整和改进，而且这些调整并没有局限于个别或几个工序，而是着眼于整个生产流程的改进。新源稀土公司生产线实景图如图 3-2 所示。

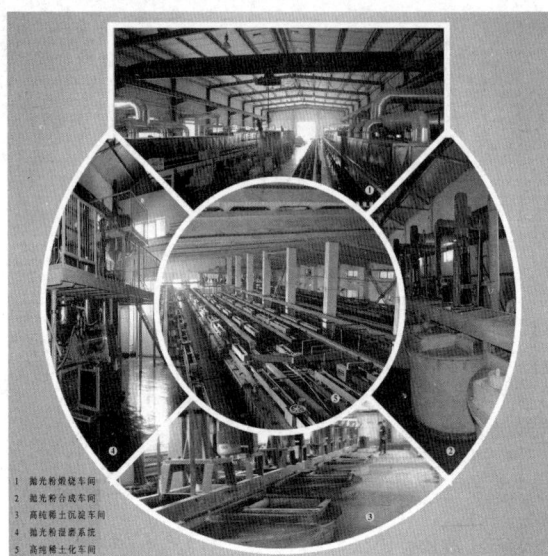

图 3-2　新源稀土公司生产线实景

1. 稀土氧化物生产工艺流程

新源公司在初期发展时期主要生产产品是稀土氧化物，其生产工艺流程如图 3-3 所示。

2. 高纯稀土生产工艺流程

新源公司的高纯稀土生产过程由高纯稀土车间前处理工段、高纯稀土车间纯化工段、高纯稀土车间沉淀工段、高纯稀土车间灼烧工段、环保车间、机修动力车间等组成，现已形成年产 3000 吨高纯稀土分离生产线。其生产的单一稀土产品纯度为 99.995%~99.9995%。这使新源公司得以成为国内工业化生产高纯稀土产品的主要生产企业。高纯稀土分离纯化生产工艺流程如图 3-4 所示。

```
        盐酸   氯化钡      碳酸稀土
          └────┬──┐         │
               │  │         │
               ▼  ▼         ▼
          ┌──────────────────┐◄──────────────┐
          │   盐酸溶解除杂    │               │
          └────────┬─────────┘               │
                   ▼                          │
          ┌──────────────────┐               │
          │    板框压滤       │               │
          └────────┬─────────┘               │
            ┌──────┴──────┐                   │
            ▼             ▼                    │
      ┌───────────┐  ┌──────────┐             │
      │氯化稀土料液│  │ 酸溶渣   │            │
      └─────┬─────┘  └────┬─────┘             │

  有机 氨皂液 稀皂液   纯水  洗水酸液
    └───┬───┬───┘     └──┬──┘   │
        │   │            │      ▼
        │   │         ┌──────────────┐   ┌──────────┐
        │   │         │ 水洗板框压滤 │──▶│ 洗渣液   │
        ▼   ▼         └──────┬───────┘   └──────────┘
      ┌──────────┐           ▼                          送渣库
      │ 萃取分离 │     ┌──────────┐                        │
      └────┬─────┘     │ 硫酸钡渣 │───────┐              ┌─┘
           │           └──────────┘       │          ┌──────┐
           │    皂化废水、稀皂废水        │          │      │
           │    ─────────────────────────▶│  母液    │ 蒸  │
           ▼                              │ ────────▶│ 铵  │
      ┌──────────────┐                    │          │ 系  │水蒸气
      │单一氯化稀土料液│                  │          │ 统  │───▶
      └──────┬───────┘    稀释用水 碳酸氢铵          │      │
        ┌────┴────┐         └───┬───┘      母液     └──┬───┘
        ▼         ▼         ┌───────┐      ────────▶    │
   ┌────────┐ ┌──────┐      │ 母液  │                   ▼
   │浓缩结晶│ │ 碳沉 │──────┴───────┘              ┌──────┐
   └───┬────┘ └──┬───┘      母液 淋洗水            │氯化铵│
       ▼         ▼          ────────▶              └──────┘
   ┌────────┐ ┌──────────┐
   │氯化稀土│ │ 淋洗甩干 │
   └────────┘ └────┬─────┘
                   ▼
             ┌──────────────┐
             │ 单一碳酸稀土 │
             └──────┬───────┘
                    ▼
             ┌──────────┐
             │  灼烧    │
             └────┬─────┘
                  ▼
             ┌──────────┐
             │ 氧化稀土 │
             └──────────┘
```

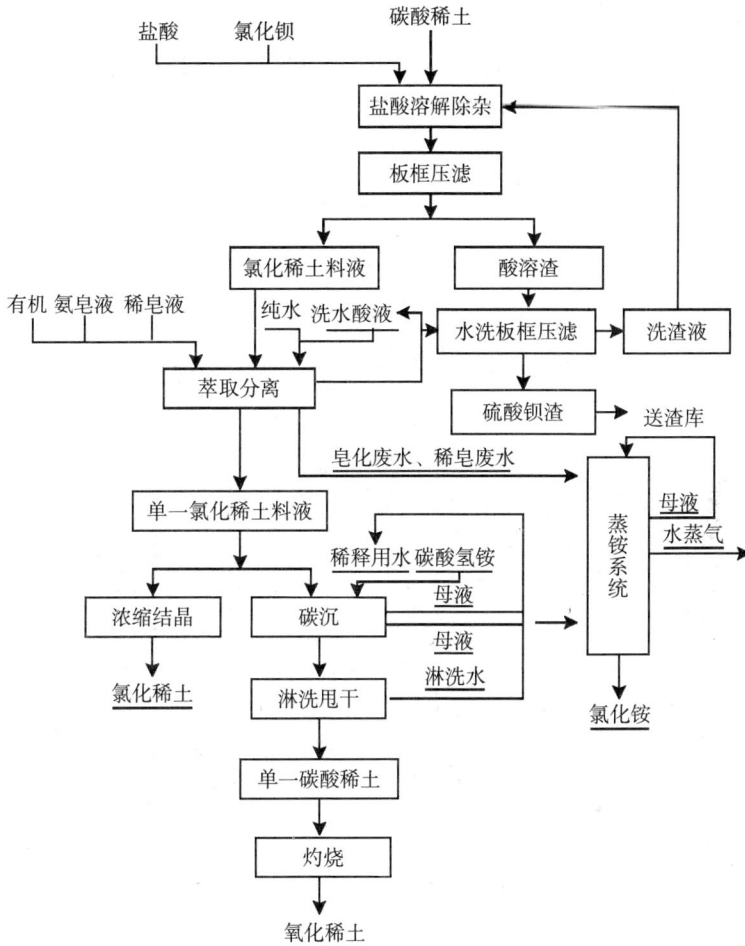

图 3–3 稀土氧化物生产工艺流程

（1）高纯稀土车间前处理工段。该工段负责将外购混合碳酸稀土经盐酸溶解转化为混合氯化稀土料液，经过处理的原料就满足了生产所需的要求，是提供给生产车间进行后续生产的主要工序。在这个处理工序内会产生钡盐渣，由于具有辐射性工厂难以自行处理，会集中送至包头市辐射环境管理处渣库储存。

（2）高纯稀土车间纯化工段。在该工段中，加工处理过的基础材

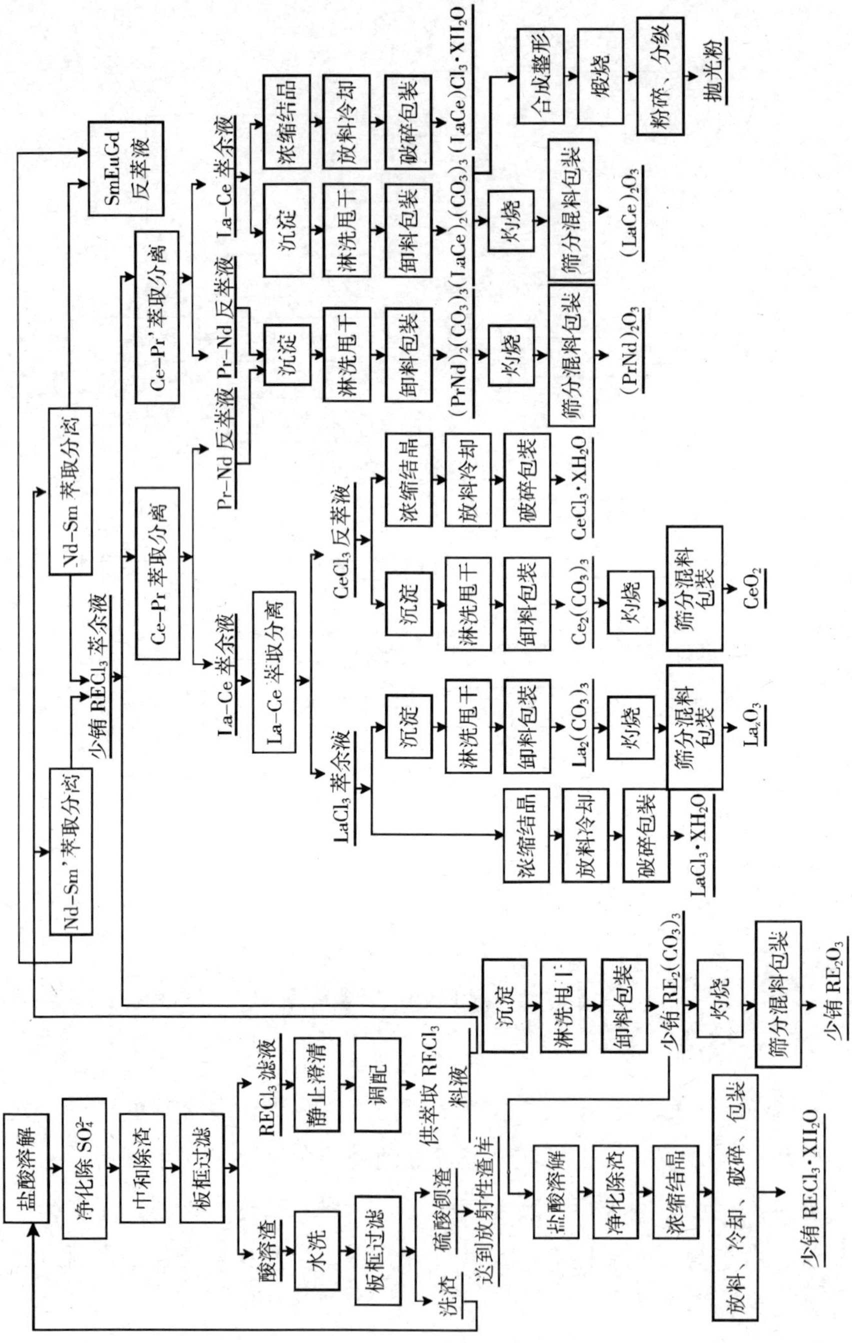

图3-4 高纯稀土分离纯化生产工艺流程

盐酸溶解 → 净化除 SO_4^{2-} → 中和除杂 → 板框过滤

RECl₃ 滤液 → 静止澄清 → 调配 → 供萃取 RECl₃ 料液

酸溶渣 → 水洗 → 板框过滤 → 硫酸钡渣 → 放射性渣库

洗渣 → 送到放射性渣库

盐酸溶解 → 净化除渣 → 浓缩结晶 → 放料、冷却、破碎、包装 → 少销 RECl₃·XH₂O

沉淀 → 淋洗甩干 → 卸料包装 → 少销 RE₂(CO₃)₃ → 灼烧 → 筛分混料包装 → 少销 RE₂O₃

Nd-Sm 苯取分离 / 少销 RECl₃ 苯余液 / Nd-Sm 苯取分岗

SmEuGd 反苯液

Ce-Pr 苯取分离

La-Ce 苯取分离

LaCl₃ 苯余液 → 浓缩结晶 → 放料冷却 → 破碎包装 → LaCl₃·XH₂O

沉淀 → 淋洗甩干 → 卸料包装 → La₂(CO₃)₃ → 灼烧 → 筛分混料包装 → La₂O₃

CeCl₃ 反苯液 → 浓缩结晶 → 放料冷却 → 破碎包装 → CeCl₃·XH₂O

沉淀 → 淋洗甩干 → 卸料包装 → Ce₂(CO₃)₃ → 灼烧 → 筛分混料包装 → CeO₂

Ce-Pr' 苯取分离

Pr-Nd 反苯液

沉淀 → 淋洗甩干 → 卸料包装 → (PrNd)₂(CO₃)₃ → 灼烧 → 筛分混料包装 → (PrNd)₂O₃

La-Ce 苯余液 → 浓缩结晶 → 放料冷却 → 破碎包装 → (LaCe)Cl₃·XH₂O

沉淀 → 淋洗甩干 → 卸料包装 → (LaCe)₂(CO₃)₃ → 灼烧 → 筛分混料包装 → (LaCe)₂O₃

合成整形 → 煅烧 → 分级 → 粉碎、分级 → 抛光粉料——混合氯化稀土料液需要经过 P507 的提取分离，P507 的化学名称为 2-乙基己基膦酸单 2-乙基己基酯，分子式为 $C_{16}H_{35}O_3P$，是一种无色或淡黄色透明油状液体，可以溶于乙醇、丙酮等有机溶剂，不溶于水，该化学物质主要用于稀土、镍、钴及其他金属的提取分离。混合氯化稀土料液经过 P507 钠法萃取分离钕钐分组后，会提取出氯化镧铈镨钕和钐铕钆富集物这两种物质。其中，氯化镧铈镨钕还需要经过铈镨分组分为氯化镧铈和氯化镨钕料液，氯化镧铈再经过镧铈分组为氯化镧和氯化铈料液；而钐铕钆富集物为液体，就直接用于销售。

（3）高纯稀土车间沉淀工段。在沉淀工段，稀土的沉淀已经放弃了碳酸氢铵这种传统的沉淀剂，该沉淀剂中的 NH_4^+ 没有得到利用，会全部进入到沉淀废水中，导致废水中氨氮含量很高，越来越不能满足日益严格的国内废水排放标准，故新源公司采用的是碳酸钠沉淀剂，这就从源头上消除了氨氮废水的排放。具体的操作是，单一氯化稀土料液进入沉淀工序，加碳酸钠进行沉淀，随后沉淀母液排入环保车间，沉淀物料淋洗后离心甩干，产出固体单一稀土碳酸盐。而淋洗水则返回沉淀工序，溶沉淀剂和调配料液得到重复利用。

随着抛光粉生产线的建成，公司的碳酸镧铈等盐类产品作为优质原料进入抛光粉生产线深加工，从而更好地发挥其深加工的价值。

（4）高纯稀土车间灼烧工段。产出的稀土碳酸盐转入灼烧工序，利用天然气清洁能源为热源的灼烧窑炉进行灼烧，可产出稀土氧化物。开始的时候，公司采用煤作为燃料，考虑到环境影响改用天然气代替燃煤，取代后实现了炉渣、有害废气、有害粉尘的零排放，而且实现了节约能源 4275 吨标准煤/年，节约排污费用 7.2 万元/年，并大大减轻了操作工的劳动强度，天然气的应用使企业获得了经济效益、社会效益以及环境效益。

（5）环保车间。萃取及沉淀工序所产生的氯化钠工艺废水集中汇入环保车间，通过环保设施进行蒸发回收氯化钠处理。环保设施在处理废水过程中产生的水蒸气利用移动吸热装置将这部分热能回收返回到沉淀工序作为加温热源。

生产高纯稀土产品的主要生产设备和检测设备如表 3-1 所示。

表 3-1　高纯稀土产品的主要生产设备和检测设备

高纯稀土主要生产设备	高纯稀土主要检测设备
1. 酸溶反应装置	1. 等离子体单道扫描光谱仪
2. 纯化反应装置	2. 分光光度计
3. 沉淀反应控制装置	3. 原子吸收仪
4. 固液分离控制装置	4. ICP 光谱仪
5. 浓缩反应装置	5. ICP 质谱仪
6. 辊道窑、梭式窑、回转窑	6. 烘箱
7. 有机热载体炉	7. 马弗炉
8. 环保蒸浓反应控制装置	8. 电子天平

3. 稀土抛光粉生产工艺流程

新源公司年产 3000 吨稀土抛光材料项目生产线，这是目前国内最大的稀土抛光粉生产线。新源公司的稀土抛光粉生产以稀土镧铈作为原料，经过对原料的纯化，去除非稀土杂质，再添加氟等元素，制成一定晶型结构的前驱体，经过灼烧，形成一定硬度、粒度和结构的氧化物，再经过研磨分级及添加剂制成最终产品。具体生产工艺流程如图 3-5 所示。

其中，主要的稀土抛光粉生产工艺是：

第一步：稀土原料和沉淀剂配制——纯化镧铈原料，净化沉淀剂，去除非稀土杂质和异物，配制适当浓度和酸碱度。

第二步：前驱体合成——按照一定流量、温度进行同步氟化沉淀反应，经陈化、洗涤、过滤制成氟碳酸盐中间体。

第三步：灼烧——控制灼烧温度、时间，制成定型的稀土氟氧化物。

第四步：分级——形成不同粒度分布和物性的中间品。

第五步：研磨分级——加入特定的添加剂，制成不同用途的最终产品。

第六步：自动化包装——标准化包装和用户特定要求的包装。

碳酸稀土
（碳酸镧铈、碳酸镧铈镨、碳酸铈）

脱水浆液回用

调浆

HF

氟化合成　　　湿磨

离心脱水　　　喷雾干燥 → 布袋除尘器

氟碳酸稀土

灼烧

布袋除尘器 ← 筛分

筛上物 → 粉碎机 → 布袋除尘器

氟氧化物

气流粉碎 → 布袋除尘器

分级

布袋除尘器　　布袋除尘器　　布袋除尘器

成品（细）　　成品（中）　　成品（粗）

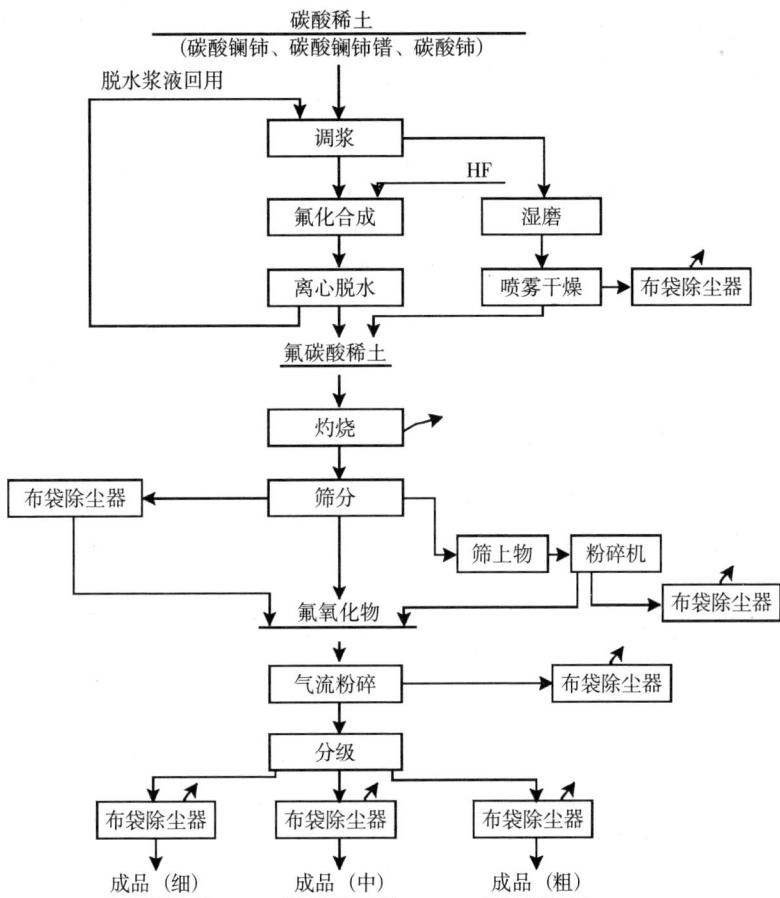

图 3-5　稀土抛光粉生产流程

生产稀土抛光粉的主要生产设备和检测设备如表 3-2 所示。

表 3-2　稀土抛光粉的主要生产设备和检测设备

抛光粉主要生产设备	抛光粉主要检测设备
1. 纯化反应装置	1. 等离子体单道扫描光谱仪
2. 沉淀剂配制装置	2. 分光光度计
3. 沉淀反应控制装置	3. 原子吸收仪
4. 固液分离装置	4. ICP-光谱
5. 辊道窑	5. 气相色谱仪
6. 射流分级机	6. 质谱仪

续表

抛光粉主要生产设备	抛光粉主要检测设备
7. 流化床气流磨	7. 粒度仪
8. 湿磨机	8. 比表面仪
9. 砂磨机	9. 划痕测试仪
10. 喷雾干燥塔	10. 切削力测试仪
11. 自动包装机	

第二节　质量管理

作为稀土产品的生产企业，新源公司深知产品质量对于一家实体公司生存、发展的重要性，且一直将产品质量放在十分重要的位置，故从公司经营的开始就一直将产品质量作为公司的生存的源泉且毫不动摇，从采购的原材料的质量、生产过程以及生产出的稀土产品，都有详细、明确的质量和操作标准。公司坚持"科技创新、追求卓越、客户至上、全员参与"的质量方针，积极采用国内外的先进统一技术，引进和不断改进设备，根据市场需求的变化提供符合客户要求的产品，这种踏实、负责的做法使新源公司赢得了市场的认可，产品不仅畅销国内，而且远销至韩国、日本、法国、英国、美国等国家，同时还与国内外多家企业建立了合作关系。

一、获得 ISO 质量体系认证，并及时转版升级

新世纪带来新曙光，新源公司以奖励现代企业制度为契机，加快结构调整，扩大对外合作，坚持"科技创新、追求卓越、客户至上、全员参与"的质量方针，并努力与客户做朋友，尽力满足客户所需。公司为提高产品的质量和管理水平，适应市场经济的要求，于 2001 年就通过了 CQ-

CISO9002：1994 质量体系认证，这就保证了产品的品质，同时还在员工心中建立了产品质量的意识。随着产品种类的增多和更多、更高的产品要求被提出，ISO 质量认证体系也在与时俱进，新的 ISO9001：2008 标准要求采用过程方法建立实施质量管理体系并不断改进其有效性，以持续地满足顾客和企业自身要求能力，对公司实施和改进质量管理体系发挥积极的指导作用。为此，新源公司对原有的管理体系进行系统的调查分析之后，综合各方面的意见和建议，编制了适合公司的 ISO9001：2008 版《质量手册》及相关的程序文件、作业文件及应用表单等。2010 年新源公司成功转版了 ISO9001：2008 版质量体系认证。新源公司的《质量手册》及相关质量文件都是根据 ISO9001：2008 标准及质量管理体系八项管理原则、十二项质量管理体系基础原理编制的，整个手册阐述了新源公司的质量管理体系，规定了质量管理体系要求和各项质量活动，已经成为本公司实施质量管理、开展质量控制、质量保证和质量改进的基本法则。

《质量手册》根据 ISO9001：2008 《质量管理体系要求》，结合新源公司自身的生产特点及质量管理和质量保证需要进行新的阐述，由于公司生产的稀土产品是按照行业已定型的工艺组织生产的，对于一般的技术改造项目可用编制质量的工作实现，所以删减了 ISO9001：2008 标准中的 7.3 条款，还因公司生产过程中无特殊过程，所以亦对 7.5.2 条款做了删减。《质量手册》内容囊括质量方针和质量目标、公司质量管理体系的范围、质量管理体系要求的所有引用程序文件、质量管理体系过程间相互关系及作用，并在以下范围内发挥效用：手册的原则和要求适用于公司碳酸稀土、稀土氧化物、稀土盐类的生产；适用于公司质量管理工作，也可作为提高员工质量意识的培训教材；对外可作为向顾客（第二方）提供质量保证和独立的第三方认证机构进行评审的依据。新源公司质量管理体系认证证书如图 3-6 所示。

1. 公司宗旨、质量方针与目标的三位一体

新源公司在实践中确定的质量方针可以总结为 16 字箴言"科技创新，追求卓越；客户至上，全员参与"。公司全体员工致力于高新技术产品的

图3-6　新源公司质量管理体系认证证书

研发，以科技创新的意识，以重环保的理念，以顾客满意为出发点，信守合同，运用高科技手段，始终不渝地追求以良好的品质和优质的服务满足客户当前和未来的需要，建立并不断完善质量管理体系。

质量方针恰当且得到贯彻实施的关键一点是，公司最高管理者应确保质量方针与公司的宗旨相适应，提供制定和评审质量目标的框架，对质量管理体系持续改进的有效性做出承诺，且在公司内部得到沟通和理解，同时保证在持续适宜性方面每年至少进行一次评审。

为了使质量方针在实际生产中得到贯彻实施，公司需要建立《质量目标控制程序》予以保证。在控制程序内，公司确立的质量目标要与质量方针保持一致，而且这一目标要为可测量的，以便公司将质量目标层层分解、落实到每个责任部门，且贯彻于质量管理体系中。对质量目标的完成情况以及影响质量目标完成的有关管理工作加以考核、控制，保证公司总体质量目标的实现。

质量目标的实现需要质量管理体系做保证，公司最高管理者应对质量管理体系的建立、实施以及持续改进的有效性做出承诺并提供证据，以确保公司内的职责、权限得到规定和沟通，同时要以顾客为基点并规定内部沟通方式，保证对质量管理体系的有效性进行沟通。核心点是，质量管理体系的初次策划和实施，应符合质量管理体系总体要求和质量目标，为了确保质量管理体系的适宜性、充分性和有效性，以满足标准和公司的质量方针及质量目标的要求，公司总经理每年至少主持一次管理评审，其记录要妥善保存。

2. 相关资源品质的关注

新源公司加强对生产经营活动和质量管理体系过程中人力资源、基础设施、工作环境等资源的控制，以确保提供的资源满足最新 ISO 质量管理体系中持续改进的要求。为了实施、保持质量管理体系并持续改进其有效性，公司确保提供必要合理的资源（含人、机、环、料、法、测等）配置，而为了满足顾客要求，增强顾客的满意度，同时考虑到公司生产实际需要，公司还要提供必要的资源。落到实处是，生产技术部负责组织生产人员的培训，并对生产环境进行控制；行政部负责基础设施和工作环境的管理工作，并组织培训其他工作人员，且负责对培训工作的管理。

人力资源方面。基于适当的教育、培训、技能和经验以及必备的业务知识，从而使得全体员工足以胜任各自的工作。公司在《人力资源的管理程序》中明确从事影响产品质量的有关工作人员的必要的能力，确定了各岗位员工培训的需求。为了达到岗位要求，新源公司进行岗位培训以符合生产标准，各部门需将与本部门有关产品的质量指标及其完成情况有效地传达给员工，同时对产品质量的重要性进行积极宣传，使得员工意识到所从事工作重要性和对产品质量的影响程度。

基础设施方面。基础设施的配置由总经理下达指令，行政部及经营部按照指令购置，由行政部负责制定基础设施和后勤保障运输及通信设施管理制度，由财务部负责制定财务管理制度，由生产技术部负责制定生产设施的管理制度。公司建立《土地及房屋建筑管理控制程序》对基础设施加以控制；建立《后勤保障控制程序》和《财务管理控制程序》对支持性服务过程加以控制；建立《生产设施管理控制程序》对生产设施加以控制。

工作环境方面。为实现产品的符合性，公司识别所需的工作环境。行政部负责加强工作环境的管理，制定完善的工作环境管理制度，同时根据生产作业需要，逐步改善工作场所所必需的基础设施，创造良好的工作环境。公司还建立《工作环境控制程序》对工作环境加以控制。

3. 产品实现过程的控制

产品实现过程是产品质量控制的关键环节，因此对产品实现过程进行策划和控制，能够确保产品和服务满足顾客要求。公司为满足产品、项目、合同规定要求，对产品实现所需的一系列有序的过程和子过程进行策划，这些过程与公司质量管理体系的所有要求保持一致，具有可持续性。因此，总经理组织有关部门人员对产品实现过程进行策划；工艺技术工程师参与过程策划，指导生产技术部的工作，并对生产管理过程进行监督检查；各部门负责各职责范围内的工作过程的策划、实施、监控。产品实现过程包括：

（1）确定产品的质量目标及要求；

（2）确定产品达到要求所需的各过程所需的资源（包括人、机、环、料、法等）、过程及步骤；

（3）确定产品在生产过程适当阶段所需的验证、确认、监视、检测和测量方法；

（4）明确所有活动及产品的要求和特性（包括主观因素）的接受标准；

（5）建立质量体系文件控制各种工艺流程的实施，包括相应的作业文件、规范、标准等；

（6）确定为产品实现过程及产品满足要求提供证据的记录，规定记录的传递方式；

（7）为满足特定产品、项目、合同的要求，对产品实现所需的过程进行策划，形成质量计划，并为质量改进做准备，必要时输入管理评审；

（8）公司建立《质量计划控制程序》对质量计划的制定和实施加以控制；

（9）公司对涉及外包形式的产品加工实行了控制管理，对承包商的服务质量进行监控。

4. 对顾客满意度的重视

新源公司一直将顾客的意志放在产品生产的中心，并以顾客的需求来生产满足更高标准的产品。为了满足顾客要求，公司将顾客的要求和期望加以确定，并转化为内部要求，加以实施和保持。

公司在生产前要详细听取顾客对于产品的规定要求，这包括随交付及交付后活动的要求。据此，公司要确定合适的产品价格、品质、服务、交付方式与期限以及任何附加条件。而且公司还规定了与产品有关的评审并在实际生产中严格执行，确保公司具有满足合同或订单要求的能力。经营部负责与顾客进行沟通，解决其中相互矛盾的要求，确定最终的产品的要求。而且在合同或订单履行过程中发生的变更，不论变更来自哪方，都要与顾客进行详细的协商且做好记录，并将修改传递到相关部门。

特别针对与顾客的沟通，公司规定了与顾客沟通的事项，确定沟通方式，并对沟通实施进行控制，确保与顾客的沟通有效。经营部认真对顾客咨询问题予以解答，并做好记录；对顾客反馈的信息包括投诉和抱怨，公司经营部、生产技术部及质管部要采取相应的方式予以解决，确保顾客满意。

5. 监视和测量装置的控制

为确保监视、测量结果的有效性，公司对监视测量装置进行周期校准并正确使用和维护，同时对监测装置的控制做了明确的规定，以确保监测装置满足规定要求，为产品符合规定的要求提供证据。公司建立《监视和测量装置控制程序》对监测装置加以控制。

二、生产过程中的质量管理

1. 进料管理

原料是产品生产的根本，原料质量在很大程度上影响着生产过程的顺利进行和最终产品质量的高低，因此原辅材料（包括委托加工）、备品备件等的采购及过程的控制是新源公司质量管理的第一步。

采购进料的品种和数量需要汇总各个部门的信息：生产技术部负责填写原辅材料、备品备件等采购计划，办公用品及劳保用品由行政部填写采购计划，检验设备、化验药品由质管部填写采购计划，建筑材料由其他管理部门填写采购计划，对于委托加工需要经营部和生产技术部协商后提出计划。

在整个采购过程中，经营部是进料采购的归口管理部门，主要负责组织质管部、生产技术部对采购供方进行评定，负责原材料、备品备件的采购，以及组织对采购产品的检验验证。经营部根据采购信息汇总推荐原辅材料和备品备件的供方名录，并组织质管部、生产技术部根据供方提供的相关材料对业绩、生产状况和能力进行审核，并根据采购标准对供方产品进行评定，不同进料的性质不同，故由不同的部门负责质量检验，其中质管部负责对原辅材料的检验验证工作，备品备件由使用部门验证。在检验评定后，经过对比并选择出合格供方并填写《供方评定记录》，对已流入《供方评定记录》的供方在供货时如出现问题需重新评定，对于不影响产品质量的供方可不进行评定。经营部再根据《供方评定记录》填写《合格供方名录》，并根据合格供方的日常供货情况，于每年11月对合格供方进行评定，填写《供方表现评定记录》，凡得分在75分或以上者可列入《合格供方名录》，对不合格的供方，注销其合格供方资格。

在具体采购过程中，经营部应在合格供方内进行采购，如遇到特殊或紧急情况，合格供方不能满足采购要求时，可由总经理批准，在其他供方处进行采购，同时应在进货入库时加强检验。

2. 生产过程的控制

要确保产品质量符合规定要求，对生产过程中影响产品质量的各因素进行管理和控制是极其重要的一个环节，这不仅需要各个生产车间按照操作规范市场合格产品，还需要其他部门的协助和配合。大体来讲，经营部在编制并下达生产计划的同时还要负责原辅材料、备品备件的供应，质管部会同生产技术部负责编制《企业产品标准》、《内控产品标准》、《产品包装标准》、《原辅材料采购标准》等进料和产品的标准，各个车间负责组织生产并控制产品质量及良好的生产环境，质管部负责对在产品及控制点样品进行检验控制，机修动力车间负责生产设备及工艺装备运行管理及生产用水、电、汽的供给与管理。具体的操作过程如下：

经营部根据与厂家签订的销售合同、市场预测、库存、生产能力均衡制定并下达生产计划，于每年的11月底做次年上半年的生产计划并报送总经理审批，于每月的 20 日前做月度生产计划并发送给生产技术部。经营部根据采购计划及原辅材料质量标准，组织购进合格的原辅材料和备品备件，并做好储存和发放工作。

生产技术部则根据经营部下达的《生产计划》，组织生产车间生产，同时要依据产品要求定期检查《生产工艺规程》的适用性，及时修改，检查各工序人员对工艺操作规程的执行情况。

负责实际生产的各车间根据《生产计划》、《生产工艺规程》、《企业产品标准》、《内控产品标准》、《产品包装标准》、《原辅材料采购标准》、《目的产品标准》组织好生产，并做好《生产计划追踪表》。车间操作者要坚持文明操作，确保作业通道畅通，上岗前穿戴劳保用品，特殊工种需持证上岗，保证作业安全，搞好设备及现场的卫生。各车间的操作工在取样过程中，为提高产品取样准确度，将取样瓶在罐中或槽中最少洗 3 遍，再取上最终样品。

新源公司的生产工艺复杂，萃取岗位是决定产品质量的关键性工序，最终产品质量的主要指标（稀土含量）都要由萃取工序决定，对萃取工序中严格控制的关键控制点要定时取样，送分析室分析，根据检验结果调整，保证控制点的液体质量能在允许的范围内波动。而之后的后处理车间为最终产品的生产车间，严格执行《生产工艺规程》和保障现场的环境卫生，杜绝在最终生产过程中因夹带杂质而产生不合格品，并搞好产品的计量工作。

3. 监视和测量装置的管理

新源公司对与产品质量有关的监视和测量设备进行有效控制，以保证设备的精度和准确度满足规定的要求。

新设备的采购。新设备的采购由使用部门提出《材料采购计划》，《材料采购计划》中必须详细写明所购设备的精度和准确度的要求。由经营部报总经理批准后采购。新设备进厂后，由使用部门验证所有装箱文件，如"产品合格证"、"使用说明书"、"装箱单"等。根据需要送计量部门按国家有关标准检定规程进行检定或由生产厂家安装调试鉴定。检定合格的设备方可投入使用；鉴定为不合格或安装调试后不能正常运行的，由经营部与供货单位联系退货或协商处理办法。

设备的校准。设备使用部门负责对所使用设备进行称量前校准和检定。质管部每月不少于一次进行抽检，并对抽检结果进行反馈；对于国家明确规定需要法检的设备委托国家指定计量部门校准和检定；对于国家没有规定需要法检的设备由本公司自行校准，且由设备使用部门制定校准依据，并填写《检定校准记录》，校准检定合格贴合格标识，并保存相关检定证书；对于特殊监测设备中检测设备需制定 《检测设备管理规定》和《检测设备操作规程》，称重设备需制定 《称重设备操作规定》。为保持设备的校准状态，在每半年第一次测量时带一标样测试，下半年第一次测量时带同一标样进行测试。将两种测量结果进行对比，了解设备校准状态。如偏离超出规定范围，由工艺技术工程师组织相关部门对该半年所测数据加以分析，并做出处理决定。经检定不合格则联系维修重新检定，报废设备由使用部门提出申请并说明原因经总经理批准后，作报废处理；对精度等级下降或某一项检测功能失灵而其他检测功能正常的设备，根据检定部门发出降级或部分使用的检定证书，由工艺技术工程师批准方可使用；对简单计量设备出现故障由公司指定维修工修理，其他检验、测量和试验设备的故障由包头市计量局指定部门来维修。

设备的保护和管理。设备的使用部门对设备都要建立台账，统一编号和标志，台账内容除登记设备的型号、规格、标识和使用场所外，还要将其检定周期、检定方法和验收准则做出规定。所有在用设备都应该是完好的，法检设备应附有在有效期内使用的标志，对准确度不符合要求的设备要及时进行维修并设标志，维修设备使用前仍按规定进行校准和调整。对暂时不使用的设备，根据情况可采取入库存放或就地封存，对停用的设备要按说明书要求进行保养。在重新使用前应进行校准和检定。

要保证设备在适宜的环境下工作，对设备的搬运、贮存和防护应按设备的要求确定搬运方法及贮存防护要求或方法。设备操作人员应经过培训，具有资格后方可上岗。

4. 质量检验管理

为了对生产过程中各阶段不同状态的产品进行标识，防止混淆或错用不合格品，确保只有合格的产品才能转序或出场，新源公司建立了检验和测试状态识别控制程序，用于生产过程中检验和测试状态的管理。

为了使检验具备专业性，不同部门负责不同市场节点的检验和测试：生产技术部了解原料、使用设备的要求和所有产品的规格，负责制定检验和测试状态标志的管理办法；生产车间具有就近接触产品和了解生产运作状态的优势，所以负责对生产过程中不同状态产品检验和测试状态的标志和保护；经营部负责对有关联的产成品的检验和测试状态的标识和保护；质管部凭借科学专业性对检验和测试状态的标识进行监督。

当原材料进厂未经检验时保留其供货单位质量证明，由经营部存放在待检区并做好台账，并用黄色标牌做出待检状态标识。原材料进厂后，由经营部填写《报检单》并送至化验室。由质检员取样，送化验室分析，当分析结束后，化验员填写《原辅料分析原始记录》，质管部根据数据判定合格与否并出具《质检第×号报告单》，并加盖印章。库房保管员根据《质检第×号报告单》对其进行标识，不合格用红牌予以标识，合格用绿牌予以标识。经营部的库房保管员要保存《质检第×号报告单》，确保台账、《质检第×号报告单》和货物做到一一对应，复检或双方存在异议，检验程序从头进行。

对于生产中的固体半成品，由车间操作工填写《岗位操作记录》，用黄色标牌标明待检状态标识，同时通知质检员取样送化验室分析，样品经检验后，化验室应出具《质检第×号报告单》，且依据工艺要求标准判定数据合格与否，操作工在操作记录上填写检验数据，并由本车间对其产品进行标识。如合格则用绿色标牌进行标识，可以转入下一工序；如不合格则用红色标牌进行标识，生产车间按《不合格品控制程序》进行处理。对于生产中的液体半成品，则以车间岗位操作记录进行标识，复检或双方存在异议，检验程序从头进行。

产品在完成最后工序后存放在生产车间的待检区，用黄牌作待检标识；然后通知质检员取样，化验室依据《检验规程》进行分析，分析结果出来后，由质管部判定合格与否并出具《质检第×号报告单》，产品放入成品合格区或不合格区，由仓储部的库管员对其分别用标牌进行标识，红牌为不合格，绿牌为合格，复检或双方存在异议，检验程序重复进行一次。被判定为不合格的产品按《不合格品控制程序》处理，相关人员填写有关记录。

避免合格品和不合格品的混淆，以及不必要的重复操作，各生产车间和有关人员务必要妥善保护状态标识，防止涂改、遗失，一旦发现上述现象应作为待检品重新检验。

5. 不合格品的严格控制

要想以产品品质获得市场的认可，除了要保证出厂产品的质量外，还要对不合格品进行有效控制，防止不合格品非预期使用和不合格品流入下一道工序或出厂，该严苛的程序适用于进货、市场及产品交付过程中不合格品的控制。

新源公司将不合格品的概念分为以下 3 个层次：一般不合格品，指不影响下一工序产品质量的不合格品；严重不合格品，指影响下一工序，但下一工序或最终产品可以处理合格的不合格品；重大不合格品，指导致最终产品无法降级使用或销售的，只能经过返工处理的不合格品。由于不合格品的不合格等级有所区分，所以审核和处理方法也有着很大的不同。

原辅材料的不合格，由经营部组织生产技术部、车间、质量管理部进行评审，提出处理意见，并由经营部填写《不合格品评审处置单》，由总经理批准后执行。让步接收时由生产技术部填写《让步接收申请单》，并由车间确认注明让步条件，经总经理批准后实施。出现一般不合格品，由本工序负责人和下一工序负责人同意，并通过本车间负责人和下一车间负责人同意，同时通知生产部，由下一工序或车间让步接收。出现严重不合格品，由生产技术部组织生产车间进行评审，制定措施，车间填写《不合格品评审处置表》，由生产技术部部长批准，各车间负责人组织实施，并保证最终产品的合格意见，填写《不合格品评审处置单》，由总经理批准后实施。

不合格的在产品和产品处置方式为返工和报废及让步接收，让步接收时经营部填写《让步接收申请单》，总经理批准后实施。原辅材料、在产品、成品一旦被判定为不合格品，未经批准不得转入下一道工序，并及时对不合格品进行标识和隔离存放。对于所有返工后的产品都要重新进行检验。

第三节　设备管理

设备，是指直接或间接参与改变劳动对象形态和性质的物质资料。设备管理，是以设备为研究对象，追求设备综合效率与寿命周期费用的经济性，应用一系列理论、方法，通过一系列技术、经济、组织措施，对设备的物质运动和价值运动进行全过程的科学管理。为了使设备处于完好状态，防止和减少非正常磨损或腐蚀，杜绝重大特大的设备故障，不断改善和提高公司的技术装备，充分发挥生产设备的效能，以满足生产的需要，新源公司专门制定了《设备管理程序》，适用于公司所有符合性的生产设备控制，并在实际生产中严格执行。新源公司的设备管理流程如图 3-7 所示。

设备管理涉及的内容有：分管领导负责生产设备相关变更的批准及相关文件的审批；生产技术部负责组织编制操作规程、设备维护保养制度、设备中大修计划表、设备管理考核办法并组织实施；使用部门负责制定设备的维护保养记录、设备运行记录、交接班记录；财务部负责固定资产管理制度的制定、报废处理；行政部负责相关记录的印刷、各种标识牌的制作；仓储部负责备品备件管理及制度的制定。

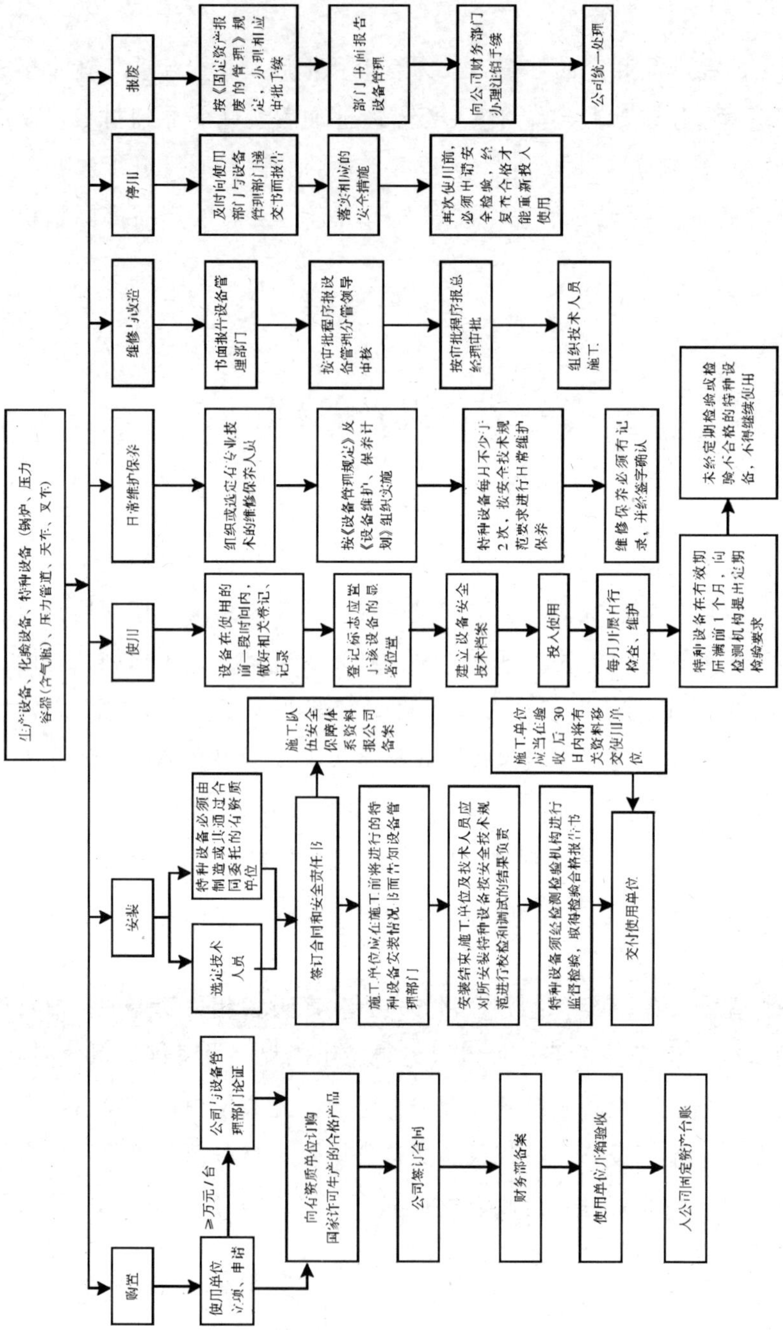

生产设备、化验设备、特种设备（锅炉、压力容器（含气瓶）、压力管道、天车、叉车）

购置

使用单位：立项、申请

>5万元/台：公司设备管理部门论证

向有资质单位订购国家许可生产产户的合格产品

公司签订合同

财务部备案

使用单位开箱验收

入公司固定资产台账

安装

选定技术人员

特种设备必须由制造或其改造合格的单位

施工单位安全保障体系报公司备案

签订合同和安全责任书

施工单位应在施工前将拟进行的特种设备安装情况书面向设备管理部门

安装竣工后，施工单位技术人员应对所安装特种设备安全技术规范进行校核和测试的结果负责

特种设备须经检测检验机构进行监督检验，取得检验合格报告书

施工单位应当在验收后30日内将有关资料移交使用单位

交付使用单位

使用

设备在使用前，调一段时间内应做好相关大修记录

登记标示卡于该设备的岗位上

建立设备技术档案

投入人使用

每班开展时检查、维护

特种设备在有效期满前1个月，向检测机构提出特种检验要求

日常维护保养

组织或选定合格技术的维修保养人员

按《设备维护管理规定》及保养计划组织实施

特种设备每月不少于2次，按安全技术规程要求进行日常维护保养

维修保养必须有记录，并经签字确认

未经定期检验或检验不合格的特种设备，不得继续使用

维修、改造

书面报件设备管理部门

按审批程序报设备管理部门分管州主审核

按审批程序报总经理审批

组织技术人员施工

停用

及时向使用部门与设备管理部门报告

落实相应的安全措施

再次使用前，必须进行安全检查，经复查合格才能重新投入使用

报废

按《国资资产报废的管理》规定，办理相应申批报废

部门书面向报告设备管理

向公司财务部门办理注销手续

公司统一处理

图3-7 新源公司的设备管理流程

一、设备的操作管理

各类设备的操作员工在上岗操作前，必须由相关部门组织对操作人员进行内部操作培训，只有在确认上岗员工会操作，且清楚日常保养知识和安全操作知识，熟悉设备性能时，方可正式上岗操作。在进行实际操作时要严格按照《操作规程》工作，认真遵守交接班制度，准确填写规定的各项生产报表及设备运行表，使用单位及机电操作人员必须爱护设备，不得对设备随意改动和拆除零部件，须保持设备完好，同时还要保持设备整体的清洁卫生，做到设备见本色，杜绝冒、滴、漏现象。

一旦设备遇到异常时，要立即停机并通知当班班长，由设备管理部门安排维修人员和技术人员到现场，是否继续生产或停产检查，由维护人员或车间主任决定，严禁拼设备抢生产。操作人员对设备的维护保养，必须注意人、机安全，特别是电气和液压部分，不得擅自维修。

二、设备维护保养管理

为减少设备故障率，提高设备的使用周期，降低生产成本。新源公司专门制定了《设备维护保养制度》，适用于公司各生产部门。设备的维护保养分为日常保养、二级保养、三级保养、预防保养。

（1）日常维护保养：设备的日常点检、清扫、加油、消耗品的更换及简易零件的修理，并做好更换与维修记录；使用部门负责设备的使用与一级维护保养，并对设备的保持完好和有效利用负直接责任；使用部门负责《设备保养内容》规定项目的执行与记录。

（2）二级维护保养与维修：现场无法执行更换且须专业技术人员才能恢复机器使用性能的修理；机修班每月制定《定期维护保养计划表》依计划做好定期保养记录；机修人员负责设备的二级维护保养与修理并记录。

（3）三级维护保养与修理：需委托生产厂家和专业机构做精度检查和保养修理；三级维护保养与修理由公司分管生产副总经理提出申请，经批准后送修并记录。

（4）预防保养。日常预防保养有：日常保养，比如加油点检、调整、清扫等；巡查点检；定期整理，比如调整、换油、零件交换等；预防修理，比如异常发现的修理等；更新修理，比如损坏的修理等。除此之外，还应按《定期维护保养计划表》做定期维护保养并做记录。

设备维护保养的主要内容有：各班组按所负责范围每日进行日常维护保养；维修班按所负责范围每日进行巡查维护保养；各班组每月15日计划次月设备维护保养计划，25日交生产部核实，以机修工组织实施每月对设备进行二级保养一次；设备因维护保养不及时而造成事故，要按事故性质和损失程度进行处理；开关、插头、插座、机器接地保护装置检查，由维修班电工巡检；机修工、操作工对所分管的设备应进行巡回点检。在巡回点检中发现问题及时处理，促进生产计划圆满完成；电动机维护检查有日常检查、每月或定期巡回检查以及每年检查。电器设备维护保养要做到：对电器设备的开关、控制柜的完好情况，每2个月检查一次；对配电室（柜）的电器开关、电表的完好及清洁，每月检查二次；每季对电线、线路检查一次；对车间的电动机，每半年检查一次；加热及特种设备每月检修一次。

设备维护保养操作注意事项：在维护、保养、清理设备的过程中绝对禁止带电操作，需带电进行的必须做好安全保障，并且在两人以上方可实施。维护保养必须保证人、机安全，卸、装机件动作要轻，使用工具要正确。切忌盲目行使，莽撞行动。

三、设备变更管理

设备变更管理主要包括两方面：

一是备品备件的计划管理。为了加强物资管理，规范备品备件采购行为，确保正常备品备件供应，控制采购成本降低生产成本，因此明确对备品备件的变更管理就显得尤为重要。使用部门和生产车间根据设备运行情况及检修计划的安排，提出备件采购及自制备件的材料计划以书面形式报部门领导核实，经营部根据仓库的库存信息和设备运行情况对所报的备件计划审核汇总后，按《备品备件管理制度》进行采购计划。

二是生产设备的新增、更新和改造。公司根据使用和产品研发的需求，使用部门根据使用工艺要求及使用设备状况均可提出增置设备要求，经公司分管生产副总经理进行可行性方面的技术咨询，方可确定装订项目的增置电器及机械设备。设备项目确定或设备购进后设备管理部门负责组织施工安装及施工安装的质量。施工完毕，由设备管理部门及使用部门负责人验收合格后，填写"设备验收单"方可使用。为保证设备安全、合理地使用，各部门车间主任协助机修人员对设备进行管理，指导设备操作人员按照操作规程正确使用。

四、设备故障管理

设备故障一般是指设备失去或降低其规定功能的时间或现象，表现为设备的某些零件失去原有的精度或性能，使设备不能正常运行、技术性能降低，致使设备中断生产或效率降低而影响生产。

一旦设备发生故障，岗位操作人员和维修人员能排除的应立即排除，并在当班生产日报表中的设备一栏做详细记录，特别是生产岗位操作人员发现设备不能继续运转需紧急处理的问题，要立即通知当班班长，由值班人员通知机修，一般隐患或缺陷抢修后做好记录，并按时传递给机修车间进行检修。在安排处理每项故障前，必须有相应的措施，明确专人负责防止事故扩大影响生产。岗位操作人员无力排除的设备故障要详细记录并报设备管理部门，未能及时排除的设备故障，必须在每次生产的会上研究决定如何处理。

如果设备故障停机超过 24 小时就属于设备事故，需要格外注意。发生设备事故以后必须做到三不放过：原因未查明不放过、责任人未受到教育及考核不放过、防范措施未确定不放过。发生设备事故，设备管理部门和生产车间主任及值班人员要到现场查看、处理，及时组织人员检修。发生设备事故的操作人员及当事人，将发生设备事故的时间、原因、设备损坏程度及影响程度等记录上报公司分管生产副总经理，设备管理部门、值班人员及有关部门负责人组织进行事故分析，并将"事故分析报告"签注处理意见报公司分管生产副总经理，事故处理完毕将"事故分析报告"存入设备档案。根据事故引起原因的不同作出不同的处理，如果是人为事故，应根据情况按"设备运行与管理考核办法"的条款对责任人给予行政、经济处罚，如果属于设备自然故障，由机修车间进行处理，采取防护措施，避免事故的再次发生。

五、设备处置管理

不处于正在使用期间的设备要根据设备的不同性状进行处置。设备经长期运行使用，不断磨损、老化，生产效率、安全性、可靠性不断下降，对这些设备就应进行报废处理。当部门内的设备因年久陈旧已经不使用，无再使用价值时，使用部门就要按照程序申请报损、报废。生产部对设备的使用年限、损坏情况、影响工作情况、更换新设备的价值及货源情况等进行鉴定与评估，填写意见书交使用部门，使用部门根据实际情况填写意见书，并将其与使用部门提交的报废、报损申请表一并上报按程序审批。申请批准后要交到财务部办理，按有关规定进行设备报损、报废处理。出于安全考虑，设备报废前，设备管理部门一定要进行全面的技术鉴定与咨询，设备报废后要认真处理残体，回收残值，而对于具有危险性和危害性的设备，除按一般报废程序办理外，还需办理报废申请与注销手续。

为保管好、保养好封存、闲置设备，新源公司制定了设备的封存管理规定，并适用于公司范围内的所有已投入使用但应生产要求暂时不需用的设备（含闲置设备）。

公司内的具体安排是，对闲置或连续停用3个月以上完好的生产设备，所属车间要填写《设备封存（启用）申请表》，经公司分管生产副总经理批准后方可封存，原则上原地封存。使用部门对封存设备应做到断电、断油、断水等，将设备保养好涂上防锈油料、套上机床罩、挂上封存牌，设备封存期间指定专人定期检查和保养，不准任意拆卸设备及零部件。为了区分不同设备的状态避免使用时的混淆，公司还规定了设备状态标志，并要求所有使用设备都应标志状态标识，使用设备状态标识如表 3-3 所示。

表 3-3 使用设备状态标识

状态	底色	字色
完好设备	白	绿
待修设备	白	黄
闲置设备	白	蓝
停用设备	白	红
故障设备	白	黑
报废设备	白	黑

六、设备技术资料管理

（1）生产技术部是设备的主管部门，所有设备的技术资料要求统一归口生产技术部设备安全技术人员进行管理。

（2）新设备到场必须在生产技术部和经营部同时有人在场的情况下才能开箱，开箱后技术资料由生产技术部设备安全专管员收取存档。

（3）相关人员借阅资料时必须填写借阅登记并按要求归还。

（4）离职人员必须在办理离职手续前归还所有资料，在没有生产技术部设备安全专管员审核认可的情况下，相关部门不能对离职人员办理手续。

七、特殊设备、特种设备管理

（1）操作人员须经专门技术和岗位培训考试合格后方可操作设备。

（2）操作人员必须严格遵守安全操作规程，严禁超负荷、违反规定使用设备。

（3）特殊工序设备要满足工艺要求，使用部门须定期进行设备的精度检查，并做检查记录。

（4）特种设备须完好运行，严禁带病作业并按国家规定年检和审核，特种设备的驾驶、操作人员必须按国家规定培训合格后操作。

第四节 现场管理

现场管理，是指用科学的标准和方法对生产现场各生产要素，包括人（个人和管理人员）、机（设备、工具、工位器具）、料（原材料）、法（加工、检测方法）、环（环境）、信（信息）等进行合理有效的计划、组织、协调、控制和检测，使其处于良好的结合状态。达到优质、高效、低耗、均衡、安全、文明生产的目的。现场管理是生产第一线的综合管理，是生产管理的重要内容，也是生产系统合理布置的补充和深入，班组评比考核如表3-4所示。

一、创造性实施 6S 现场管理法

在现场管理中，新源公司一直站在管理前沿，采用先进的管理方法与公司的实际情况结合，并结合时代的进步与公司的发展进行现场管理的升级，比较突出的是从5S现场管理法向6S现场管理法的进化。

5S现场管理法，5S即整理（Seiri）、整顿（Seiton）、清扫（Seiso）、清洁（Seiketsu）、素养（Shitsuke），又被称为"五常法则"或"五常法"，20世纪50年代兴起于日本企业，是指在生产现场中对人员、机器、材料、方法等生产要素进行有效的管理，这是日本企业独特的一种管理办法。由于5S在塑造企业良好形象、降低成本、准时交货、安全生产、高度的标准化、创造舒适的工作场所、现场改善等方面发挥了巨大作用，因此在现代社会的市场经济中逐渐被各国的管理界所认识。随着世界经济的发展，5S已经成为工厂管理的一股新潮流。如今，5S广泛应用于制造业、服务业等改善现场环境的质量和员工的思维方法，使企业能有效地迈向全面质量管理，主要是针对制造业在生产现场，对材料、设备、人员等生产要素开展相应活动。

表3-4　二车间班组评比考核

班组	项目	1	2	3	4	5	6	7	8	9	10	11	12	13	14	15	16	17	18	19	20	21
甲	日期	26	27	29	30	1	2	4	5	7	8	10	11	13	14	16	17	19	20	22	23	24
	产品质量	●	●	●	●	●	●	●	●	●	●	●	●	●	●	●	●	●	●	●	●	●
	生产控制	●	●	●	●	●	●	●	●	●	●	●	●	●	●	●	●	●	●	●	●	●
	跑冒滴漏	○	○	○	○	○	○	○	○	◐	○	○	○	○	○	○	○	○	○	○	○	○
	劳动纪律	○	○	○	◐	○	○	○	○	◐	○	○	○	◎	○	○	○	○	○	○	○	○
	环境卫生	◎	◎	◎	◎	◎	◎	○	◎	◎	◎	◎	◎	◎	◎	◎	◎	◎	◎	◎	◎	◎
	设备安全	○	○	○	○	○	○	○	○	○	○	○	○	○	○	○	○	○	○	○	○	○
乙	日期	25	26	28	29	31	1	3	4	6	7	9	10	12	13	15	16	18	19	21	22	24
	产品质量	●	●	●	●	●	●	●	●	●	●	●	●	●	●	●	●	●	●	●	●	●
	生产控制	●	●	●	●	●	●	●	●	●	●	●	●	●	●	●	●	●	●	●	●	●
	跑冒滴漏	○	○	○	○	○	○	○	○	○	○	○	○	○	○	○	○	○	○	○	○	○
	劳动纪律	◎	◎	◎	◎	◎	◎	◎	◎	◎	◎	◎	◎	◎	◎	◎	◎	◎	◎	◎	◎	◎
	环境卫生	○	○	○	○	○	○	○	○	○	○	○	○	○	○	○	○	○	○	○	○	○
	设备安全	○	○	○	○	○	○	○	○	○	○	○	○	○	○	○	○	○	○	○	○	○
丙	日期	25	27	28	30	31	2	3	5	6	8	9	11	12	14	15	17	18	20	21	23	24
	产品质量	●	●	●	●	●	●	●	●	●	●	●	●	●	●	●	●	●	●	●	●	●
	生产控制	●	●	●	●	●	●	●	●	●	●	●	●	●	●	●	●	●	●	●	●	●
	跑冒滴漏	○	○	○	○	○	○	○	○	○	○	○	○	○	○	○	○	○	○	○	○	○
	劳动纪律	◐	○	○	○	○	○	○	○	○	○	○	○	○	○	○	○	○	○	○	○	○
	环境卫生	◎	◎	◎	◎	◎	◎	◎	◎	◎	◎	◎	◎	◎	◎	◎	◎	◎	◎	◎	◎	◎
	设备安全	○	○	○	○	○	○	○	○	○	○	○	○	○	○	○	○	○	○	○	○	○

生产报表栏目：本月（产量、效率、合格率）、一周期、二周期、三周期、上月情况。

月评比结果栏目：优秀班组、十佳员工、卫生最好、卫生最差。

注：优○　良●　一般◎　差◐

顾名思义，5S 现场管理法主要分为 5 个步骤：

整理。就是区分要与不要的物品，现场只保留必需的物品。具体操作是改善和增加作业面积；保证现场无杂物，行道通畅，提高工作效率；减少磕碰的机会，保障安全，提高质量；消除管理上的混放、混料等差错事故；有效减少库存量，节约资金；改变作风，提高工作情绪。这样就可以把要与不要的人、事、物分开，再将不需要的人、事、物加以处理，对生产现场的现实摆放和停滞的各种物品进行分类，区分什么是现场需要的，什么是现场不需要的。而且对于车间里各个工位或设备的前后、通道左右、厂房上下、工具箱内外以及车间的各个死角，都要彻底搜寻和清理，达到现场无不用之物。

整顿。必需品依规定定位、定方法摆放整齐有序，明确标示。通过之前的整理后，对生产现场需要留下的物品进行科学合理的布置和摆放，以便用最快的速度取得所需之物，在最有效的规章、制度和最简洁的流程下完成作业。具体的要求是：物品摆放要有固定的地点和区域，以便于寻找，消除因混放而造成的差错；物品摆放地点要科学合理。例如，根据物品使用的频率，经常使用的东西应放得近些（如放在作业区内），偶尔使用或不常使用的东西则应放得远些（如集中放在车间某处）；物品摆放目视化，使定量装载的物品做到过目知数，摆放不同物品的区域采用不同的色彩和标记加以区别。

清扫。清除现场内的脏污、清除作业区域的物料垃圾，保持现场干净、明亮。清扫对日常的生产提出了很高的要求，即自己使用的物品，如设备、工具等，要自己清扫，而不要依赖他人，不增加专门的清扫工。这种对设备的清扫其实着眼于对设备的维护保养，清扫设备要同设备的点检结合起来，清扫即点检，清扫设备要同时做设备的润滑工作，清扫也是保养，当清扫中发现问题后要进行及时的改善。

清洁。通过对整理、整顿、清扫活动的坚持与深入，从而消除发生安全事故的根源。创造一个良好的工作环境，使职工能愉快地工作。而清洁的要求包含的不仅是传统理解上的车间干净，其内涵包括：车间环境不仅要整齐，而且要做到清洁卫生，保证工人身体健康，提高工人劳动热情；不仅物品要清洁，而且工人本身也要做到清洁，如工作服要清洁，仪表要整洁，及时理发、刮须、修指甲、洗澡等；工人不仅要做到形体上的清洁，而且要做到精神上的"清洁"，待人要讲礼貌、要尊重别人；要使环境不受污染，进一步消除浑浊的空气、粉尘、噪声和污染源，消灭职业病。

素养。这一环节是对公司每一个员工的关注，每个员工在按章操作、依规行事的同时，提升"人的品质"，培养对任何工作都认真负责的态度。任何公司的运转都离不开工作人员的配合，包括 5S 现场管理法更是要每一个员工融合到公司之中，而素养的提升应该是 5S 方法的核心，它可以使员工养成良好的工作、生活习惯和作风，让员工能通过实践 5S 获得人身境界的提升，与企业共同进步。

新源公司将 5S 现场管理法引入工厂的实际运转后，积极将其与公司特点进行恰到好处的融合，并根据每个部门的特点对员工进行了定时培训，将合作落到了实处。员工培训的效果是十分显著的，特别是在公司重要的岗位上：酸溶岗员工了解到了详细吨产品耗酸量，以及怎样才能既控制了板渣的稀土含量，又能保证最终酸溶液的稀土浓度，这就为下一道工序打下坚实的基础；萃取车间的特殊性使然，主要是以提问的方式为主，让大家对工作中遇到的问题或存在的问题进行分析，而且还由公司的技术专家从槽体结构方面进行分析，帮助大家提高突发事故的处理能力，以及能够及时准确地判断出影响产品质量的主要因素，不至于在调整过程多走弯路，最终的目的是让大家把好的产品真正地掌握在自己手中；沉淀车间主要是对不同产品所用的沉淀剂的量进行了分析，以及影响产品中氯离子的因素，从而起到提前预防的作用；抛光粉车间的设备比较多，而且有些设备不太常用，主要是对不同设备的性能以及操作中的注意事项进行了讨论，并注重使用期间和使用后的日常保养与检查，以防启动操作不当，导致问题的出现，造成设备的损坏以及其他安全事故的发生。

5S 现场管理法在新源公司的实际生产中得到了落实，并为公司的发展做出了突出的贡献，但是新源公司并不拘泥于短暂的良好，真正追求的是长期稳定的发展与未来更加卓越的表现，因此也一直在推荐现场管理的进步。在 5S 现场管理法的基础上，公司还创造性逐步引入 6S 现场管理法，在"整理、整顿、清扫、清洁、素养"的基础上增加了"自检"（Self-inspection），即员工在每日和阶段性工作结束前作出自我反省与检讨，这对公司继续的前进是十分重要且潜力无限的，这是因为在"自检"中，可以总结经验与不足，判定一至两种改进措施，培养自觉性、韧性和耐心，加强员工安全教育，时刻树立"安全第一"的观念，防患于未然。

二、实施看板管理制度

看板管理起源于日本丰田生产方式的管理工具，其设计的初衷是寻求生产准时化，彻底消除无效劳动和浪费。看板生产一反常规，把原先由前道工序向后道工序的送货制，创造性地改进为后工序向前工序的取货制，彻底地去掉了生产工序间不必要的零件储备，达到准时化生产的要求，提供了生产效率，大幅度降低了生产成本。看板管理是把看板作为生产指令、取货指令、运输指令，用以控制生产和微调作业计划，达到生产组织上高效率、高效能、高效益的科学管理方法。

看板管理作为企业生产管理现代化的方法，具有突出的优越性：第一，生产现场人员众多，而且由于分工的不同导致信息传递不及时的现象时有发生，而有了看板，员工就可以从看板中及时了解现场的生产信息。而且看板还可以展示生产过程中出现的问题，以及生产人员对此提出的意见和建议，以便大家统一思想。第二，通过看板，生产现场管理人员可以直接掌握生产进度、质量等现状，为其进行管控决策提供直接依据，这就尽最大可能杜绝现场管理中的漏洞。第三，通过看板，生产现场的工作业绩一目了然，使得对生产的绩效考核公开化、透明化，同时也起到了激励先进、督促后进的作用。第四，现场看板既可提示作业人员根据看板信息进行作业，对现场物料、产品进行科学、合理的处理，也可使生产现场作业有条不紊地进行，给参观公司现场的客户留下良好的印象，提升公司的形象。

在了解看板管理制度的优越性之后，新源公司为规范生产管理，便于生产员工、管理人员共同监督、共同提高，实现信息公开、信息共享，最终提高管理水平，特制定详细的看板管理制度：

（1）生产部下设各车间各岗位均设立看板，看板内容根据岗位重点不同设立固定板面，并由各工序负责人负责填写或更换，公司各级管理人员进行监督。

（2）考勤动态栏要求各单位统计员按公司考勤制度每日进行填写。

（3）现场管理栏由各级管理人员进行填写，在检查及抽查过程中发现的现场问题及时公布于该栏，能及时纠正的当场纠正。

（4）质量动态由工序负责人根据质检部反馈质量信息，及时在看板反馈，一般定为次日反映前日质量情况。

（5）安全管理、学习园地栏分别由各工序负责人、总工、研发部提供内容，由统计员负责打印粘贴，该栏每周更换一次。

（6）收率、单耗栏各工序负责人根据月终核算情况，负责制作并更换，次月 10 日前粘贴上月收率、单耗，每月更换一次。

（7）信息公开栏主要公布公司及车间内部下发的通知及作为光荣栏公布优秀班组、个人的先进事迹，该栏为不定期更换。

（8）该制度自看板设立之日起执行，由各级管理人员和员工共同监督执行。

三、实施 4M1E 管理制度

4M1E 是人、机、料、法、环现场管理五大要素，即 Man（人）、Machine（机器）、Material（物料）、Method（工艺方法）、Environments（环境）。

所谓人（Man），是指在现场的所有人员，包括主管、司机、生产员工、搬运工等一切存在的人。人，是生产管理中最大的难点，也是目前所有管理理论中讨论的重点，围绕着"人"的因素，不同的企业有不同的管理方法。人的性格特点不一样，那么生产的进度，对待工作的态度，对产品质量的理解就不一样。有的人温和，做事慢，仔细，对待事情认真；有的人性格急躁，做事只讲效率，缺乏质量，但工作效率高；有的人内向，有了困难不讲给组长听，对新知识、新事物不易接受；有的人性格外向，做事积极主动，但是好动，喜欢在工作场所讲闲话。因此作为领导者，就不能一刀切地用同样的态度或方法去领导所有人，对不同性格的人用不同的方法，使他们能"人尽其才"，发掘性格特点的优势，削弱性格特点的劣势，就是要能善于用人。工厂生产的主体是人，要想提高生产效率，最关键的就是从现有人员中去发掘其潜力，尽可能地发挥他们的特点，激发员工的工作热情，提高工作的积极性。简单地说，人员管理就是生产管理中最为复杂、最难理解和运用的一种形式。

机器（Machine），是指生产中所使用的设备、工具等辅助生产用具。生产中，设备是否正常运作，工具的好坏都是影响生产进度、产品质量的又一要素。一个企业要想发展，除了人的素质有所提高、企业外部形象不断提升，公司内部设备的更新也很重要。先进、质量优良的设备能够提高生产效率，提高产品质量，同时还可以实现员工的解放。所以说，工业化生产，设备是提升生产效率的另一有力途径。

物（Material），指物料，半成品、配件、原料等产品用料。现在的工业产品的生产，分工细化，一般都有几种、几十种配件或部件是几个部门同时运作。当某一部件未完成时，整个产品都不能组装，造成装配工序停工待料。任何一个部门的疏忽，都有可能会影响到其他部门的生产运作，因此，每个部门都不能只顾自己部门的生产而忽略前后工序或其他相关工序的运作，在实际生产中要密切注意前道工序送来的半成品和仓库的配送，还要注意自己工序的生产半成品或成品的质量及后续的运输。工厂现场管理的优秀需要纵观全局，从整体上协调各个工序的生产，以及工序间的产品和信息的交流。

方法（Method），顾名思义，就是方法或技术，指生产过程中所需遵循的规章制度。它包括：工艺指导书，标准工序指引，生产图纸，生产计划表，产品作业标准，检验标准，各种操作规程等。它们在现场中的作用是，能及时准确地反映产品的生产和产品质量的要求，严格按照规程作业，是保证产品质量和生产进度的一个条件。

环境（Environments），指生产环境。对于某些产品（电脑、高科技产品）对环境的要求很高，环境也会影响产品的质量。对于某些产品或产品的某些生产工序，出于生产安全或产品品质等的考虑，工厂、行业或国家会对生产质量有一些明确的标准，提出一些更高的要求，这是对员工安全和产品质量负责的表现。所以，环境是生产现场管理中不可忽略的一环。

为形成标准化以达到稳定产品质量的目的，新源公司采取如下措施加强现场管理：

操作人员因素（人）。主要控制措施有：①生产人员符合岗位技能要求，经过相关培训考核。②对特殊工序应明确规定特殊工序操作、检验人员应具备的专业知识和操作技能，考核合格者持证上岗。③操作人员能严格遵守公司制度和严格按工艺文件操作，对工作和质量认真负责。④检验人员能严格按工艺规程和检验指导书进行检验，做好检验原始记录，并按规定报送。

机器设备因素（机）。主要控制措施有：①有完整的设备管理办法，包括设备的购置、流转、维护、保养、检定等均有明确规定。②设备管理办法各项规定均有效实施，有设备台账、设备技能档案、维修检定计划、相关记录，记录内容完整准确。③生产设备、检验设备、工装工具、计量器具等均符合工艺规程要求，能满足工序能力要求，加工条件若随时间变化能及时采取调整和补偿，保证质量要求。④生产设备、检验设备、工装工具、计量器具等处于完好状态和受控状态。

材料因素（料）。主要控制措施有：①有明确可行的物料采购、仓储、运输、质检等方面的管理制度，并严格执行。②建立进料检验、入库、保管、标识、发放制度，并认真执行，严格控制质量。③转入本工序的原料或半成品，必须符合技术文件的规定。④所加工出的半成品、成品符合质量要求，有批次或序列号标识。⑤对不合格品有控制办法，职责分明，能对不合格品有效隔离、标识、记录和处理。⑥生产物料信息管理有效，质量问题可追溯。

工艺方法的因素（法）。主要控制措施有：①工序流程布局科学合理，能保证产品质量满足要求。②能区分关键工序、特殊工序和一般工序，有效确立工序质量控制点，对工序和控制点能标识清楚。③有正规有效的生产管理办法、质量控制办法和工艺操作文件。④主要工序都有操作规程或作业指导书，操作文件对人员、工装、设备、操作方法、生产环境、过程参数等提出具体的技术要求。特殊工序的工艺规程除明确工艺参数外，还应对工艺参数的控制方法、试样的制取、工作介质、设备和环境条件等作出具体的规定。⑤工艺文件重要的过程参数和特性值经过工艺评定或工艺验证；特殊工序主要工艺参数的变更，必须经过充分试验验证或专家论证合格后，方可更改文件。⑥对每个质量控制点规定检查要点、检查方法和接收准则，并规定相关处理办法。⑦规定并执行工艺文件的编制、评定和审批程序，以保证生产现场所使用文件的正确、完整、统一性，工艺文件处于受控状态，现场能取得现行有效版本的工艺文件。⑧各项文件能严格执行，记录资料能及时按要求填报。

环境的因素（环）。主要控制措施有：①有生产现场环境卫生方面的管理制度。②环境因素如温度、湿度、光线等符合生产技术文件要求。③生产环境中有相关安全环保设备和措施，职工健康安全符合法律法规要求。④生产环境保持清洁、整齐、有序，无与生产无关的杂物。⑤材料、半成品、用具等均定置整齐存放。⑥相关环境记录能有效填报或取得。

第四章　人力资源管理

包头新源稀土公司本着"以人为本、人尽其才"的用人理念，推进人力资源管理各项工作，目前，公司正由一批具有"诚实、正直的道德品质；勤奋、敬业的奉献精神；上进、追求的进取心态"的员工组成。

第一节　总体情况

一、企业员工构成

目前，新源稀土公司共有员工133人，其文化结构和职级结构如表4-1所示。其中，从事研发人员16人，具有副高级职称以上人员3人。

表4-1　新源稀土公司人员构成

在册职工总数		133人
文化结构	本科以上（含本科）	13人
	大专	16人
	中专（含高中）	32人
	高中以下	72人
职级结构	总经理级	1人
	副总经理级	4人
	部长级	6人
	副部长级	7人
	主任科员	1人
	普通员工	114人

二、人力资源管理职责的部门配置

包头新源稀土公司各部门有关人力资源管理的职责是：

（1）生产技术部负责生产车间工人的技能培训、晋级、离职及薪酬分配管理。

（2）行政部负责管理人员、技术人员和其他人员的招收、录用、离职、薪酬管理及全部员工的工资表汇总。

（3）行政部负责员工培训工作的管理，制定员工培训计划，组织安排各级、各类人员的培训、考核和发证工作。

（4）行政部负责人事档案管理。

（5）财务部负责工资的审核和发放。

（6）各部门负责员工劳动纪律、行为规范的贯彻，行政部负责监督。

（7）公司设考核小组，负责逐月各项指标的考核，出具考核分析。

三、人事档案的管理

（1）公司员工一律由办公室建档管理，每人一档，排列有序。

（2）档案按员工编号顺序放在统一的档案袋里，标识清楚，材料目次按序排放。

（3）员工在职期间试用、考核、职位调动、工资晋升、培训记录、行政处分、奖励等记录要及时装入个人档案，保证档案的完整性和可查性。

（4）做好员工档案的保密工作，不允许无关人员查阅，查阅员工档案须经行政部长、生产部长或总经理批准。

（5）员工离厂时，建立离厂员工档案，另行保管。

第二节　薪酬制度与考核制度

一、薪酬制度

1. 薪酬原则

（1）公司提供公正的、具有竞争力的工资；

（2）每位员工薪资的制定是按其工作岗位、工作绩效和此职位在市场上的供需情况和社会经济状况而定的；

（3）个人薪资属保密范围，禁止私下讨论和打听。任何对内、对外薪酬泄露行为将受到纪律处分；

（4）公司根据企业经营状况及员工绩效考核结果，有权对员工薪资进行调整。

2. 薪酬结构

薪酬结构包括以下 6 个部分：①基本工资；②绩效考核工资（含产量、质量、消耗、收率等指标的考核工资）；③全勤奖：不缺勤（22 天）时发给。④公司为职工缴纳社会保险，个人须承担的部分从每月的薪金中扣除；⑤个人所得税，由公司代扣缴；⑥加班费。

3. 发薪日起及支付方式

公司以电子转账形式支付员工工资，每月 5~10 日将上月工资存入员工工资卡（遇节假日或休息日，则在最近的工作日支付），工资考勤时间为本月 1 日至本月最后 1 日。

4. 薪酬调整机制

薪酬调整机制包括年度调薪和即时调薪两种方式：

（1）年度调薪。公司每财年末将根据公司经营情况、市场价值化和个人业绩进行统一的薪金调整，具体时间操作办法按行政部通知执行。

（2）即时调薪。因转正、职位变动、违纪而进行的调薪，属于即时调薪。转正调薪自转正之日起执行，其他即时调薪依据审批意见执行。

二、保险与福利

1. 社会保险

（1）公司为入职一年员工投保以下险种：养老保险、失业保险、工伤保险、社会医疗保险、生育保险，缴纳比例按照国家标准。

（2）公司不负责临时用工、兼职员工、离退休人员的社会保险。

2. 公司福利

（1）午餐补助：符合规定的员工餐补费为 10 元/人。员工餐费与考勤一起记录，由行政部门负责。外出办事不能返回公司须在外就餐的员工午餐补助同样执行 10 元/人标准。员工报销午餐补助和误餐补助均需凭借清晰、有效的餐饮类发票。行政部门负责每月员工的餐费统计，生成报表报财务部门作为核发依据。

（2）节假日补贴，视情况确定。

（3）公司停产期间放假员工按每人每月 1200 元发放工资，并且公司福利照常领取。

三、绩效考核

公司将现工资构成中的产量工资部分、绩效工资部分与考核指标挂钩，参与考核。将车间的收率、不合格品、备品备件消耗、设备意外损坏、跑冒物料等各项指标与当月产量工资部分结合，由工资核查部门考核，生产技术部汇总，奖罚在当月工资中直接体现。与此同时，将车间的安全生产、劳动纪律、规章制度执行，5S 管理及 ISO9000 管理等考核指标与绩效工资部分结合，奖罚资金根据实际情况由各级考核部门和车间同时进行考核，生产技术部汇总后，奖罚在当月绩效工资中体现。以下考核细则经公司领导和各部门商讨、审批后执行并在实际运行中，根据情况逐步修订完善。

为强化管理者与劳动者之间的联系，增强集体意识、减少损失，公司实行"连带责任考核模式",其中,有直接经济损失,考核连带责任见分项考核明细;没有直接经济损失(如5S、劳动纪律等),按比例分解承担连带责任。连带责任考核模式如图4-1所示。

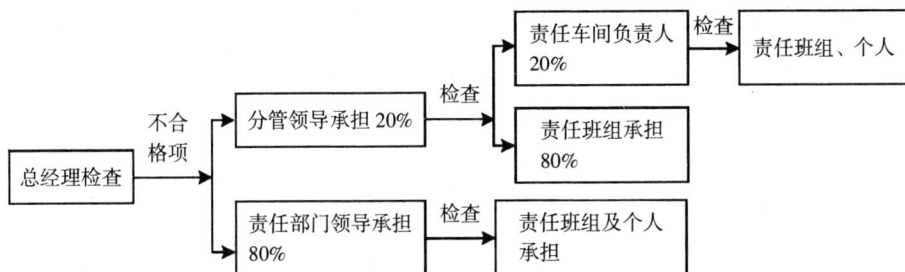

图4-1　连带责任考核模式

公司对不同的车间和部门实行不同的考核方案,限于篇幅,本处以抛光粉车间为例,简介考核方案如下:

(1)收率(见表4-2)。

表4-2　收率考核方案

指标	考核说明及办法	考核部门	备注
碳沉甩干≥98% 氟化甩干≥98% 灼烧≥99%	以每月月底盘点及综合核算为准。收率超出部分价值按备注中比例进行奖励,低于部分价值按备注中比例进行处罚,其价值从车间产量工资中扣除,车间根据本车间内部考核分解,由班组及当事人承担	财务部 公司考核小组	≤1000元　　按累进20%奖罚 1000~5000元　按累进15%奖罚 5000~20000元　按累进5%奖罚 20000~50000元　按累进3%奖罚 >50000元　　按累进1%奖罚

(2)单耗。

①奖罚方式一(见表4-3)。

表4-3　单耗奖罚方式一

节约金额	考核说明及办法	考核部门	备注
≤1000元	按累进以节约金额的20%奖励	财务部 公司考核小组	此项属重点确保项指标采取奖一罚二
1000~5000元	按累进以节约金额的15%奖励		
5000~20000元	按累进以节约金额的5%奖励		
20000~50000元	按累进以节约金额的3%奖励		
>50000元	按累进以节约金额的1%奖励		

②奖罚方式二（见表4-4）。

表4-4　单耗奖罚方式二

岗位	物料能源名称	单耗
碳沉	NH₄HCO₃	1.5T（吨氧化物）
氟化	HF	0.165T（F=4%~5%/实物量）
灼烧	匣钵	4个/实物量
	棍棒	0.3个/实物量
	天然气	500立方/吨
包装	包装物	根据入库产品及生产车间产量核算包装物消耗量,产品特殊规格包装特殊说明

（3）备品备件（见表4-5）。

表4-5　备品备件考核方案

考核指标	考核说明及考核办法	考核部门
抛光粉车间：20元/吨（折氧化物）	以每月实际从库房领用明细为准，以财务部月底汇总金额为依据，按节约金额的20%进行奖励	财务部
备注	此项属以节约鼓励为主要指标，采取奖二罚一	

（4）质量（见表4-6）。

表4-6　质量考核方案

主要考核项目	指标	考核办法	考核部门
不合格品	《内控标准》、《备货通知单》	不合格品，不记产量，取消该不合格品量工资	质检部公司考核小组
产品优质			质检部公司考核小组

（5）以下两项为给公司造成直接经济损失，由生产部考核，连带处罚直接体现在公司：

其一，设备管理：因人为维护、保养、存放或操作不当等原因造成的设备、设施损坏，使用功能降低，减少寿命等现象，具体考核见表4-7。

表4-7　设备管理考核方案

备件及维修金额	处理方式	考核办法
100元及以内	由车间写出事故报告，并报生产部备案	扣除直接责任人80%（设备、设施价值总额）

续表

备件及维修金额	处理方式	考核办法
101~1000 元	生产车间汇报，做出预防措施，并报生产部备案	扣除直接责任人 20%~30%（设备、设施价值总额），班长扣除 5%~10%，主任 3%~5%
1001~10000 元	视为重大事故，由车间写出事故报告，生产部做出处理决定，公司备案	扣除直接责任人 10%~15%（设备、设施价值总额），班长扣除 8%~10%，主任 5%~8%，分管负责人 3%~5%
10001 元及以上	特大事故由生产部写出事故报告，并上报总经理、办公会议讨论处理办法	
备注	发生的事故必须及时上报，在 24 小时内上报书面材料，否则按隐瞒事故论处，予以加倍处罚	

其二，生产、运输、仓储过程中稀土料液、酸、铵、稀土盐类、氧化物等跑、冒、滴、漏现象，具体考核见表 4-8。

表 4-8　物料考核方案

物料价值+返工成本	处理方式	考核办法
200 元及以内	由当事人写出事故经过，公司备案	扣除直接责任人 100%（物料价值总额）
201~2000 元	由当事人写出事故经过，生产部做出处理决定，公司备案	扣除直接责任人 80%~100%（物料价值总额），班长扣除 5%~10%，主任 3%~5%，分管负责人 2%~3%
2001 元及以上	重大事故，车间写出事故报告，由生产部上报总经理、办公会议讨论处理办法	—
备注	①发生的事故必须及时上报，在 24 小时内上报书面材料，否则按隐瞒事故论处，予以加倍处罚 ②此部分，在核算工资时，奖罚直接体现到公司，生产上不再另行调配	

四、员工行为规范的监督与考核

为督促员工形成必要的文明行为，特加强对员工行为规范的监督和考核力度，主要措施是实行扣分制。每分折合人民币 10 元，从当月工资中扣出；季度累计扣分超过（包括）30 分者，待岗或参加学习班，并义务劳动一周，其间只发基本工资；情节严重者按公司奖惩条例处理，直至送交司法部门追究刑事责任。公司各级领导、公司值班人员负责检查与考核，要认真做好记录，各部门月底将检查考核记录汇总交财务部，行政部负责监督。

1. 基本仪容仪表的监督与考核

（1）员工上班必须着装整洁，朴素大方，上岗按规定着工作服、佩戴胸卡。违者扣 2 分。

（2）头发整洁，男员工不得留长发、女员工进车间禁止散发，不浓妆艳抹。违者扣 1 分。

（3）男员工不得穿无袖背心、短裤，不得敞胸露怀，女员工不得穿着过于裸露的衣服。违者扣 1 分。

（4）不得穿拖鞋及前露脚趾的凉鞋，皮鞋要擦亮。违者扣 2 分。

（5）所有员工不得留长指甲，且须保持整洁，不得双手插入裤兜。违者扣 1 分。

2. 基本行为举止的监督与考核

（1）员工应该保持仪容端庄、热情大方，谈吐温文有礼、简洁明快，不在厂区办公区大声喧哗、追逐打闹。违者扣 2 分。

（2）禁止随地吐痰、便溺、乱丢垃圾，使用卫生间后随手冲洗，禁烟区严禁吸烟。违者扣 1~10 分。

（3）爱护公物，养成随手关灯、办公用器开关、水龙头等习惯，不践踏草坪、折花摘果、攀折树木。违者扣 2 分。

（4）严禁携带和制造凶器，严禁打架、斗殴、聚众聊天、赌博，偷窃公共财物。违者扣 2~20 分。

（5）外出办事或进入上级办公室，进门前先检查自身仪容、仪表，适度敲门，经允许后方可进入，进入后先使用礼貌用语。违者扣 1 分。

（6）维持良好的公共秩序，文明住宿、文明用餐、文明洗浴、文明乘坐通勤车，禁止带非办事人员进入公司或留宿，不准将小孩带入车间或办公室。违者扣 2 分。

（7）接打电话应语调平缓，声音柔和适度，语言简练有礼，禁止电话聊天。违者扣 2 分。

（8）所有员工应自觉维护和发展公司形象，不得有任何有损公司形象的行为或言辞，热情接待宾客，使用礼貌语言，守时守信，不卑不亢，不做有损公司形象或人格的事。违者扣 3 分。

（9）所有员工要团结互助、和谐相处，对待领导要尊重，对待同事要热情，对待工作要认真负责，处理问题要头脑冷静。违者扣 2 分。

（10）所有员工都有保守公司秘密的义务、不得在同行业其他企业兼职。违者扣 20 分。

3. 劳动工作纪律的监督与考核

（1）准时上下班并签到，不迟到不早退，不准串岗、擅离岗位、私自出厂、提前吃饭，有事必须请假。违者扣 2 分。

（2）不准在岗位上睡觉、打瞌睡、吃零食、干私活、看闲书、洗衣服、洗澡、听随身听。违者扣 5 分。

（3）不准酒后上岗，不准穿高跟鞋上岗。违者扣 2~10 分。

（4）不服从分配、调动，虚报产量、质量，虚报加班、加点。一经发现扣 5~10 分。

（5）未按规定填写原始记录，乱涂乱改，伪造原始记录，没按规定交接班，接班人没到交班人离岗。一经发现扣 2~10 分。

（6）违章指挥，违章操作，发现一次扣 5~20 分。

（7）不准擅自移动消防器材和设备，擅自装接电灯、电话、水、汽管道，私接电线、用电炉做饭等，一经发现扣 2~10 分。

（8）不准擅自搭建违章建筑，非指定操作者不得操作各种设备（含办公设备）、仪器，无证驾驶机动车辆，违者扣 10 分。

（9）对上级工作安排有争议时，应先服从，但事后可提出意见，会议当中不得随意插话、抢话，有事可先举手或用纸条传递。违者扣 3 分。

五、近期工资制度调整

根据公司发展的实际情况，新源稀土公司于 2012 年对企业员工工资增长及工资结构进行了调整，具体情况如下：

1. 工资增长幅度

经总经理批准，2012 年公司员工工资增长的幅度原则上为 2011 年工资总额的15%。工资总额中包括有基础工资、与产量挂钩的产量与质量工资、岗位工资、业绩工资、行为工资、全勤奖。不包括学历或职称补贴，员工在本公司的工龄补贴，生产系统单耗、回收率及辅料节约奖，员工行为特别奖。

2. 工资结构的调整

从2012年1月起，公司将沿用多年的员工工资结构作了较大调整。

（1）管理人员及后勤服务人员的工资构成。工资总额中包括：基础工资（工资总额的50%），岗位工资（工资总额的10%），与产量、质量挂钩工资（20%），业绩工资（10%），行为工资（10%）。

以上"业绩工资"、"与产量、质量挂钩工资"、"行为工资"，均为逐月的考核工资。业绩工资主要考核员工在本岗位的履职情况，由员工的直接上级提供考核结果。

（2）生产系统人员工资构成。工资总额中包括：基础工资（工资总额的50%），产量、质量工资（40%），行为工资（10%）。

以上的"产量、质量工资"、"行为工资"均为逐月考核工资；主体车间的产量、质量工资仍进行车间的二次分配。

（3）员工学历或职称补贴。为激励员工不断丰富自己的专业知识，提高公司整体知识层次，提高公司技术、工艺、新产品创新能力，2012年按月增加了不同层次的学历和专业技术职称补贴。

第三节　员工管理

一、员工招聘与录用

1. 招聘

（1）公司人员编制实行定员管理，行政部会同生产部组织编制《员工定员配置表》。当定员缺员时，由行政部按照所需进行员工招聘工作。

（2）凡年满 18 周岁，身体健康，有独立民事能力，符合本公司岗位聘用条件者，均属聘用对象。坚持"面向社会、公开招收、择优录用、宁缺毋滥"的原则，以学识、品德、能力、经验、体格适合于职务为条件。

（3）生产车间新进员工，由生产技术部提供计划，行政部负责招录，确定录用后，办理录用手续，行政部建立员工档案。

（4）新进管理人员和技术人员，由用人部门提出申请，总经理安排招聘录用工作，行政部组织具体实施，办理相关手续。

（5）公司各级员工的录用条件：①受聘人必须具备应聘岗位所要求的政治、业务、技能素质、文化知识及身体健康状况等条件。②受聘人必须接受聘用单位的审查，享受岗位工作标准，尽责尽力做好工作。③一般工作人员不超过 35 岁，有特殊技能的工作人员可适当放宽。④凡是剥夺公权尚未恢复者、通缉在案尚未恢复者，吸毒者、身体有缺陷难以胜任工作者，未满 18 周岁者公司不予录用。

2. 面试及考核

（1）应聘者应提交下述资料：①应聘表；②履历表；③照片；④自荐书；⑤学历、职称等证明；⑥必要时还要提供健康证明等。

（2）面试：通过资料审查的应聘者可以参加面试，必要时可以结合笔试。笔试包括以下内容：①专业测验（由各部门拟制试题）；②定向测验；③领导能力测验（适用于管理）；④智力测验。

3. 入职培训

通过面试考核的应聘者要填写《职工登记表》并参加入职培训。培训的内容是：①稀土基础知识；②安全教育；③消防器材使用；④劳动纪律学习；⑤操作技能学习。

4. 录用

通过入职培训合格者办理录用手续，一经录用的员工应与公司签订劳动合同、安全合同、保密合同，后两种合同作为劳动合同的附件。并填写相应的《员工履历表》，上交学历或其他的资格证书及身份证复印件。劳动合同一般规定有试用期，试用期结束，双方若无异议，自动转为正式合同。公司不收取员工工作保证金。各岗位试用期为一个月，特殊岗位的试用期另行规定。

人力资源管理流程如图4-2所示。

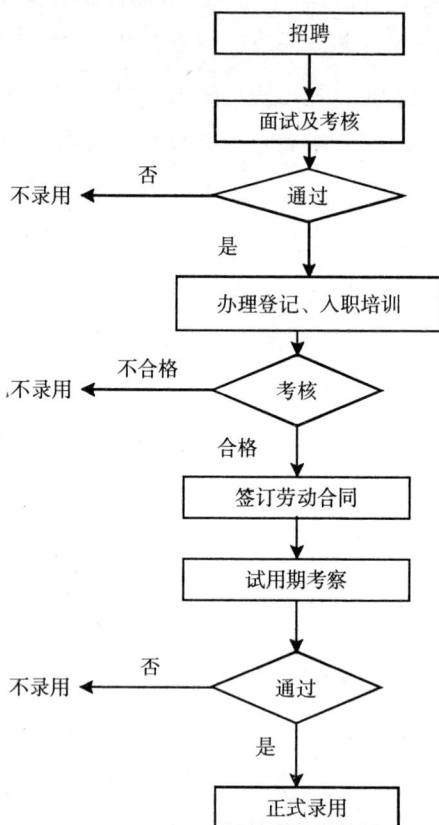

图4-2　新源稀土公司人力资源管理流程

二、员工培训

行政部每年12月份，根据公司的发展方向和基本培训需求，以及本年度各部门的培训情况，制定下年度培训计划，编制《年度培训计划》。包括培训对象、时间、内容、教师、教材、培训考核方式等内容，经总经理批准后下发各部门，并督促各部门按计划执行。行政部将每个员工的培训记录存档，建立员工培训档案，培训记录保存期限为员工离职后一年。

各类人员应按下述规定进行培训。需持证上岗的（公司内部上岗证），由行政部依据考核成绩办理，总经理批准后发证；需外部培训合格证书的，由行政部按国家有关规定办理；行政部保存上岗资格评定资料。

（1）新员工培训，即入职基础培训。就稀土基础知识、安全教育、消防器材使用、劳动纪律学习、操作技能学习等内容对新聘用员工进行培训。通过教育和培训，使员工意识到所在岗位工作活动中可能产生的质量事故，按规定操作的重要性及不按规定操作可能导致的后果。

（2）检验、化验人员培训。培训内容包括：统计技术（抽样方案）、检验、化验基础知识和检验、化验技能的培训。由质量管理部负责人进行培训，在上岗前实施，考核合格者持证上岗。

（3）采购、销售、库房人员培训。培训内容包括：采购人员须经过采购物资技术要求、采购基础知识的培训；销售人员须经过成品相关知识、销售基础知识的培训；库房人员须经过库存物资的质量特性、仓储基础知识的培训。以上人员的培训由所在部门负责人进行。

（4）内审员培训。培训内容包括：ISO9000 族系列标准知识、质量认证和审核知识培训。由外部培训机构或认证咨询机构进行培训，发相应内审员证书。

（5）特殊工作人员培训。主要设备操作人员、不合格品评审人员的培训，由所在岗位部门负责人进行培训，在上岗前实施，培训考核合格后持证上岗；驾驶员、电工、焊工、司炉工等须取得相应的外部培训合格证书。

（6）管理人员的培训。主要是企业质量管理基础知识的培训。

（7）工程技术人员的培训。包括专业技术及相关的新理论、新概念等培训。

（8）补充上岗和转岗人员的培训。同新员工培训一致。

（9）在岗人员培训。岗位技能的提高及强化，质量方针、本岗位质量目标的理解和贯彻，执行相关程序文件重要性等质量意识的提高按培训计划实施。

经过上述培训，应对培训效果进行评价。每年年底行政部负责组织各部门负责人、培训教师召开年度培训工作会议，评价培训效果，征求改进培训工作的意见和建议，以便更好地制定下年度的培训计划，改进培训工作，会议做好记录并留存。行政部随时对公司各部门员工进行现场考核，发现不能胜任本职工作的，需及时安排补充培训并考核，或转换工作岗位，使其具备的能力与从事的工作相适应。

三、岗位职责

为明确岗位职责，提高员工工作效率和工作积极性，新源稀土公司详细规定了各个岗位的工作职责，具体如下：

1. 行政部各岗位职责

（1）行政部部长岗位职责：全面负责行政部各项工作，协助总经理进行日常行政事务管理；负责高层会议筹备和记录，参加总经理组织的管理会及工作进度协调会，记录、提交会议纪要；协调本公司各部门以及外部相关机构的关系；协助总经理协调、控制各项行政工作的安排、实施及总结工作；组织制定企业各项规章制度并负责监督、检查落实情况；负责公司的各项考核工作，组织日常检查和抽查活动，按时汇总考核结果并根据考核结果向总经理提交公司每月工资、奖金分配方案；负责人力资源管理，组织做好员工招聘、调入、辞退及员工培训工作；完成总经理交办的其他工作。

（2）行政文员岗位职责：负责质量管理体系和资料控制的归口管理，起草、传递、管理公司相关文件和资料文档；协助部长负责有关文字材料的起草和整理工作，做好信息服务工作；负责职工考勤及人事档案管理，组织、参加各项检查和考核工作，监督、检查消防保卫工作落实情况；负责公司宣传和文化建设工作，定期更换展板、橱窗、宣传栏内容，做好日常接待、来访及翻译工作；处理日常行政性事务，审批办公、劳保用品发放，负责办公用品的管理，对生产、经营和管理等各方面的工作提供行政支持；经授权必要时代行部长职权，完成上级领导交办的临时性工作。

（3）后勤文员岗位职责：负责公司后勤管理，提供相关服务和后勤保障；参与制定和完善后勤管理规范并监督执行，确保后勤管理顺利进行；负责公司环境卫生及绿化美化工作，定期组织检查并督促落实整改措施；负责公司车辆管理，协助、督促办理车辆相关手续，保证公务用车和职工通勤；负责职工餐厅管理，组织成本核算、制定食谱，保证食品卫生，采购食品，准时开饭，每月公布一次收支情况；负责职工宿舍、浴池管理，合理安排住宿，落实安全措施，保持正常秩序和室内卫生清洁；负责小锅炉供暖和茶炉的管理，督促、检查安全运行状况，保持取暖范围室内的适宜温度，及时处理漏水现象，开水供应及时；负责可能涉及的办公用家具、设备的选购与使用管理；完成上级领导交办的临时性工作。

（4）炊事员岗位职责：配合后勤制定菜谱，保持饭菜营养的合理搭配，不断提高饮食质量；认真进行成本核算，精打细算，杜绝浪费；定点开饭，保证每位就餐者都能吃上饭，做到因工回来晚的员工也能吃上热饭；保持操作间及餐厅卫生，注意个人卫生，服从主管调动，不断提高操作技能；服务热情，态度端正。

（5）驾驶员岗位职责：严格遵守交通规则，负责车辆的保养、维修、检验、清洁，保证车辆处于安全、可靠的良好状态；为各用车部门提供及时、安全的运输服务；通勤车要做到安全、正点，未经批准不允许私自变更行车路线；公务车凭出车单出车，未经同意不得用公车办私事。

（6）保洁员岗位职责：负责划定区域内的卫生清扫、保持工作，承担部分草坪树木的浇水工作；认真做好办公楼走廊、卫生间、室外厕所、会议室、员工澡堂及其门、窗的清洁卫生工作，每天最少打扫2次，其余时间帮助浇草、浇树，冬天协助打扫环境卫生；保持划定区域的环境卫生，厂区通道每天最少打扫一次，及时清运各垃圾桶内的垃圾，夏天负责浇草、浇树；每季度拆洗一次值班室被褥，每月清洗会议室椅套。

（7）警卫人员岗位职责：保持高度的警觉性，保卫公司财产不受侵害；坚守工作岗位，不得擅自离岗，做好进出门货物、人员登记，做好交接班记录；负责在公司范围内巡查工作，发现重大问题随时向有关领导报告；负责公司内部保卫工作，协助主管领导对重要岗位、公司主要领导的安全保卫工作，维护公司正常的治安秩序，积极处理突发事件；认真执行相关制度做好门禁工作，取暖锅炉停运后负责烧茶炉；负责公司的消防工作，经常检查消防设施，对重点防火区域加强管理，重点巡查，协助主管领导开展消防教育，组织处理火灾事故；负责监磅，有需过磅的车辆，首先电话通知经营部（夜间通知值班人员），开始过磅前检查所有车轮应全部上了磅板，确认车上仅有一名司机后，通知司磅员开始过磅，回皮时也按此要求监督；负责划定区域内的卫生清扫、保持工作，承担部分草坪树木的浇水工作。

（8）取暖司炉工岗位职责：保持锅炉运行正常、水位保持在规定水平，供暖区域室内温度适宜；注意观察水泵运行状态，发现问题及时报告；天气突变或采暖设备漏水等，要采取紧急措施保证管道不冻和配合有关人员处理事故；在保证供暖温度前提下，要块煤、面煤搭配烧，保持工作场所及周边环境卫生清洁。

2. 质量管理部各岗位职责

（1）质量管理部部长岗位职责：全面负责质量管理部各项管理工作，直接领导质检、化验、仪器分析工作；负责调配分析人员，安排各班人数和技术力量，使各班任务力求合理，负荷均匀；根据公司生产需求，按PDCA循环制定化验室月份工作计划，并组织实施，按时检查；按工艺要求的质量标准，审核或督促化验员审核分析数据；当检验人员与生产工人因检测数据发生争议时，要耐心听取各方面的意见，做好调查分析工作，及时拿出处理办法，因产品质量问题与生产部门发生分歧时，做好分析验证工作；掌握厂内质量信息，定时组织抽查、考核检验人员的工作，发现问题及时纠正或找到解决问题的办法；对化验员要进行质量意识教育，组织业务学习，提高业务技能，做好本岗位的安全管理工作；参加对合同评审中质量指标的检验和验证方法的评审；负责对检验、测量和试验设备的管理，定期安排送检验定标识等工作；因检测设备或检测手段限制，负责外委检测的实施工作；负责外报检验报告单的审核工作；完成上级领导交办的临时性工作。

（2）文员岗位职责：负责内部质量体系审核资料的收集、准备、实施等项工作；负责管理评审中相应工作；承担质量管理体系中日常运行的监督和管理等项工作；承担体系运行中本部门负责的状态标识的监督、反馈，定期、不定期对原料、产成品重量抽检、记录检查等工作；承担公司内外部质检报告单的打印和分发工作，统计汇总每月不合格品的数量和批次；承担日常的检验分析数据汇总及 CPI 指标的核算工作；承担本部门的文字性打印及文档管理工作；协助质检员对原辅料、产成品、盘存等试样的质检取样、分样、存样工作，同时承担盘存试样检验结果的填写和分发工作；完成上级领导交办的临时性工作。

（3）质检员岗位职责：质检员分为专职质检员和非专职质检员；负责半成品、产成品、原辅料、出入库、出入窑样品的取样、分样、存样工作；专职质检员负责客户样品≤5kg 样品的取样、分样，同时承担每月月底盘存试样的取样分样工作；负责观察、了解整个质检过程中质量动态并作相关记录，反馈于主管领导，为进一步改善质检工作提供支持；专职质检员承担公司内外部质检报告单的填写和分发，同时依据《内控产品标准》和《原辅料采购标准》对不合格品以不合格反馈单形式进行填写和分发；对上级发现的质量信息，负责具体查实、反馈；协助文员对体系运行中状态标识的监督、反馈；协助文员定期不定期对产成品包装、重量进行抽检。

（4）化验室主任岗位职责：负责全室的事务性管理工作；参与化验室内部人事的安排和分配；负责统计日常分析药品、玻璃器皿使用情况及消耗，申报分析药品、玻璃器皿、备品备件，各种气体采购计划及开具领料单；负责卫生、管理制度等的监督考核；参与对化验室测试准确率的监督考核；负责督促化验员审核分析数据；部长不在时，代理行使部长的一切职责。

（5）中控化验员岗位职责：承担生产过程、中间控制试样的分析检验工作；承担辅料中必检项目的检验工作；承担检验结果以报告单形式或便条形式的填写和分发工作；承担车间交接料液的分析检验工作；承担月底盘存试样的分析检验工作；同时承担兼职质检员的各项工作。

（6）成品化验员岗位职责：承担原辅料、半成品、产成品进出货的化学部分及部分仪器的分析检验工作；承担把抽检试样检验的结果，以质检报告单形式填写和分发工作；承担本岗位仪器的维护、监管工作。

（7）仪器化验员岗位职责：承担公司内外部所有需仪器分析样品的分析检验工作；承担日常成品检验和仪器检验、检验结果的填写和分发工作；承担本岗位仪器日常维护和监管工作。

3. 生产技术部各岗位职责

（1）调度岗位职责：负责生产的组织、协调、管理工作；负责贯彻执行"5S"管理、ISO9000 管理工作；负责与生产相关的安全管理工作；负责组织环境保护的设计、组织、协调、指挥、管理工作；负责协调解决生产过程中出现的异常问题；参加对原辅材料供应商进行分析，做出评价；参加与生产相关的对外事宜的接洽；负责公司机器设备、能源动力供应的管理工作；完成上级领导交办的临时性工作。

（2）技术工程师岗位职责：负责制定新产品开发计划并组织实施；负责工艺操作规程编制、修订工作并监督考核；根据用户要求组织试制、提供各种样品；负责设计、论证、协助实施技术改造、工艺革新方案；负责制、修订标准消耗表；负责处理生产过程中出现的工艺、质量异常问题；对员工进行与生产相关的理论知识、操作技能的培训；完成上级领导交办的临时性工作。

（3）设备工程师岗位职责：全面负责设备、能源动力的安全管理工作；负责制定设备管理制度、设备操作规程和安全规程并监督考核；负责制定设备维护、保养、巡检制度；负责设备档案、资料的建立和水、电、汽走向图的绘制；负责设备购买、设计、制造、改造、维修的管理及非标外协件加工；负责设备移动、出售、租借、废弃业务的管理；负责水、电、汽等能源动力的供应及异常问题的解决；负责与能源动力相关的对外事宜的接洽；负责设备、能源动力方面技术和安全培训；完成上级领导交办的临时性工作。

（4）内勤、统计岗位职责：全面配合并协助部长、调度长工作；负责车间与车间统计、核算、报表报送工作；负责部内来访客人的接待工作；负责部内档案资料、文件、记录的归档、传递、收集工作；负责部内文件资料、工资表的打印、复印工作；负责部内材料计划、报表的编制和报送工作；负责各车间统计工作、现场环境的监督工作；完成上级领导交办的临时性工作。

4. 经营部各岗位职责

（1）经营部部长岗位职责：全面负责经营部的各项管理工作，做好物资供应、仓储及产品销售工作；协调好本部门的各项工作，安排好人员，确保工作的正常运转；制定年度销售计划，组织实施销售活动，按规定完成销售任务；组织合格供方评价，编制合格供方名录，确保原辅料的稳定供应，满足生产经营对其他物资的需求，定期制定付款计划，合理安排资金；负责对所有外协加工单位的推荐，监督加工过程及按时按质收回产品；负责市场调研、分析、预测，组织、具体实施合同评审，不断开拓销售市场；不断提高赊欠率，积极催收货款，加快资金回笼速度；完成上级领导交办的临时性工作。

（2）销售内勤岗位职责：负责记录销售业务台账及客户档案；负责管理销售合同及与销售工作有关的文件、资料；负责产品在销售过程中的辅助工作，办理有关发货手续，按合同要求确定包装，产品在销售后给客户传分析单；负责与有关部门共同办理产品出口的相关手续；完成上级领导交办的临时性工作。

（3）供应内勤岗位职责：负责记录采购（即原辅料）供应台账及主要供应商档案；负责管理采购合同及与采购工作相关的文件、资料；负责主要原辅料在采购过程中的辅助工作，办理有关入库手续，对每一批采购回的原辅料都要进行质量跟踪及每日与保管核对后填报有关报表；完成上级领导交办的临时性工作。

（4）采购员岗位职责：负责（除主要原辅料如碳酸稀土）全厂原料、辅料、备品备件、劳保用品、办公用品等的采购；必须按时采购回物美价廉的物资；采购员兼过磅员，如有采购任务外出时，由保管员过磅。

（5）保管员岗位职责：负责仓库内所有成品、半成品、原辅料、备品备件及劳保用品等的保管及收发工作；负责各自所管辖仓库的卫生清理工作及装卸工调配工作；负责记录相应的保管台账及相关单据；采购员不在时，负责过磅；外来车辆的管理，装卸完货物后应清理作业现场，保持洁净，不许散状物抛撒在路面，未经允许不得随意洗车，不能乱停车，如发现应责令改正，否则通知门卫不允许出门，直至改正为止（夜间进厂货物由公司值班员负责）。

（6）驾驶员岗位职责：大货车驾驶员要严格遵守交通规则，负责车辆的保养、维修、清洁，保证车辆处于安全可靠的良好状态；按时按量、安全地完成所承担的运输任务；叉车驾驶员负责车辆的保养、维护，保证车辆处于安全可靠的良好状态；根据部里的统一安排，完成各项厂内运输大件物品的起重、搬运工作。

5.财务部各岗位职责

（1）财务部部长岗位职责：全面负责财务部各项管理工作，凭证、报表、账册的审核；负责各类报销以及收、付业务的审核；外部事务的协调以及对各类问题的处理；财务预决算的编制工作；经济指标的测算、分析、研究；完成上级领导交办的临时性工作。

（2）成本会计岗位职责：负责产成品、外购产成品及生产成本账的核算及登录；负责税务方面的各项工作，包括出口退税的申报，并及时掌握相关税务信息；发票的管理工作，即发票的领购、认证以及发票的填开存根保存等；销售收入和销售成本以及原辅料账的登录和核算。

（3）往来账会计岗位职责：负责往来账、固定资产、预提费用、待摊费用的核算登录；在建工程、应付工资，利润及其他杂类账目的核算及登录工作。负责公司的各项税金及时准确地申报。

（4）出纳岗位职责：现金日记账和银行日记账的登录和管理；日常业务的收付，做到日清月结，每日资金情况及时向领导汇报；及时和银行核对银行存款账目。

（5）综合统计岗位职责：负责填报上级统计部门的各类统计报表；负责对公司其他部门外报统计数据、内部责任制考核数据的审核。

6. 车间管理人员岗位职责

（1）车间主任岗位职责：负责车间的全面管理，包括人员管理、薪资二次分配管理、工艺技术管理、设备管理、现场管理、ISO9000质量管理、清洁生产管理、环保管理等；负责安全生产，按照生产计划组织完成生产任务；完成上级领导交办的临时性工作。

（2）车间副主任岗位职责：协助车间主任完成本车间管理工作；负责车间劳保用品的领用、管理和发放工作；负责车间统计、核算、报表报送工作；负责车间材料计划的编制工作；负责车间员工的考勤、工资的记录、核算和管理工作；负责车间现场环境的监督、考评工作；负责车间质量记录的发放、检查、归档工作；负责车间资料、文件的档案管理工作；完成直接领导和上级领导交办的其他任务。

（3）班长岗位职责：严格按各项规程组织、指挥、管理本班的生产工作；负责本班人员管理，岗位职责考核、考勤等行政工作；负责本班安全管理工作；负责本班生产过程质量管理工作，并解决质量异常问题，特殊情况及时汇报；负责控制生产进度，督促、解决影响生产进度的各种问题；负责监督、检查本班员工是否按照工艺条件、岗位职责进行操作和控制；负责对所用设备的监控、维护、保养和擦洗；负责本班贯彻执行"5S"管理、ISO9000管理和统计、记录管理工作；完成上级领导交办的临时性工作。

7. 各车间下设岗位职责

（1）酸溶岗位职责：负责按生产计划安排保质保量完成混合氯化稀土料液的生产任务；负责从事酸溶、除 SO_4^{2-}、中和、洗渣、板框压滤、物料输送等全部工作；必须熟练掌握本岗全部生产过程的操作规程，严格按规程规定进行操作，任何人不得随意改动操作规程，否则按违纪论处；对本岗所属反应罐、传动部件、固液分离、输送泵系统等设备负有保养维护的职责并需掌握各设备配件的性能和操作要领；负责对操作环境、设备、工具的卫生工作，要保持良好、清洁的环境和设备物见本色，清洁干净；提前10分钟上岗，认真做好现场交接班工作，上岗前应穿戴好劳动保护用品；如实认真做好原始记录，并保持记录整洁、完整、字迹工整、清晰；必须重视安全工作，要随时注意检查设备有无安全隐患，并及时汇报和处理；坚决杜绝跑、冒、滴、漏现象发生，若出现此现象按纪律处罚，情节严重者照价赔偿；完成车间交办的其他工作任务。

（2）萃取岗位职责：按生产计划安排全面负责保质保量完成萃取分离各产出物的生产任务；本岗人员应负责从事以下几方面的工作：①各物料流量的监测、控制；②各萃取槽体的巡视、检查，如传动系统的运行情况，各段槽体界面的平衡状态、溢流口、连接管线的畅通情况、色带转移平稳状况、槽体和管线有无漏料等工作；③定时、定点中控取样分析，据分析结果判断产出物的稀土成分是否合乎要求等；④各物料的输入输出准确计量和检测，视其质量是否合乎要求。负责本岗所属设备、传动系统、泵类的运行、维护、保养等工作；熟练掌握各段萃取的操作规程和工作程序并严格执行本操作规程，任何人均不得随意改动规程或不按规程操作，否则按违纪论处；对各段定点取样器具要妥善保管定位，专项定点使用，绝对不能交叉使用，防止样品相互污染；各物料的输送、泵类的使用必须按程序和正确的操作方法进行，严防错位输送或阀门错开、错关的现象发生，造成重大的损失等；上岗前必须穿戴好劳保用品，操作的全过程必须注重安全生产，认真进行现场交接班工作；各物料流量测定以及其他物料计量必须及时如实认真做好原始记录，不得私自涂改记录数据，原始记录要保持整洁、字迹工整、清晰；严禁跑、冒、滴、漏现象发生，出现此事故按纪律处分；按卫生区域的划分范围需保持环境和设备的清洁卫生；完成车间交办的其他工作任务。

（3）配制岗位职责：负责纯水、纯酸和料液、酸液、碱液的配制以及输送等工作，并保质保量地供给萃取和沉淀岗位各物料；制水、制酸、配制必须严格按操作规程进行操作，任何人都不得随意改动规程，否则按违纪论处；对制水交换柱、反渗透系统必须随时检查其运行情况以及产出纯水质量情况，发现水质不合格时应及时进行酸碱处理，洗涤使之尽快恢复制备工作；对接收料液以及盐酸、液碱等必须及时取样分析浓度，观察其清亮干净程度；对所操作的设备其性能、要领需熟练掌握并负有维护保养的职责，发现有不正常或隐患现象应及时上报；及时检修以免发生损坏设备或安全事故；必须穿戴好劳保用品，如实做好原始记录，记录要保持完整、整洁、字迹工整、清晰；输送和输入各物料杜绝跑、冒、滴、漏现象发生，违者按纪律处罚并视情节轻重予以赔偿；对操作环境和所属设备要经常保持清洁卫生；完成车间交办的其他工作任务。

（4）结晶岗位职责：负责保质保量全面完成各品种浓缩结晶产品的生产任务；负责从事接收料液、蒸浓过程、放料、结晶、砸料、称重、包装、入库等工作；必须熟练掌握浓缩结晶的操作规程并严格按规程操作，任何人不得随意改动规程或不按规程规定操作，否则按违纪论处；杜绝接料跑、冒、浓缩料液抽入喷射泵或循环水倒抽入罐内等现象发生，操作人员应随时检查，观察浓缩情况；砸料人员必须将物料砸成小于10cm每块，不允许过大的块状物进行包装，并要准确计量不得超过误差范围，包装过秤后要及时封口、入库；负责对本岗所属设备和环境保持清洁干净卫生；准确如实做好原始记录，上下班人员要做好交接班工作；完成车间交办的其他工作任务。

（5）沉淀岗位职责：负责保质保量完成各类碳酸盐的生产任务，本岗人员不得因自身延误生产而造成前工序顶车被迫停车，出现此情况要严加究其责任予以处罚；负责从事各品种萃取产物的碳铵沉淀、热水洗涤、离心甩干，产出物的卸料、包装、称重、入库以及辅料——碳铵的输送、吊装、溶解、过滤以及物料接收等工作；必须熟练掌握各品种沉淀的操作程序，并严格按规程操作，任何人均不得随意改动规程或不按规定操作，否则按违纪论处；对本岗所属反应罐、传动系统、离心机、压滤器输送泵管线等设备的性能、操作要领，要熟练掌握、正确操作，并对上述设备负有维护保养责任。负责随时检查各设备的运行情况，发现异常必须及时报告予以处理，使其故障消灭在萌芽之前；上岗前穿戴好劳动保护用品，提前10分钟上岗，认真做好现场交接班工作；对各种计量要及时、准确地记录，记录不得随意涂改，要保持完整、整洁、字迹要清晰；各品种产品所用的器具一定要专项专用，不得交叉使用，以防污染；杜绝跑、冒、滴、漏、洒料现象发生，如出现则按纪律处罚并视情节严重程度由当事人、负责人照价赔偿；必须注重安全生产工作，对其卫生区域的环境、设备等必须保持清洁；完成车间交办的其他工作任务。

（6）灼烧岗位职责：负责保质保量完成各品种灼烧产物的生产任务；必须按其操作程序和规定进行操作，不得违反规定随意操作；对领入和入库各品种物料必须及时取样化验和准确称重计量以及物料批号等均要如实、认真做好记录；操作煤气热源时必须注意安全，按煤气操作规程进行正确操作，违反规定造成安全事故由当事人自己负全部责任；装料、入窑、出窑、混料、筛分全过程严防洒料损失及各品种相互污染造成损失和产品质量不合格。本岗各品种的装料器皿、工具、场所等一定要专项单独使用，不得相互交叉作业；所属大窑、小窑、混料筛分设备以及热源管道等要随时检查、清理，保持干净；完成车间交办的其他任务。

（7）环保蒸铵岗位职责：负责将生产线产出氯化铵液按时按量完成生产氯化铵任务及废水处理；必须熟练掌握氯化铵生产的全过程和蒸浓操作规程，不得随意改动规程；对本岗所属蒸浓设施、供热锅炉、离心分离机、输送泵类等设备必须掌握其工作性能和操作规程，严格按程序操作，并负有对上述运行设备的检查、维护保养的责任。操作全过程要注重安全，防止出现蒸汽、物料烫伤以及设备故障、安全隐患等；随时保持设备和场所周转环境卫生的清洁；对锅炉运行和蒸铵过程应详细、如实地做好各项目的原始记录，记录要清晰、工整、保持完整；完成车间交办的其他任务。

（8）机动车间机修岗位职责：负责完成公司各部门的机械设备系统的

装配、安装、维护、检修、更换、保养等任务，确保各生产车间设备连续正常运行生产；对公司各机械设备、备品备件的机械性能、操作规程、方法等必须做到应知应会，熟练掌握维护检修技能并能保质保量及时完成检修任务；应随时深入车间对各设备进行检查、维护、保养工作，使设备长期处于稳定正常运行状态，并经常性对生产系统操作人员在使用、维护、保养各设备方面进行指导；应熟悉各生产车间生产工艺程序以及各设备所处位置、状态以及应起的作用等。确保本岗设备正确运行，避免出现差错造成重大损失；应负责对设备更换下的配件进行妥协保管并及时进行修复待用，对于无法修复的报废部件应及时入库另行处理，杜绝对更换下来的物品随便乱扔等现象发生；接受一切检修任务必须按时完成，交付生产部门验收使用，不得拖延，贻误生产；对当班出现的设备故障必须当班及时处理，对于需要移交下班处理的必须将任务情况交接清楚，对工作现场必须保持清洁，要善始善终；完成公司和车间交付的其他工作。

（9）机动车间配电岗位职责：负责全公司的电力系统的正常运行，确保安全生产；熟练掌握有关用电知识、安全用电和电器安全措施知识；随时检查各配电室装置、电器控制系统、线路的运行情况和所处状态，如发现有异常或安全隐患应及时采取措施消除其隐患；负责对各部门电器系统、电器设备的检修、更换和设备安全措施安装等工作，并负责对生产人员的操作进行指导、检查等工作；对更换或已损坏的电器设备、配件等应妥善回收保管，并进行修复以便重新使用，对无法修复的也需集中入库另行处理；认真做好上下班的交接工作，上岗前必须穿戴好劳动保护用品，工作场所应保持清洁卫生；完成公司和车间交办的其他工作。

（10）机动车间司炉岗位职责：负责完成全公司所需蒸汽的供给任务，确保公司生产正常运行；必须熟练掌握燃烧煤气和锅炉运行的操作规程和方法并严格按规定进行操作，所供蒸汽压力要长期稳定在3~4个压力，确保锅炉正常运行安全生产；负责从事煤气的使用、水处理、锅炉运行等工作，并要随时检查煤气、锅炉等运行情况，发现异常现象应及时报告处理，防止因检查或报告不及时而发生安全事故；必须有高度的责任感，认真操作不得脱岗，随时掌握锅炉、煤气、水处理的运行状态，确保安全生产；认真做好上下班交接工作，保持干净整洁的良好工作环境；完成公司和车间交办的其他工作任务。

四、考勤管理

各部门、车间由专人负责考勤，本着实事求是、认真负责的态度，逐日逐班如实填写，每月末汇总上报行政部和生产技术部，经行政部、生产技术部审核后在工资中反映考勤结果。

公司工作时间为周一至周六。公司执行夏、冬两季作息制度：①夏季（5月1日~9月30日）：上午，8：00~12：00；下午，14：00~17：30；午休，12：00~14：00。②冬季（10月1日~4月30日）：上午，8：00~12：00；下午，13：00~17：00；午休，12：00~13：00。

公司行政部负责考勤管理。员工签到和签退时间为8：00之前17：00之后，公司全体员工上下班均需亲自签到或签退，不得他人代签，一经发现代签者，两人都按当天旷工处理；因工作需要不能签到者，必须提前申请，经相关负责人批准，方可外出。

迟到、早退及旷工的认定及处罚：

（1）全体员工应提前10分钟到岗，上班时间开始后至15分钟内到班者视为迟到，在15分钟以上者，按旷工处理，并扣除当日全部工资及奖金；未经请假或续假而擅自不到岗者视为旷工。

（2）员工的迟到、早退、旷工依以下情况在当月工资中扣除：①迟到、早退：行政级别为主管级（不含）以下的员工，每次扣款20元。行政级别主管（含）以上的员工，每次扣款30元。每月累计超过3次者，除扣款之外，给予1次警告。②旷工：一个月内旷工1日者扣除3日全部工资及奖金；旷工2日者，扣除9日全部工资及奖金；旷工4日以上者，取消当月全勤奖及奖金。连续旷工3日及以上者，扣除当月全部工资及奖金，并给予除名。

五、休假制度与请销假管理

1. 法定节假日

全体员工每年均享有带薪假日，公司按国家规定及公司情况进行合理安排。

2. 正常工作日期间的休假

（1）事假：因事必须亲自处理者须提前一天请事假，如实填写《请假条》，事假一次不得超过 3 天，全年不得超过 10 天，每请事假 1 天扣 30% 全勤奖，累计满 2 天扣 50% 全勤奖，事假累计满 3 天，扣罚一个月全勤奖，1 年内事假累计超过 10 天者视为自动离职。

①车间员工请假 1 天以内经车间主任同意，报生产部批准；超过 1 天由车间主任签署意见，报行政部由总经理批准。

②办公组科员以下员工请假，1 天以内由本部门负责人批准，报行政部；2 天以上者报行政部由总经理批准。

③主任科员以上员工请假，由本部门负责人签署意见，报行政部由总经理批准。

④特殊情况来不及填写请假条，必须按上述要求用电话请假，经批准后方可，销假时补办请假手续，否则按旷工处理。

（2）病假：因病需要治疗或休息者可请病假，病假 1 天以上者须具有医院证明。疾病当天无法上班，需电话通知所在部门领导，否则按事假处理。销假时凭诊断证明，按请假程序进行书面补假。非急性病应提前按请假程序请假。病假期间只发放基本工资，不发放浮动工资、产量工资、奖金及全勤奖。

（3）婚假：公司正式员工享有带薪婚假。结婚者可享有婚假 7 天。

（4）产假：属于公司正式员工的已婚女性员工，顺产享有 3 个月的带薪产假，剖腹产享有 4 个月的带薪产假，休假期间发基本工资。享受生育保险的女职工待遇按有关规定执行。

（5）丧假：公司正式员工直系亲属死亡享有 3 天带薪丧假。

3. 年假

在公司任职满 1 年以上的员工享有带薪年假，年假以任职的周年计算。

任职满 1 年的可获得年假 7 天/年；

任职满 2 年的可获得年假 8 天/年；

任职满 4 年的可获得年假 10 天/年；

任职 6 年以上的可获得年假 15 天/年。

员工在做休年假计划时，至少须提前 1 个月向主管领导提出申请，经批准并妥善安排好工作，按请假程序办理手续后方可休假。年假须一次性休完，休假过程中不含国家法定公休日。年假不得顺延累积，当年有效，如因工作原因造成未能在有效期内使用年假，公司将适时安排补休，或按日工资予以补偿。

以下情况之一，不再享受当年年假：一年内一次性病假超过 5 天或累计超过 10 天；1 年内事假累计超过 7 天；1 年内病假、事假相加超过 15 天。

4. 探亲假

在公司任职满一年以上的、符合国家规定的员工可享有带薪探亲假。

未婚员工探外地父母：1 次/年，7 日/次。

已婚员工探外地父母：1 次/年，7 日/次。

已婚员工探外地配偶：1 次/年，7 日/次。

探亲假期所发薪金为基本工资。探亲假期含国家法定公休日，该假期须一次性休完，当年有效，过期不作任何补偿。

5. 请销假管理

（1）请假理由不充分或妨碍工作时，可酌情不予给假、缩短假期或暂缓准假。

（2）员工请假前必须填写《请假条》（因紧急情况不能事先填写时，事后需补假），经相应级别领导批准后将请假单交到行政人事部，由经理审批签字。

（3）员工请假 1 天（含）以内者，由主管经理批准；1 天以上及主管以上者请假，须经总经理批准，并将《请假条》交行政部门存档。

（4）请假到期后，要立即回公司按审批程序销假，本人在请假条上签字销假，过期不销假按旷工处理。不按规定履行请假手续，不按批准权限批假或未履行请假手续，按旷工处理。

六、奖惩制度

1. 奖励政策

为表彰对公司建设和发展做出贡献和努力的员工，特设立专项奖以鼓励员工，提高员工的积极性。

如有下列情况，公司将予以奖励：①为企业推进有重大贡献者；②个人业务、经营业绩完成情况优秀者；③超额完成工作任务者或完成重要突击任务者；④对遗留问题解决有重大突破者；⑤为公司节约大量成本支出或挽回重大经济损失者；⑥向公司提出合理化建议，经采纳有实际成效者；⑦一贯忠于职守，认真负责，廉洁奉公，具有高度奉献和敬业精神者。

公司主要采用下述奖励方式：①奖金；②奖励性旅游；③参加外部培训。

2. 处分与惩戒

公司员工必须遵守公司规定的各项规章制度，员工有违纪行为的，公司将视其情节严重和影响大小，给予相应处罚，公司行政部是员工违纪的最终情节判定部门。

（1）对于因失误而造成初次违反纪律者，将给予口头警告；公司最多给予两次书面警告。员工收到两次书面警告信后，如仍无明显改进，公司将立即解除劳动关系。

（2）员工如有偷窃及违反伦理道德的行为，触犯中华人民共和国法律被拘留或监禁，将被立即开除（合同自行解除），并不给予赔偿金。

（3）对于违反纪律或严重失职造成公司财产损害的，需照价赔偿。

（4）严重违反公司劳动纪律的行为，如员工有以下之行为，公司有权立即解除与其的劳动关系，无须事先发出通知，并保留要求员工给予公司经济补偿以及对员工进行经济处罚和经济追索的权利：

①迟到或早退1年内被3次警告的；

②无故旷工连续达3日的；或累计旷工达5日的（以下行为均属旷工：在正常工作时间无故不来上班且无法与其联络，或以拜访客户或办理其他公务为名但经查实属于无故缺勤的，上述违纪行为发现一次即认定旷工1日）；

③不服从调任或工作安排，在规定的时间内拒不到岗工作的；

④在非公司医疗报销指定医院就诊或取得病休证明书后未经批准擅自休息，视为旷工，旷工连续达3日的；

⑤不诚实取得医院病休证明，虽经批准休息但被公司查证的；

⑥违反公司关于工作制度的规定，就同一违纪行为收到公司两次书面警告信的；

⑦违反公司规定，没有经部门负责人批准擅自休息的，视为旷工，旷工连续达3日的；

⑧被发现在应聘时提供虚假材料的或未按承诺向公司提交重要个人材料影响公司决策的；

⑨未能及时向公司报告人事记录变动情况，给公司的工作安排带来损害或造成其他损失，情节严重的；

⑩违反公司的保密制度，泄露或遗失公司的机密或专有材料的；

⑪违反公司的保密制度，泄露客户或其他相关企业的商业机密，导致公司卷入争讼并承担相应赔款的；

⑫超越权限或违反公司规定擅自对外或对内做出承诺的，给公司造成经济损失的；

⑬违反公司关于工作操作流程或工作记录的规定，给公司造成损失的，未获公司批准，从事兼职活动或参与与公司业务相关的关联交易给公司造成经济损失的；

⑭对外散布不利于公司的信息给公司造成经济损失的；

⑮其他法律规定的给公司造成重大损失可以立即被无偿解聘的行为。

七、离职管理

劳动关系期内，除劳动法及相关法规规定之外，任何一方欲解除协议，均应向对方发出书面通知。具体程序如下：

1. 公司和员工经协商一致后解除劳动关系

2. 辞职：员工有权向公司提出解除劳动关系

（1）员工在试用期内应提前 3 天向公司提出辞职。完成公司规定的离职手续后，员工辞职行为生效。

（2）非试用期员工向公司提出辞职时，应提前 30 天以书面形式向公司提出申请，并由相关部门负责人签字，交由总经理审核批准。

3. 解除劳动关系

（1）公司在试用期内发现员工不符合录用条件或简历与事实不符，公司可解除与员工的劳动关系。员工可拿到计算至最后一个工作日的工资。

（2）非试用期员工有下列情况之一的，公司可解除与员工的劳动关系，并提前以书面形式通知员工。

①员工不能胜任工作，经过员工业绩改进计划或者调整工作岗位，仍不能胜任工作的。

②劳动关系订立时所依据的客观情况发生重大变化，致使原劳动关系无法履行，公司与员工协商不能就变更劳动关系达成协议的。

③员工患病或者非因公负伤，不能从事原工作也不能从事由公司另行安排的工作的。

（3）当公司生产经营发生严重困难时，或由于公司改组，科技上的突破及业务的改变而公司不再需要该岗位或该员工的技能时，而未能在公司安排其他适当的工作，可以解除与员工的劳动关系，应提前 30 天通知员工并向员工支付经济补偿金。

（4）员工有下列情况之一的，即被认为符合《中华人民共和国劳动法》第 25 条相关规定，公司无须提前 30 天通知即可立即解除与员工的劳动关系：

①违反与公司签订的保密协议、公司行为准则的；

②失职并给公司造成声誉损害或经济损失的；

③以不诚实手段获得荣誉或从公司获取其他利益的；

④将公司财产或资料挪作私用的；

⑤被依法追究刑事责任，以及被公安机关收容教育或被国家机关劳动教养的；

4. 劳动关系的终止与续签

（1）正式员工与公司签订的劳动合同到期前 1 个月，由公司对该员工的工作能力、工作态度、执行公司规章制度等进行综合考核决定是否续签，通过考核的员工以书面形式递交《劳动合同续签申请表》，提交部门负责人、人事负责人，最后由总经办审批后，方可续签劳动合同。

（2）对考核不合格的员工，公司将提前半个月与该员工面谈，一切手续按规定要求办理。

（3）终止合同的员工需按照一般离职员工的流程办理，否则按擅自离职有关规定处理。

（4）在员工的劳动合同期满时，公司有权终止劳动合同，并提前 30 日以书面形式通知当事人，按照规定办理相关手续。

（5）员工也可在期满前 30 日内提出书面申请与公司终止劳动关系，并按一般离职员工的流程办理，否则按擅自离职有关规定处理。

5. 离职程序

（1）员工获准离职或作辞退处理时，财务部暂停该员工的一切费用报销和薪资支取，由行政部发给《离职交接单》，离职员工依规定办理工作移交手续和离职手续，工作交接单需由移交人和监交人签名盖章。离职手续包括：

①离职员工向指定的同事交接经手过的所有工作事项；

②交还所有公司的资料、文件、办公用品及其他公物；

③报销公司账目，归还公司欠款；

④如与公司签订有其他合同（如培训协议、保密协议），按其约定

处理；

⑤完成规定的其他调离手续；

⑥明确社会保险的截止日期，结算薪资及相关费用。

（2）未按公司规定完备离职手续即擅自离开工作岗位的，自离开岗位之日起 3 天内，按旷工处理，超过 3 天，按不辞而别处理。对不辞而别的员工，除扣发其最后一个月工资外，公司将视情节的严重性，决定是否采取法律等必要措施予以追偿；10 日内未主动交还公司财物的，公司将以"非法占有公司财物"向公安机关报案依法处理。

第五章　财务与资产管理

　　财务管理是在一定的整体目标下，关于资产的购置（投资）、资本的融通（筹资）和经营中现金流量（营运资金），以及利润分配的管理。财务管理是企业管理的一个组成部分，简单地说，财务管理是组织企业财务活动、处理财务关系的一项经济管理工作。本章从财务组织结构、财务会计管理制度、财务管理程序、重大资产管理、财务能力分析五方面阐述新源公司资产和财务管理状况。

第一节　财务组织结构

　　财务组织结构是全体财务人员为实现财务部门组织目标，在管理工作中分工协作，在职务范围、责任、权利方面所形成的结构体系。组织结构是组织在职、责、权方面的动态结构体系，其本质是为实现组织战略目标而采取的一种分工协作体系，组织结构必须随着组织的重大战略调整而调整。按照公司章程，新源公司对财务、会计事项进行了规定，并在其组织结构中专门设置了财务部，承担其财务会计相关职能。

一、财务组织基本结构

　　新源公司成立于 2001 年 9 月，企业类型为有限责任公司。有限责任公司是指由两个以上股东共同出资，每个股东以其所认缴的出资额对公司承担有限责任，公司以其全部资产对其债务承担责任的企业法人。在公司章程第五章"公司财务、会计"中，新源公司对会计、财务重要事项进行了专门规定，涵盖公司章程第四十二条到第四十七条，具体包括以下内容：

（1）公司要依照法律、行政法规的规定，建立公司的财务、会计制度。

（2）公司在每一会计年度终了时，制作财务会计报告，并依法经审查验证。财务会计报告应当包括下列财务会计报表及附属明细表：①资产负债表；②损益表；③财务状况变动表；④财务状况说明书；⑤利润分配表。

（3）公司应将财务会计报告在该报告做出后 15 日内送交各股东。

（4）公司依法纳税。税后利润按以下顺序分配：①弥补亏损；②按利润的 10% 提取法定公积金；③按股东会决议提取任意公积金；④股东按出资比例分红。

（5）公司的公积金、任意公积金按照《公司法》的有关规定列支。

（6）公司除法定的会计账册外，不得另立会计账册。对公司的资产不得以任何个人名义开立账户存储。

根据公司章程的要求，新源公司专门设立了财务部负责企业的会计、财务工作，并由总经理直接管理。公司财务组织结构如图 5-1 所示。不难看出，由于新源公司业务较为简单，其财务会计组织结构较为简单。

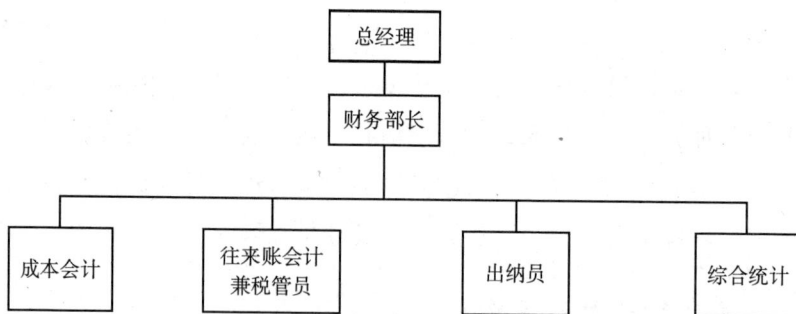

图 5-1　财务组织结构

二、财务组织岗位职责

1. 财务部门职责

财务部门作为企业的职能部门,具体承担以下职责:①贯彻落实公司的质量方针、质量目标和各项规章制度,教育员工遵章守纪,提高员工综合素质,激励员工工作积极性。②负责制定并依据企业财务管理制度,做好流动资金管理,固定资产管理,现金、费用管理,做好会计核算、经济核算、经济活动分析和会计档案保管等工作。③统一管理和指导全公司的核算工作。④负责公司及车间级生产产品的目标成本管理工作。⑤协调指导仓储工作。⑥依据产品成本的统计、核算和分析工作,每月定期向总经理提供经济分析数据和指标。⑦负责公司各项经济指标的汇总、审定和考核,做好综合统计及管理工作。⑧负责本部门的各种原始记录、台账、报表等填写、汇总、分析、传递和反馈工作。⑨做好本部门生产、经营、管理任务的分解、考核工作。⑩按规定时间、线路传递、反馈由本部门归口管理的经济技术指标的考核结果。⑪完成领导交办的工作和公司管理制度中规定的其他工作。

2. 财务部门各岗位职责

我国《公司法》明确要求,财务各岗位设置应符合公司章程的要求,且贯彻了内部控制制度,按照不相容职务分设的原则,对各岗位具体职责进行了明确划分。对于财务部门的具体岗位而言,通过图5-1可以看出,新源公司财务部组织机构设置较为简单。具体来看,财务部各岗位职责如下:

(1)部长。全面负责财务部各项管理工作,凭证、报表、账册的审核;负责各类报销以及收、付业务的审核;外部事务的协调以及对各类问题的处理;财务预决算的编制工作;经济指标的测算、分析、研究;完成上级领导交办的临时性工作。

(2)成本会计。负责产成品、外购产成品及生产成本账的核算及登录;销售收入和销售成本以及原辅料账的登录和核算。编制各类会计报表提供各时段经济活动分析资料。

（3）往来账会计。负责往来账、固定资产、预提费用、待摊费用的核算登录；在建工程、应付工资、利润及其他杂类账目的核算及登录工作。负责税务方面的各项工作，包括出口退税的申报，并及时掌握相关税务信息；发票的管理工作，即发票的领购、认证以及发票的填开存根保存等。

（4）出纳。现金日记账和银行日记账的登录和管理；日常业务的收付，做到日清月结，每日资金情况及时向领导汇报；及时和银行核对银行存款账目。

（5）综合统计。负责填报上级统计部门的各类统计报表；负责对公司其他部门外报统计数据、内部责任制考核数据的审核。

第二节 财务会计管理制度

财务会计管理制度是企业财务会计人员开展业务工作的基本规范依据和主要制度安排，一般以制度性规范文件形式存在，是财务会计人员对企业生产经营活动开展会计核算、账务处理等财务活动的工作依据。根据对新源公司的调研，本节具体内容包括财务组织管理制度、财务业务管理制度两方面内容。

一、财务组织管理制度

为了加强会计、财务管理工作，新源公司根据企业实际情况，专门制定了财务组织管理制度，为财务组织和财务人员提供了行为规范和工作标准。

1.部门职责

（1）按照国家有关法规及公司制度进行会计核算，真实、准确、及时、完整反映公司财务状况和经营成果。

（2）监督公司各项经济活动，确保公司所有经济活动在不违反国家相关法律法规及公司财务制度的前提下运行，并保证公司资产的安全完整。

（3）履行公司财务管理职责，做好各项财务预算、控制、分析和考核工作，有效利用公司各项资源，提高公司经济效益。

2. 财务人员的职能

财务人员作为公司经营活动的反映者和监督者，履行反映、监督公司经济活动过程，严格执行公司制度的职能。

（1）反映的内容：通过严格的会计核算方法把凭证进行全面、完整、及时的归集、登记，全面反映公司在经营过程中商品的购、销、存信息；货币资金的回笼与划拨；应收账款、税收费用等业务的发生、发展与终结的全过程。

（2）监督的内容：监督业务环节的合法性、合规性、完整性及安全性。如库存数量的进出存的真实性；销售合同的合法性；价格的合规性；应收账款回笼的风险性；货币资金的安全完整；费用的真实性、合规性；涉税行为的合法性与风险性；增值税票、证、表的安全性；税金缴纳的合理性；其他资产及负债的完整性与安全性。

（3）执行的内容：内部监控制度、内部牵制制度、费用报销制度、采购制度、销售政策及应收账款的清理、货币资金制度（款项收付）、会计核算制度、现金及银行存款、存货盘点制度。

3. 财务人员管理制度

（1）财务人员聘用原则。

①有良好的个人品德及职业道德，强烈的敬业精神和责任感，坚持原则，维护公司利益。

②专业技能熟练，具备电脑操作技能，有较强的财务管理能力，具备相应的学历及专业技术职称资格。

③熟悉税法等财经法规，精通会计核算和内部控制知识，有丰富的实践工作经验。

④有一定组织、协调能力，社交能力，认同公司企业文化，有团队

精神。

（2）财务组织架构设立及岗位定编。新源公司根据财务自身业务需求，按照相互制约、互相牵制的原则确定了财务部的定编。

（3）财务人员权利与义务。

①财务人员有权在公司财务制度范围之内，制定各项财务管理及监控制度细则。

②财务人员有权参与购、销、租赁等重大经济业务的合同、协议签订，并要求各业务环节经办人员提供真实、合法、完整的原始凭证和实物证据。

③对任何违反公司财务制度的行为，财务人员有权拒绝执行，并上报总经理；任何人不得因此借故对财务人员进行刁难和打击报复。对违反公司财务制度的行为，财务人员没有及时制止甚至进行默许或支持的，财务人员需视情节承担责任。

④在不违反国家有关法规，有利于加强公司财务管理、提高公司效益的前提下，财务人员有权利及责任制定各种规章、流程或对公司各项规章流程提出意见，并要求相关部门协调配合。

⑤财务人员有责任按公司财务用人要求进行不断学习，提升自我素质。

二、财务业务管理制度

为了规范公司财务报账程序，新源公司结合公司实际业务制定了《财务报账制度》。《财务报账制度》是该公司结合公司业务实际制定的专门制度。《财务报账制度》是企业标准化管理体系建设的重要内容。具体包括以下内容：

（一）物资请购计划

1. 请购范围

生产经营、基建用所有物资。

2. 请购程序

使用部门提出,分管副总审批,总经理签批后方可进入采购环节。

(1)生产经营用物资(包括办公用品、后勤物资等所有采购物资):基层使用部门(车间、班组)提出请购计划,根据生产耗用量合理提出物料需求计划→车间主任→生产技术部→分管副总→总经理→经营部部长→分配到各采购部门。

(2)基建用物料:基建、安装工程所需材料均由负责该项工程的工程师根据图纸计算提出材料采购计划→总经理审核→经营部部长→分配采购;随设备配送的物资不能满足使用要求的,由技术或专业部门提出原因并提出处理意见,经分管领导、供货厂家签章确认后执行。

(3)办公用品:由各部门根据用量每季度统一填报,部门负责人审核签字后,统一送达行政部指定人员进行汇总提交采购计划,并经总经理签批(电脑及其配件计划需经网络管理人员审核配置和是否合理)。

(4)行政部根据人员变动、定岗情况,按照公司劳保发放标准,控制最低库存量,每月汇总提交劳保用品计划。

3. 请购计划要求

(1)各部门生产计划每月下旬前报送下月采购计划,基建材料计划原则上应每旬报送一次,生产周期较长的除外。

(2)各部门提交的材料、设备请购计划清单必须详细、准确地按现行国家标准规范表述命名,写明各种材料、设备的名称、数量、规格、型号、质量标准、技术参数、设备配件、交货日期、售后服务等方面的意见和要求。如有特殊要求应一并提出(如颜色、功能等),属于非标产品的应附图或说明。

4. 执行采购

经签批同意的采购计划交经营部再次核对库存量和型号,在没有异议的情况下由经营部根据库存差量组织实施采购。

（二）合同签订

1. 合同签订范围

价值 20000 元以上的业务（包括钢材、水泥、特殊劳动防护用品、吊装器具等必须全部签订合同）。

2. 合同格式

由经营部起草格式合同。

3. 合同的签订

（1）分工：购销、加工承揽、仓储保管、货物运输、财产租赁合同由经营部签订；借款合同由财务部签订；工程设计、勘察、安装、土建合同由负责基建的当事人签订；维修合同由生产部门和经营部门共同签订。

（2）非正常业务的合同须经各部门负责人会签后，将相关意见收集存档，然后按照修改后的条款和内容执行。

（3）所有合同经合同会签人员签字同意后，到经营部加盖公司合同专用章，合同管理人员对合同编号登记并存档一份，每月末合同管理人员对合同汇总并将汇总表返财务部一份。

（4）合同终止由相关部门提出交经营部，签订前须经法律人员会签终止，不得自行终止合同。

（三）报账单据附件内容

1. 材料、设备验收手续（包括到货、安装和质保）

（1）发票总金额 5000 元以上，必须签合同并附验收单，5000 元以下（涉及消防、救护、防盗、阀门、轴承、维修的）需签合同的要附验收单。

（2）验收范围：工程设备，钢材水泥类，工具仪表类，电线电缆类，管件及阀门类，焊接及喷涂材料，密封材料、保温材料、化学药品，汽车天车配件，劳保用品，电脑及配件，消防器材，数码产品，家用电器，办公用品。

（3）单据：公司统一印制《材料、设备验收单》。

（4）填写要求。

①采购员填写设备或材料名称、规格型号、数量，用途；设备类到货注明安装或使用地点（格式），注意要详细写明用途，并在经办人一栏中签名，严禁经办人由外单位人员填写或本单位不相关人员假冒填写。

②技术部门或使用部门签注验收意见时，应严格按合同或相关约定进行表述，态度要鲜明、表述准确，不能用含糊不清的语句，比如"目测合格"、"数量合格"等，不能只签名不表态，需按合同付款条件表述填写。

（5）验收相关签字人员：保管员、采购员、相关验收人员、部门主管、分管领导。

①通用五金工具、电器开关、消耗材料可直接在入库单验收栏签字验收，制单栏、保管栏、验收栏不得为同一人签字，采购栏由经办采购签字。

②生产性设备及备品备件类物资由车间技术员验收签字。

③基建材料和设备由负责基建的工程师验收签字。

④特殊类别应注意：5000元以上的单台（套）设备、5000元以下特种设备的开箱应由车间技术人员验收，并将技术资料等收存档案室后共同签名确认；电脑及其配件、数码产品须经行政部网络管理人员进行验收；公司劳动防护用品、安全用途的物资（含消防）必须经行政部（或负责安全部门）验收并签字确认。

以上验收人员验收完签字并签注验收意见后，负责人签字一栏由车间级负责人签字，基建设备由基建工程责任人签字。生产性设备、基建设备、涉及安全性及投保的大型设备必须由分管副总签字。

（6）验收单最后一栏中的经营部负责人意见，由经营部负责人签字并签注意见。

（7）不需要附验收单的：总金额在5000元以下，单价在1000元以下的材料类物资且技术含量低（不涉及安全性质）的询价单单据，但不得为了不签验收单和方便付款而拆分金额，分开报账。

（8）过磅单由库管过磅后签字确认交采购人员一联。

（9）以上单据经营部负责人签字时要审核报账单据的合规性，从源头把关。

（10）验收时间：①标准件应在货到 3 天内验收完毕。②车间提供图纸的非标件在货到 1 周内根据图纸出具初验报告，无图纸的非标件车间及时安排装机试验后出具验收报告（最长不得超出 1 个月时间）。

（11）采购人员在取得以上人员签字后，连同发票、入库单等交到部门内勤处，内勤对照合同或询价单仔细审核后，按公司报账流程传递单据。

2. 化验手续

（1）化验范围：生产用原辅料等，按合同要求或公司要求需化验的所有物资。

（2）单据：由化验室出具化验结果并签字，或公司认可的委外化验单。

（3）填写要求。

①化验报告至少应具备：产品名称、各项指标值、委托单位、日期、样品代表数量等，分析员、复核员签名，并经化验室负责人签批，报告中必须按合同约定指标将"合格"或"不合格"字样明确。

②采购员根据合同质量标准及扣款、扣重方法，标明扣款明细。

（四）付款单据

（1）借（领）款。由公司统一印制，使用范围包括借款、个人领账上余款、离职结算工资。个人借款将借款人身份证号码写借款单背面，领款时出示身份证。

（2）付款审批单。使用范围包括支付客商预付款和结算账余款。

（3）差旅费报销单。按公司差旅费报销规定执行，包头市区出租车必须填写出租车记录表，本人签字，多人乘坐签字不得代签，并由部门负责人签字，有借款的，需附出差申请表。

报销差旅费时，经本人填写出差日程连同各类票据统一交各部门内勤人员，内勤人员根据公司《差旅费定额标准汇总表》计算相关费用及可报销金额审核无误，经部门负责人批准后，报分管领导签字，经总经理阅签后送达财务部。

（4）费用报销单。由公司统一印制，使用范围包括：①除差旅费以外的费用类报销；②除付账余款、预付款以外的采购款和工程款。

（5）所有发票公司名称不得简写或自我遐想随便填写，严格按照公司全称填写，否则不予报销。

（6）收款单位名称必须与发票章的单位名称保持一致，发票内容与发票单位性质保持一致。

（7）招待费需行政部登记并签字后方可报账。

（8）报账单据一律为发票报账，不得用收据或其他未盖税务监制章的单据报账，除市财政或行政事业性单位开具的收据外。

（9）每月 28 日前清理个人借款，25 日前财务部在公司内部网发布个人借款明细，当月借款不得超过次月。

（10）招待费、餐票、停车费在发票有效期内，超过使用期限的不予报销。

（11）培训费报销时需到行政部签订培训协议并经人事行政部签字；招待费应到行政部登记相关内容后经行政部负责人签字；会议费报销须附会议通知。

（12）手机费和电话费需经行政部负责人签字。

（13）购买书籍须由档案管理人员建档签字确认。

（14）公司特种作业培训费用报销、从事特种作业操作的人员服务期满报销培训费用，工伤员工的付款单及涉及工伤员工的误工费必须由部门负责人及分管领导签字，不涉及工伤员工的误工费由行政部经办人及部门负责人签字。

（15）因故需冻结供应商或施工单位款项，必须经相关部门出具书面通知，并经部门主管签批，财务予以冻结；解冻时，同样需要相关部门出具书面通知，经部门主管签批后，财务解冻转作应付款。

（16）经办人或采购填写费用报销单，标明合同号、冲预付款、冲借款。

（17）采购普通发票背面应注明客户姓名及联系电话，劳务发票、建安发票需附完税凭证复印件。

（18）需附化验材料结算时应附上合格的化验报告，如不合格，则有相应的处理说明，如不退货作降价处理，须经使用部门确认可以使用，并经分管领导签字同意，经营部按扣款标准进行降价处理（各类原料指标不合格扣款标准由经营部制定）。

以上发票报账须知各公司要严格执行。

（五）增值税发票管理办法

（1）保持发票抵扣联票面整洁、平整，不要随意勾画，票面有污染、褶皱、字迹模糊不清会影响认证结果，导致无法认证而使税款不能抵扣。

（2）业务部门收取供应商发票时，注意购货单位信息是否正确，尤其是公司名称、纳税人识别号，同时保证发票右上角号码与密码区发票号一致；对于密码区已超出空格外或者密码区有打印断针现象的直接退回供货单位重开。

注意：每月末的最后一天不接收发票。

（六）付款手续

1. 资金安排

每月最后 1 天 12:00 前提供一个月的资金总需求，周五 12:00 前提交下周的资金需求计划，资金计划要求分经营和基建，分具体项目报送；财务部汇总后上报总经理批准，并根据公司实际情况分配可用资金额度。

资金需求计划外的款项支付必须提前 3 个工作日向财务部提交资金需求计划。

2. 签字流程

经办人员填报→各部门负责人审批→分管副总审批→财务部审核→总经理签批→财务负责人审批→财务部会计制单处理→出纳办理款项结算。

当月支出必须在月底之前报销，凡是涉及现金费用报账业务的单据由各部门指定人员统一到财务部审核、报销，借款除外。

第三节　财务管理程序

财务管理程序，也称会计核算管理程序，是指对会计数据的记录、归类、汇总、列报的步骤和方法。即从原始凭证的整理、汇总，记账凭证的填制、汇总，日记账、明细分类账的登记，到会计报表的编制的步骤和方法。账务处理程序的基本模式可以概括为：原始凭证—记账凭证—会计账簿—会计报表。编制财务管理程序，目的是通过对企业经营活动的计量，反映企业的财务状况，核算经营成果，监督企业经济行为，体现企业在生产过程中客观存在的资金运动及其经济利益关系。

根据调研，新源公司财务管理程序适用于该公司财务活动、处理与各方面财务关系的经济管理工作。公司决策者遵照国家财务制度、税法及本公司规定配合财务人员共同管理企业资金。公司财务人员严格遵守国家《会计法》、《税法》等相关法规并按照本企业规定进行账务处理。公司全体员工按照本企业规定进行经济活动。

一、财务管理程序内容

1. 资金投入的管理

（1）财务部会计整理归集投资者投入的资产形态（流动资产、固定资产、无形资产）。

（2）会计根据投资者投入固定资产、原材料、现金分别建立健全会计账目，同时准确划分股东股份。

2. 资金营运的管理核算

（1）会计要对企业固定资产进行账务核算，行政部、生产部门各其他使用部门要对固定资产进行实物管理，依照 QCC-01 固定资产管理制度，对固定资产进行实物管理。

（2）对无形资产（土地）的管理遵守《国家土地管理规定》和《税法》合理合法占用、使用国家土地，并按时交纳土地使用税。对于专利权、商誉、专有技术等，按各自法规依法使用、转让和核算。

（3）对于改建、扩建、设备安装和在建工程的核算和管理，由财务部、行政部、经营部共同管理。

①对于包工不包料的施工单位，工程物资由仓储部仓管员统一管理，要账、物另放、另存，出入手续完备。领用时，土建工程由工程队填写领料单，行政部长批准；其他工程由工程队负责人填写领料单，生产技术部部长批准方可领用。具体办法见《仓储管理办法》。个别材料仓库无货，可由施工单位提出计划，经总经理批准，经营部采购。

②对于包工包料施工单位，领取本公司材料财务要挂施工单位往来账单独核算，冲减工程款。

③凡由外单位施工的工程，行政部对土建施工单位进行考察后签订施工合同；生产技术部对其他工程施工单位进行考察后签订施工合同。施工过程中派专人对工程质量进行监督、检查。

④工程完工后，由行政部、生产部及相关使用部门进行验收，经验收合格后投入使用，施工单位凭合同、相关发票、工程验收报告，经总经理批准后到财务部办理结算业务。

⑤在建工程完工转入固定资产时，由财务部、生产技术部、行政部及设备使用部门一同确定固定资产的归口管理，价格、名称、编号等见《固定资产管理办法》。

（4）财务部对流动资产的管理按其在企业生产过程中的形态变化（货币资金—材料—在产品—产成品—应收账款—货币资金）的顺序进行管理核算。

①现金使用和核算。

a.财务部出纳员负责本企业全部流动资金的出入业务。认真执行现金管理制度；严格执行库存现金限额；建立现金日记账，做到日清月结。现金收支两条线，严禁坐支，如因特殊情况需要坐支，应事先报经总经理审查批准。严禁谎报用途，套取现金。严禁设置小金库。严禁白条抵库，任何人借款必须办理借款手续，并经总经理批准。

b. 现金使用范围包括：员工工资、津贴、奖金；个人劳动报酬；出差人员必需携带的差旅费；结算起点以下的零星支出；总经理批准的其他开支。库存现金限额为 1 万元。如需支付大额现金，需提前一天通知财务备款。

c. 现金的管理。企业一切现金收入交回出纳时，出纳必须出具收据并加盖现金收讫章，如是货款先暂收再由经营部随后附上相关发票。出纳员支付现金要严格审核原始凭证内容与金额是否与实际相符，领款人的印鉴是否清晰，如有疑问应先查询，属实后方能支付。内购原料等款，应根据审批的材料采购计划表和经营部填制的"借款单"由总经理签字，方可付款。预付、暂付工程款应根据合同或核准文件，由主办部门填具借款单，注明合同文件字号，呈报核准批复后财务部门付款。一般费用应根据发票、收据或内部凭证，经部门主管签字及核实由总经理批复，财务部门据以编制记账凭证，出纳办理支付工作。工资的支付，由财务部门根据工资汇总表数额提现，不得他用，只能用于支付工资。

d. 备用金的管理。本单位需用备用金的部门或个人，需按备用金定额表规定的限额填写借款单，并注明"备用金"字样，由借款人、部门主管签字，经总经理批准后，由出纳员付款。备用金在使用期间不予收回，按报销办法规定报账。

② 银行存款业务。

a. 银行存款业务由出纳人员负责办理，严禁用本公司账户代其他单位和个人存入或支取现金。严禁签发远期支票。出纳员要随时注意银行账面余额情况，防止出现账户空头、开出支票余额不足等影响企业形象、信誉及正常经营的情况。

b. 支票的使用、管理。企业初次领购或续领支票必须填写"票据和结算凭证领用单"并加盖预留银行印章。支票由出纳员统一保管签付，出纳员根据付款要素齐全的付款凭证签发支票，认真查明银行存款账的账面余额，防止签发空头支票。使用支票时，由出纳员按批准金额封头、加盖印章，填写日期、收款人，并在支票领用簿上写明时间、用途、登记号码，领用人在票头及领用登记簿上签字备查。签发支票应使用蓝黑墨水或碳素墨水，支票的日期、金额、收款人不得更改，金额大小写要一致，加盖的公司财务章及法人代表名章要清晰。支票上的其他记载事项更改的，必须由原记载人签章。支票上的金额、收款人名称可以由出票人授权补记，未补记的支票不得背书转让和提示付款。财务人员支付每一笔款项，不论金额大小，均须总经理签字；若总经理外出应由财务人员设法通知，同意后可先付款后补签。

c. 对于收款的支票，财务人员审核票面事项及金额填写是否正确，印鉴是否清晰，是否背书、转让，是否超过兑现日期，要查询付款单位账户是否有足够金额支付，并且立刻到付款单位开户行倒存，以银行回执填制记账凭证。

d. 汇兑业务。异地客户由业务员填写付款通知书，列明厂家，采购（销售）货物名称，需汇款项金额后，连同发票、出（入）库单审核无误后，由总经理签字，交出纳员办理汇兑业务。如是汇款向收款单位发出收款通知，根据取回的汇款凭证回单联进行账务处理，如是收款凭银行进账单进行账务处理。

e. 银行存款日记账按业务发生的顺序逐笔序时登记入账，做到日清月结。银行存款日记账与银行存款收、付款凭证要互相核对，做到账证相符；银行存款日记账与银行存款总账互相核对，做到账账相符；银行存款日记账的记录同银行的对账单进行逐笔核对，如发现双方余额不一致，要及时查找原因，属于记账错误的，应立即更正。属于双方入账时间差异引起未达账项，应编制"银行存款余额调节表"进行调节。

（5）对存货、产成品、在产品、原材料、工程物资、低值易耗品、包装物、委托加工物资等，财务部对存货进行全面核算，经营部对存货进行实物保管。

①盘点工作。存货的盘点包括库存的盘点、生产车间在产品的盘点、食堂的盘点。其中五金库每半年盘点一次，其他项目每月盘点。每月的盘点于 26 日早上进行，库存盘点由车间主任、技术员、统计员、质管部进行，财务部负责监督；仓库盘点由库管员、财务会同进行；食堂盘点由食堂管理员、班长进行。

②盘点结束后，由车间统计，仓管员、食堂管理员分别编制盘点表，盘点表一式两份，部门主管、制表人签字后，一份交财务，一份自留备查。

（6）内部费用报销的核算。

①用于报销的原始单据必须是国家统一正式发票，由经办人填制公司内部《支出凭证》，经本部门主管人员审核，总经理签字后，出纳人员给予报销。

②采购人员预借款项须填制《借据》，写明借款事由、采购货物名称等，经本部门主管和总经理同时签字后，交出纳领取借款，10 日之内依程序到财务办理报账手续。如果跨月报销，财务部将借据挂账，次月报销后长退短补。如果 10 日内不报销者从当月工资中扣除借款数额。

③出差人员按规定预借差旅费，返厂 3 日内必须到财务部填制《差旅费报销单》办理报账手续，如果一周内不报者从当月工资中扣除借款数额。

④财务人员要对原始报销单据进行审核。首先审核发票是否有税务印章和单位公章，其次查看填写名称（普通发票的单位名称可简写为"新源稀土"，增值税发票必须写全称）、数量、金额是否真实无误，日期是否相符，大小写金额是否相符，是否有涂改挖补现象，如有上述现象不予报销。

（7）往来账务的管理办法。

①货物销售后，经营部人员填制开票通知，通知单各项目要填写齐全，内容完整、清楚、准确。财务部根据经营部开具的开票通知单及购销合同，经开票员审核无误后，填写发票。发票的填制方法按税控防伪系统操作手册执行。发票填写完成后将发票移交经营部，由经营部内勤负责发

票的审核工作，发票审核无误后加盖发票专用章，如发票填写有错误，应将此发票作废，需重新办理内部发票领用申请。审核完毕的发票联、抵扣联交给购货方，记账联留财务，每一联次的转交应有接收人的签字。邮寄发票应有邮寄记录。发票的填写、审核、发放程序须在当日下班前结束。财务部作为发票的归口管理部门，负责发票的领购、填写及保管工作。经营部负责发票的审核及加盖发票专用章并分发已填写无误的发票。财务部指定人员负责发票的领购，并填写发票领购申请书。申请书由领购人、财务负责人、企业法人代表签字后加盖单位公章。领购人持申请书到指定税务机关办理审批手续。审批手续完毕后持税控 IC 卡到指定税务机关办理领购发票。发票领购后交发票保管员验收入库，双方在发票领用簿上签字确认。财务部指定专人负责发票的保管、开具。保管人员对保管的发票要定期进行清点，注意防火、防潮、防丢失、防窃。发票不准外借、不准挪用、不得私自销毁。建立发票出入登记。操作员在每月的 1~2 日将本月发生的进销项业务打印报表并进行 IC 卡抄税并备份软盘。操作员在每月的 1~5 日持 IC 卡、软盘、报表到指定税务机关进行抄税。发票管理按税务局有关文件执行。

②对已发生的购进业务，经营部经办人员应持销货单位的增值税专用发票（普通发票）及本公司保管签收的入库单，办理货款结算并将此票据交财务部入账。如货款未能及时结算，票据也必须交财务挂账。对于购进业务已发生而销货单位增值税专用发票（普通发票）未随货到，财务可提示发票到后再考虑付款，如总经理批示付款，财务可要求不予一次付清货款。财务部根据入库单于本月末暂估价入账，于下月初红字冲回，在这种情况下，经办人员有义务将所购货物的单价提供给财务，以便于提高成本核算的准确性。财务应督促经营部尽快索要发票，如发票于购货次月仍不能出具，财务可拒付余款。对于特殊性紧缺物资的购进，如有总经理特批，可另行处理。

3. 分配的核算

（1）企业取得的各种收入依据现行法规及规章作出分配，以全面实现财务目标，完成一次周转活动。每月按工资总额的 14%提取职工福利费，每月按净利润的 15%提取盈余公积金。如企业当期无利润则不提盈余公积。

（2）对于当年实现的利润除弥补亏损以外的未分配利润，需根据董事会通过的股利分配决议，进行分配。

二、账簿、财务报表的编制、报送

1. 会计凭证的编制

（1）每笔业务完结后，财务人员都要对原始单据进行审核（见报销业务管理规定），确定齐全无误后，将原始单据粘贴于收、付、转账凭证后，编制记账凭证。

（2）每月末，将应计入当期核算范围的所有业务的记账凭证汇集，编制科目汇总表，根据记账凭证登记各明细分类账，根据科目汇总表登记总分类账。最后将各明细分类账与总账汇算平衡。

2. 报表的编制

（1）每月结账后，根据总账、明细账的各科目余额填列或计算填列资产负债表、损益表各项目，编制平衡报表。

（2）根据本月发票领用存情况填制《发票领用存报表》。

（3）根据本月销项税发票、进项税发票及前期进项税留抵数计算填制《增值税一般纳税人申报表》及其附列资料。

（4）房产税根据房产原值（评估价格）的 90%为计税金额再乘以 1.2%税率计缴；契税根据购入房产价格的 2%~5%（新源公司目前按评估价值计购买价格）申报；土地使用税根据实际使用面积计算税额；车船使用税按税法规定各种税率，填制《房产税、土地使用税、契税、车船使用税申报表》，根据资金情况按季或半年交纳。

（5）每季度结束，根据企业经营状况，填制《企业所得税申报表》申报、交纳。每月末个人所得税采用代扣代缴方式根据《个人所得税税法》、《个人所得税代扣代缴暂行办法》申报、交纳。

（6）印花税按每月购入合同的 90%，销售合同的 100%为计税金额乘以 3‰税率填制《印花税申报表》申报、交纳。

（7）每月末根据各项财务指标填制《工业产销总值及主要产品产量表》、《企业经营财务状况表》报于开发区管委会。

3. 每月各项报表编制完成后，于 10 日前报送国税局、地税局；个人所得税需在每月 7 日前报送，企业所得税于每季后 15 日内报送

4. 各类报表为一式三份，其中企业自留一份

5. 会计档案根据本企业情况，实行永久保留，会计档案的管理见会计档案管理规定

三、财务关系处理

1. 协调好企业与政府部门之间的关系

资金在投入、使用、回收和分配这一完整的财务活动过程中，协调处理好与外部有关各方面的经济利益关系。

（1）经常与税务部门沟通，依法照章及时申报交纳各种税款，按照税务制度领取、使用增值税发票。

（2）与银行部门协调合作，为企业创造良好的金融环境。

（3）与海关和税务涉外分局沟通协作，确保出口产品正常退税，具体办法见《出口退税管理办法》。

2. 企业内部各部门之间的票据传递

（1）内部材料领用单的填写及传递。本公司车间及各部门领用主辅材料，应由各部门负责领料人员规范填写领料单。领料单应按实填写日期、领用部门、领用材料名称、规格、单位、数量，并有部门主管、经手人的签字，经总经理或总经理授权人员批准后发放，否则保管不予发放。领料单应分别填写领料类型，主要材料不得与辅助材料混填一张领料单；辅助材料中的小材料与劳保用品分填领料单；分析用化学试剂与分析器皿分填领料单。保管有权监督和予以纠正。有规格的材料必须写清规格，领用材料的单位要与入库材料一致，同一材料前后领料时单位要一致，领用数量

要明确，否则保管有权监督纠正。同一领料单有一种材料实际未领，或领用情况与领料单不符，则此单作废，其余重新填写领料单，保管有权监督纠正。已领出又退库存放的材料，再用时不打领料。作废的领料单应写明"作废"字样，粘贴于领料本中不再传递。

（2）产品入库单的填写及传递。产品入库单应按实填写日期、生产车间、入库产品名称、规格、单位、数量，并有部门主管、经手人的签字，汇同盖有合格或不合格印章的检验报告单一起办理产品入库，保管应在产品入库单上签字。产品入库单应填写规范，分产品种类填写入库单，不得两种产品混填入库单。

（3）财务部门与生产技术部门的工作协调。统计员依据车间出库单对全厂全月实际消耗的主辅材料、小材料等数量进行汇总，于次月3日前将统计报表报送财务，财务以此核算当月成本。统计月报表均以REO计算，报表要规范统一，并附有盘点的原始资料。报表必须有生产技术部负责人签字，注明报送日期，制表人签字。财务部有权对各部门的统计报表进行监督和核定。

（4）财务部对职工食堂的账务管理。①财务部经过总经理的批复，拨付食堂1万元备用金。在食堂经营过程中，备用金不予收回。②食堂采购员每次采购的物资由食堂班长验收并于采购原始单据上签字认可，月底由食堂采购员将本月所有采购原始单据汇总，班长于汇总单上签字，按照前述的费用报销办法的规定到财务报账，食堂每日的销售额于次日上交财务。每月26日食堂进行盘点，盘点后余额与本月采购物资报销单之和，应与本月销售额相等，如出现盈利，则冲减其他月份亏损或冲减招待费用，食堂用煤计入福利费用。

四、支持性政策措施

1. 支持性文件

为了真实可靠进行财务管理工作，新源公司还专门制定了一系列规范性文件，主要有《固定资产管理规定》、《成本核算办法》、《会计档案管理规定》、《出口退税管理办法》。

2.适用表单

上述财务管理程序适用于以下表单:《资产负债表》、《损益表》、《现金流量表》、《增值税一般纳税人申报表》、《发票领用存用报表》、《地方税务局纳税通用申报表一》、《地方税务局纳税通用申报表二》、《企业所得税申报表》、《工业产销总值及主要产品产值》、《企业经营财务状况表》、《付款通知书》、《备用金定额表》。

第四节　财务能力分析

新源公司是一家由两位股东出资设立的有限责任公司,其财务报告并不具有对外披露的义务。由于财务数据可能涉及该公司的商业秘密,我们的调研并没有完整收集到该公司的资产负债表、损益表、现金流量表等财务报告。但通过调研问卷,收集了该公司的部分财务数据,在此基础上,对该公司的基本财务状况进行分析。

一、企业规模分析

图5-2揭示了2008年以来新源公司总产值的变化趋势。可以看出,该企业在国际金融危机的冲击下,2009年总产值有小幅下滑,总产值由2008年的9714.9万元下降到2009年的5372.1万元,但2010年由于稀土行业转暖回升,总产值迅速回升至12263.8万元,并在2011年继续攀升至33707.3万元,此后,受经济大环境的影响,该企业总产值在2012年回落至21560万元。

图5-3揭示了2008年以来新源公司资产负债变化情况。可以看出,2008年以来,新源公司资产规模呈现出快速扩张趋势。2008年公司整体资产规模为6718万元,到2012年资产规模扩张到13080.3万元,5年间

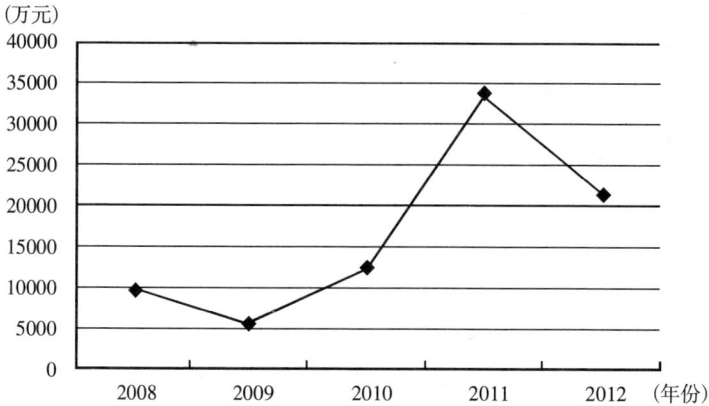

图 5-2 2008~2012 年总产值变化情况

资产规模扩张了 195%；公司整体负债水平在 2011 年之前基本随着资产规模扩张而同步增长，2012 年企业负债大幅减少，公司权益资本进一步增加，财务稳健性进一步增强。表明新源公司在资产规模增大的同时，缩减了负债比率，降低了公司财务风险。

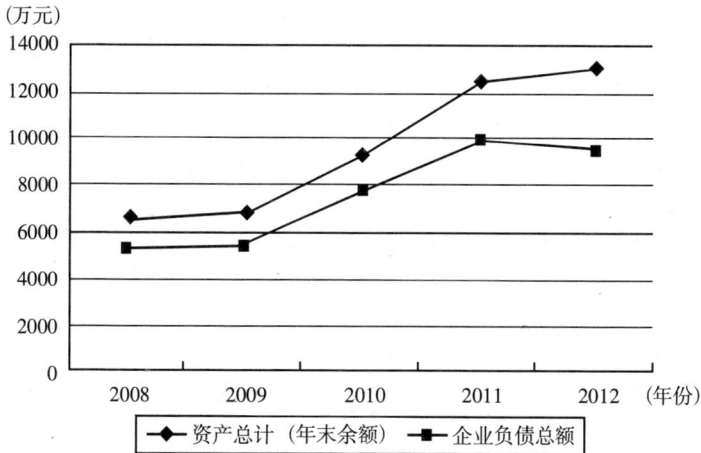

图 5-3 2008~2012 年资产负债变化情况

二、企业成长能力分析

企业成长能力是指企业与过去相比的成长程度，通常用成长潜力来表现。它是综合财务能力的体现指标之一。2008 年以来新源公司产值规模和资产负债都获得了快速增长。图 5-4 显示了新源公司 2008~2012 年成长变化情况。总体来说，新源公司 2008~2012 年固定投资增多、资产规模扩大、所有者权益翻倍，处于快速成长时期。

从资产规模来看，新源公司 2008~2012 年的资产总规模分别为 6718 万元、6812.7 万元、9321.1 万元、12441.8 万元、13080.3 万元，5 年间总资产规模增长了将近一倍。从固定资产净值来看，新源公司 2008~2012 年的固定资产净值分别为 1360.6 万元、1643.2 万元、1816.7 万元、2535.2 万元、2325.7 万元，5 年间固定资产净值增长了 70%，表明企业通过扩大投资规模增加了生产能力，扩大了企业产能和规模。从所有者权益来看，新源公司 2008~2012 年的所有者权益分别为 1357.3 万元、1364.4 万元、1542.7 万元、2341.4 万元、3568.5 万元，5 年间所有者权益增长了两倍多，说明企业通过扩大生产规模，为股东带来了高回报。

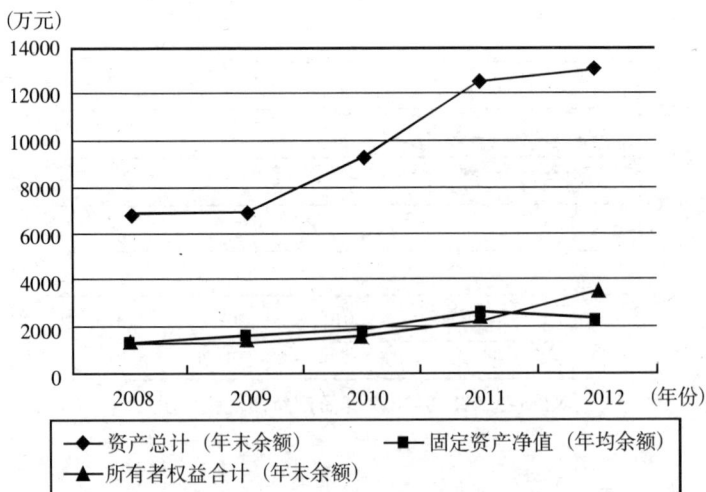

图 5-4　2008~2012 年成长变化情况

三、企业盈利能力分析

图 5-5 显示了 2008 年以来新源公司销售收入变动情况。通过 2008~2012 年销售收入变化趋势可以看出，新源公司销售收入在波动中增长迅速。2008~2012 年该企业销售收入分别为 9714.9 万元、5372.1 万元、12263.8 万元、33707.3 万元、21560 万元。不难看出，新源公司近 5 年来销售收入起伏波动较大，总体呈波动中快速上升并回落态势。

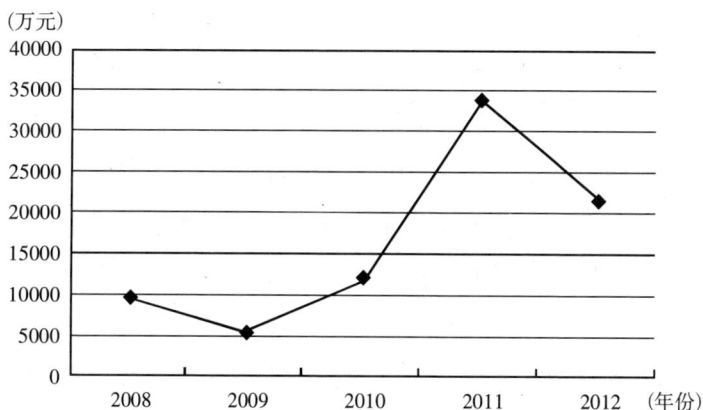

图 5-5 2008~2012 年销售收入变动情况

图 5-6 揭示了新源公司 2008~2012 年利润变动情况。可以看出，2008 年以来，尽管销售收入变化波动较大，新源公司税前销售利润和净利润都出现了大幅增长，公司税前销售利润和净利润一直保持高速增长态势。其中，税前销售利润 2008~2012 年分别为 12.6 万元、20.0 万元、208.0 万元、881.7 万元、1270.6 万元，5 年间增长了近 100 倍；净利润 2008~2012 年分别为 9.4 万元、15 万元、182.1 万元、802 万元、1172 万元，5 年间也增长了近 100 倍。企业利润大幅增长，盈利能力增长迅速。

图 5-7 显示了 2008 年以来新源公司盈利能力变化情况。通过销售利润率可以看出，2008~2012 年的销售利润率分别为 0.1%、0.4%、1.7%、2.6%、5.9%，企业整体盈利能力逐步好转。然而与一般工业企业相比，

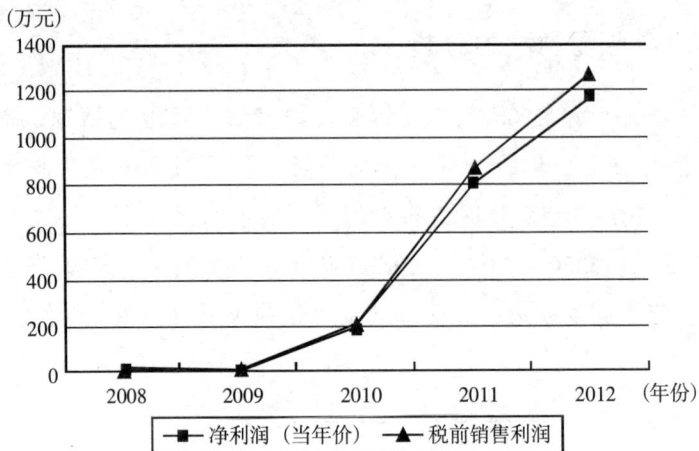

图 5-6　企业 2008~2012 年利润变动情况

新源公司盈利能力并不突出（2012 年全国规模以上工业企业主营业务收入利润率为 6.07%，高于本企业），但却远远高于钢铁等产能过剩行业（2012 年钢铁行业销售利润率几乎为 0）。通过净资产收益率可以看出，2008~2012 年的净资产收益率分别为 0.69%、1.10%、11.80%、34.25%、32.84%，从所有者权益角度来看，其盈利能力增长迅速，且 2012 年是该企业所有者盈利能力最强的时期。这一数据表明新源公司在目前市场环境恶化、需求趋缓的形势下，仍然保持了较强的盈利能力，从而体现出较强

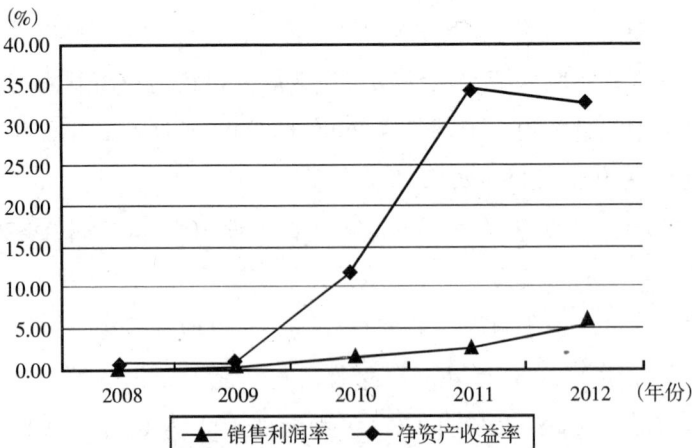

图 5-7　2008~2012 年盈利能力情况

的市场竞争力。

四、企业社会贡献能力分析

企业的社会贡献能力，或者叫社会认可能力，是企业对社会所做贡献的综合反映。它既是企业财务能力的体现，又是企业履行社会职责、承担社会责任的评价指标，当前越来越为利益相关者重视。本部分重点关注企业缴纳税收数、工资总额占销售收入比重等指标。

图5-8显示了新源公司2008~2012年增值税和所得税变动情况。从所得税来看，包头市新源稀土由于销售收入快速提升带来利润的增长，使得向国家缴纳的所得税从2008年开始逐年增长，基本特点是总额小、增速大。具体来看，2008~2012年上交国家所得税分别为3.1万元、5.0万元、25.9万元、79.7万元和98.6万元。从增值税来看，包头市新源稀土随着销售收入和企业规模的扩大，上交的增值税总额大且呈波动性增长的特征。新源公司2008~2012年应交增值税分别为270.3万元、75.0万元、452.8万元、983.5万元和526.3万元。可以看出，新源公司2008~2012年为国家贡献税收主要包括所得税和增值税，其中所得税数额较小，所占比重不高，但增长迅速；增值税数额大、波动也较大。

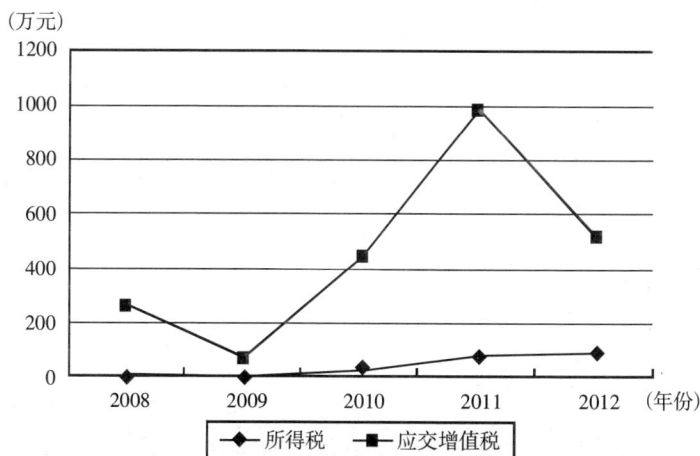

图5-8 2008~2012年增值税和所得税变动情况

图 5-9 显示了新源公司 2008~2012 年工资总额及其占销售收入比重变动情况。从工资总额来看，2008~2012 年新源公司发放的工资总额分别为 188.4 万元、157.9 万元、204.2 万元、307.1 万元、348.9 万元，总体呈现出波动中增长的态势。从工资总额占销售收入比重来看，我们发现随着市场行情变好，销售收入增长并没有带来员工工资的增长；但在市场行情变差时，销售收入减少也并没有导致企业员工收入的降低。2008~2012 年新源公司发放的工资总额占销售收入的比重分别为 1.94%、2.94%、1.67%、0.91%、1.62%。可以看出，由于公司采取了较为固定的工资管理办法，员工工资与企业经营业绩关联性不大，尽管企业工资总额总体呈现出逐年波动性上涨的趋势，但并没有随着企业销售收入带来的利润增长而保持同步变化，在企业经营业绩变好的情况下其所占销售收入比重反而降低。这表明在收入分配中，企业经营越好，员工分配的比重越少，普通员工与企业所有者的贫富差距越大。这在一定程度上表明，传统认为"工人获得固定工资收入，企业家获得风险报酬"的制度安排存在先天缺陷，这会导致工人认为企业仅仅是"资本家"的企业，而不是所有利益相关者的企业。事实上，目前企业理论已经公认，企业应该是利益相关者的企业，只有企业快速发展的成果为全体利益相关者共享，才能够有效激励各利益主体共同努力，实现企业的发展目标。

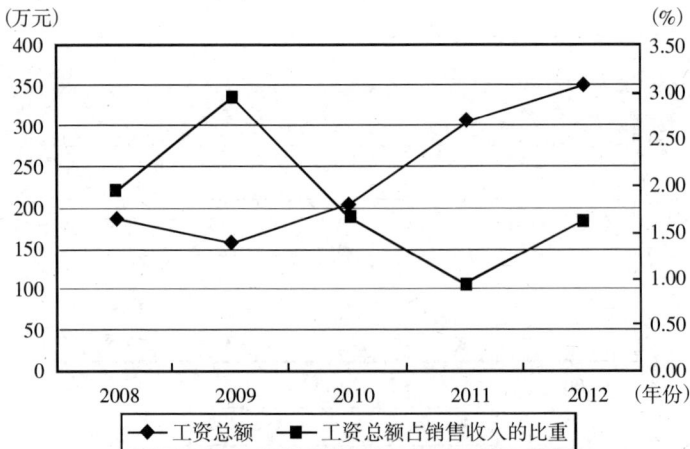

图 5-9　2008~2012 年工资总额及其占销售收入比重变动情况

五、当前稀土价格变化对企业经营业绩的影响

稀土行业产能过剩、市场需求疲软。多年来稀土行业一直处于供大于求、产大于销的状态，一旦需求稍微不振，全行业就迅速疲软。稀土产能过剩较为严重，产能利用率不足 40%。目前，我国稀土永磁材料产能 30 万吨，年产量 8 万吨左右，产能利用率不到 30%。产能过剩加上行业现状混乱，私自采矿现象泛滥，让全行业利润低迷。此外，稀土下游的钕铁硼在用量和出口上增长有限，致使稀土企业订单减少，去库存化过程缓慢，业绩降幅加大。

稀土供需失衡主要有两个原因：一是国内稀土应用不足，表现在绝对用量较小和核心技术落后两方面；二是国外稀土供应增加，国内走私严重，导致稀土价格处于低位，进而强化了国内稀土企业的销售意愿。作为国家密切关注的战略性资源行业，国家有加强稀土行业宏观监管的趋势。目前受宏观经济波动影响，下游企业开工率不足，国内和国外市场需求均延续低迷状态，稀土产品销量及销售价格大幅度下降。

稀土价格走低势必对公司经营业绩产生影响，但新源公司具有较完整的产业链，而且不断通过价值链向下游高盈利产品延伸，减少了稀土价格下滑对公司利润的影响。由于稀土价格深受国家产业政策的影响，从未来稀土产业的整合情况看，稀土价格将在国家产业政策引导和市场运行的规制下实现价格的合理回归。新源公司 2012 年净利润 1172 万元，目前生产经营正常，表明在具有战略、技术竞争力的前提下，稀土价格对新源公司经营业绩影响并不大。

近年来，稀土抛光粉市场需求不断增长，价格呈现出稳定中上涨的态势。新源公司较早认准了这一发展趋势，通过掌握了主要关键技术抓住了这一新兴专业领域"蓝海"，通过产业链向下游转移，已经开拓并占有了稀土抛光粉市场。可以看出，随着稀土抛光粉市场的繁荣和价格的上升，新源公司经营业绩将更加出众。随着行业整顿的深入，国家整合稀土行业的推进，未来新源公司将更加具有发展潜力。

第五节 重大资产管理

土地及房屋建筑物、机器设备、科研仪器等重大资产，是企业经营发展的重要物质基础和前提条件。加强对重大资产的管理，是提升企业经营效率、发挥企业资产效益的必然要求。新源公司对于重大资产的管理，包括土地及房屋建筑资产管理、设备管理和重要物品安全管理三个方面。

一、土地及房屋建筑资产管理

1. 土地及房屋建筑资产管理程序

新源公司产权所属土地、房屋是公司经营发展最基本的物质资产，是公司开展生产经营活动等工作正常进行的基本保障。为使土地及房屋管理规范化，发挥最佳效用，保持良好状态，新源公司专门制定了《土地及房屋建筑管理程序》。适用于土地和房屋的购置、新建、使用和报废处理。行政部是土地和房屋建筑的管理部门，其他部门的权责如图 5-10 所示。

2. 土地及房屋建筑资产管理程序内容

（1）确定需求：当有土地及房屋使用需求时，由使用部门或行政部报总经理，必要时报董事长或董事会决定。

（2）方案设计：除临时建筑或小型建筑外，建筑施工方案和设计要有正规的图纸设计，此项工作由组织行政部并委托有设计资格的单位进行。临时建筑或小型建筑可根据我方的需要由施工单位提出方案。

（3）方案确定：由组织行政部使用部门论证，最后由公司领导决定。

（4）报批：由行政部组织报批。征用土地报土地管理部门审批；非临时建筑或小型建筑报规划管理部门审批。

流程	责任部门	说明
确定需求	公司领导	
方案设计	行政部 委托单位	
方案确定	使用部门 公司领导	
报批	行政部 委托单位	
施工	行政部	
验收	行政部 使用单位 设计单位	《房屋建筑使用管理规定》
建档	行政部 财务部	
使用	使用单位	
维修	行政部	
报废	行政部	
销账	财务部	

图 5-10 土地及房屋建筑资产管理流程

（5）施工：施工管理由行政部负责。要选择有施工资格的建筑单位，一般采取招标的方式，如采用议标时要对施工单位充分了解并比价选择。选择好施工单位后要签订正式的施工合同，其中我方两份，一份在办公室，另一份给财务部。

（6）验收：工程结束后，行政部要及时组织验收，由使用部门和设计单位参加，在施工验收凭据上签字确认。如有遗留问题，要与施工单位做出书面解决方案。

（7）建档：土地及房屋档案由行政部房管员组织建立并在行政部资料

管理员处保管。档案内容包括：审批批件、图纸、合同、验收单、发票影印件、房产证、土地证等。

（8）使用：行政部负责房屋建筑的使用管理工作。房屋建筑的使用部门要执行《房屋建筑使用管理规定》妥善利用。

（9）维修：日常维护由使用部门提出申请，行政部组织安排；维修费用需求在千元以上时，由行政部提出申请，总经理批准实施。行政部要确定兼职的房管员，每年春季对房屋建筑进行普查，确定维修维护需求。

（10）报废：因危旧或废弃等原因需要对房屋进行报废处理时，由行政部提出申请，总经理批准。

（11）销账：报废的建筑，由行政部通知财务部，财务部按有关政策做销账处理。

二、设备资产管理

由于设备管理在第三章生产管理中已有论述，这里不再赘述，仅从资产角度简单介绍公司设备资产。

新源公司设备主要集中在高纯稀土生产线以及抛光材料生产线。高纯稀土生产线可年产 3000 吨高纯稀土，单一稀土产品纯度为 99.995%~99.9995%，是国内工业化生产高纯稀土产品的主要企业之一。抛光材料生产线可年产 3000 吨稀土抛光材料，目前是国内最大的稀土抛光材料生产线。

在高纯稀土生产线上有前处理车间、高纯稀土纯化车间、高纯稀土沉淀车间 3 个车间以及灼烧、机动、环保 3 道工序，另外还有一些外围设备如 400 千伏安变压器 1 台、500 千伏安变压器 2 台以及 100 立方米的盐酸储罐 2 个。前处理车间里有 27 立方米的熔料罐 6 个、43 立方米的料液澄清池 6 个、80 平方米的板框压滤机 2 台、搅拌传动 7 套、65—80 的砂浆泵 2 台、40—50 的砂浆泵 2 台和喷淋塔 1 套。在高纯稀土纯化车间有分别是 70 升、120 升、200 升、300 升的萃取槽 4 套，3000×2800×2500 毫米的贮料地池 4 个，2400×1000×1200 毫米的接液池 40 个，直径为 2000×

2000 毫米的高位槽 34 个，FUB50—40 的三氟泵 20 台，S 型 50—40—20 的玻璃钢泵 25 台，流量计 31 套，直径 500×3500 毫米的盐酸除铁柱 3 套，直径 600×2200 毫米的阴阳离子交换柱 6 套，喷淋塔 2 套，反渗透 1 套。在高纯稀土沉淀车间有玻璃钢直径 3000×3000 毫米的沉淀罐 9 个、玻璃钢直径 2500×2500 毫米的沉淀罐 6 个、PE10 立方米的沉淀罐 6 个、玻璃钢直径 2500×2500 毫米的高位罐 10 个、Y160L—6 的电机传动系统 15 套、SG1250 的离心机 9 套、80 平方米的板框压滤机 3 个、喷淋塔 2 套。在浓缩工序有浓缩罐 8 个、循环泵 6 个。灼烧工序有回转窑 1 条、6 立方米的梭式窑 1 条、10 立方米的梭式窑 2 条、混料筛分机 2 台、布袋除尘器 3 套。在机动工序有 SZL4—1.25—ALL 和 DZL6—1.26—ALL 的工业锅炉各 1 台。在环保工序有 YLW—4200MA 的有机热载体炉 1 台、蒸浓罐 18 个、低温蒸发塔 1 套、20 立方米的移动吸热装置 1 套。

在抛光材料生产线上有合成车间、煅烧车间、分级车间。合成车间有 6 立方米的氟化剂高位储罐 2 个、6 立方米的纯水高位储罐 1 个、10 立方米的不锈钢板式换热器 1 个、6 立方米的调浆罐 3 个、减速机 9 根、搅拌桨 9 根、流量计 18 台、湿磨机 1 台、65—80 的砂浆泵 1 台、回收槽 2 套、40—50 的砂浆泵 6 套、1250 毫米的离心脱水机 2 台。在煅烧车间有 44 米的天然气辊道窑 2 座、2.5 米的出料机 2 台、3 立方米的混料机 2 台、1.5 米的筛分机 2 台、1 米的筛分机 1 台、WM60A 的卧式砂磨机 1 台、3 立方米的不锈钢高位储罐 1 个、3 立方米的不锈钢高位调浆罐 4 个、喷雾干燥机 1 台、300kg/h 的气流粉碎机 1 套、射流分级机 1 台、5 吨的天车 2 台、500kg/h 的万能粉碎机 1 台、99.5% 的除尘器 7 台。辅助有 12 米的空压机 2 台、天然气管道引入机 1 套、车间排风系统 2 套、冷风机及其配套 14 台。

三、重要物品安全管理制度

为了加强对企业重要物品的管理，新源公司专门制定了《重要物品安全管理制度》，以加强对企业重要资产物品的管理。主要内容包括以下五条：一是各部室负责人应重视本部室贵重物品的安全，建立健全保管、使用、进出等方面的安全制度，采取妥善的安全措施，由熟悉业务、工作责任心强的专人保管、专人负责、管理指导。二是加强防盗意识，室内无人时，应锁好抽屉、柜门、室门、关好窗户。三是财务部门、计算机房、档案室等重要场所应装设安全门、窗护栏、保险柜和防盗报警器、摄像监视器等物防技防装置。四是开展经常性的安全检查，发现治安隐患，及时会同有关部门进行整改。五是因违反制度而发生重要物品被盗、丢失、遭人为损失的，有关负责人应承担经济赔偿责任，情节严重的将追究法律责任。

表 5-1　新源公司基本财务信息

单位：千元

指标	2008 年	2009 年	2010 年	2011 年	2012 年
一、企业规模（合并数据）					
1.总产值（当年价）	97149	53721	122638	337073	215600
2.资产总计（年末余额）	67180	68127	93211	124418	130803
3.企业负债总额	53606	54483	77784	100406	95117
4.企业无形资产数额	1013	1020	999	978	1057
5.企业土地评估价值	31500	31500	31500	31500	31500
二、企业销售（合并数据）					
1.销售收入	97149	53721	122638	337073	215600
2.销售成本	93766	50229	114510	322903	201280
3.销售费用	750	70	871	439	1317
4.税前销售利润	126	200	2080	8817	12706
5.销售利润率（%）	0.1	0.4	1.7	2.6	5.9
6.应收账款	7234	3188	7938	5484	10762
三、企业效益数据（合并数据）					
1.利润总额（当年价）	126	200	2080	8817	12706
2.净利润（当年价）	94	150	1821	8020	11720
3.流动资产年均余额	44769	43127	54186	78289	95203
4.净产值或增加值（当年价）	7178	4796	12212	27673	27726
5.中间投入合计	89971	45433	110426	309400	187874
6. 投资收益			350	3500	9800
7. 其他营业利润	73	52	13	13	

续表

指标	2008 年	2009 年	2010 年	2011 年	2012 年
8. 管理费用	2807	3493	4283	7193	9300
9. 财务费用	393	175	657	42	−108
10. 利息支出	283	235	704	77	322
11. 所得税	31	50	259	797	986
12. 应交增值税	2703	750	4528	9835	5263
13.其他各种税金合计	1060	612	1507	3319	2739
四、企业财务数据（合并数据）					
1. 流动资产年均余额	44769	43127	54186	78289	95203
2. 短期投资					
3. 应收账款	7234	3188	7938	5484	10762
4. 存货	27390	29683	40129	48995	58451
5. 当年折旧	1414	1655	2055	2631	3529
6. 长期投资	7000	7000	7000	7000	7000
7. 固定资产净值（年均余额）	13606	16432	18167	25352	23257
8. 流动负债合计	53606	54483	77784	100406	95117
9. 长期借款（年末余额）					
10. 长期应付款（年末余额）					
11. 长期负债合计（年末余额）					
12. 所有者权益合计（年末余额）	13573	13644	15427	23414	35685
13. 实收资本	10200	10200	10200	10200	10200
14. 资本公积	94340	94340	94340	94340	94340
15. 盈余公积	478	478	769	2057	3808
16. 未分配利润	2800	2871	4362	11660	21582
五、劳动与工资（合并数据）					
工资总额	1884	1579	2042	3071	3489
六、技术与研究开发（合并数据）					
1. 年度研究开发和技术改造总支出	8100	4381	18153	21629	16120
2. 研发费用占销售收入的比例（%）	8.6	8.2	14.8	6.4	7.5
3. 从国外引进技术或设备的投资额	6000				
4. 企业每年开发及获取专利的数量（件）	1	2	2	3	3
5. 研发人员数量（人）	14	14	16	16	16
七、企业信息化（合并数据）					
企业计算机数量（台）	13	14	15	16	20

续表

指标	2008 年	2009 年	2010 年	2011 年	2012 年
八、其他					
1. 企业自愿捐赠金额（现金与实物折合）					
2. 企业摊派税费（正常税收之外的）					
3. 企业生产经营占用的土地资源（亩）	90	90	90	90	90
4. 企业每年缴纳土地租金					
5. 企业一次性缴纳的土地出让金	910	910	910	910	910

注：本表是中国社会科学院国情调研企业调查表的一部分。

第六章 技术与研究开发

随着现代科学技术的快速发展，科技因素已经成为一个企业参与市场竞争的核心因素，技术创新成为决定企业生死存亡的关键因素。一个企业只有不断地加强企业的技术创新能力，不断地给企业带来新鲜血液，才会使企业永远保持强劲的生命力。新源公司从成立开始就十分重视技术能力和技术水平的提升、重视技术研发和技术改造，现拥有完善的生产工艺技术手段与产品开发能力，以及必要的技术储备。2012年8月新源公司获得国家级高新技术企业证书（见图6-1）。

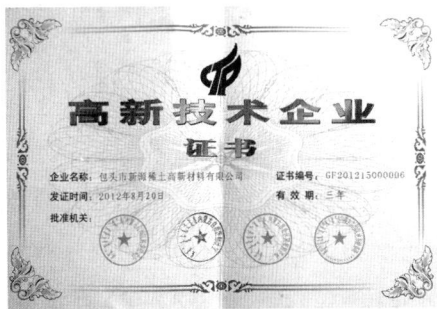

图6-1　新源公司高新技术企业证书

第一节　企业技术水平

新源公司现有员工133名，其中承担研究开发任务的专业技术人员

14 名，具有副高以上技术职称的 3 名。2007 年，新源公司投资了 800 余万元扩建原来的新源公司研发中心和检测中心，配备了先进的检测设备，如美国 PE 公司生产的 ELAN—6100 质谱仪、OPTIMAXL—3300 光谱仪、气相色谱仪、原子吸收分光光度仪、红外线碳硫分析仪等，稀土杂质检测下限可达 1ppm 以下，检测精度达到国际先进水平，同时具备了先进的工程技术试验条件、分析手段和工艺设备。在新源公司投资的 800 多万元中，场所投入 450 万元，设备、设施投入 350 万元，并出资聘任了相关领域学科带头人为中心技术指导，配备了有实践经验的技术人员，预计中心在人力、设备、实施及其他各项运行费用约 80 万元/年。新源公司将利用不低于年销售额 5% 的收入，用于研发工作的开展与运行。新源公司在研发中心建设中有一定的资金匹配，并且新源公司每年的财政扶持资金的 30% 用于技术创新。2007 年总收入为 8914.8 万元，其中当年科研开发经费 472.4 万元，占当年总收入的 5.3%；2008 年总收入 10025 万元，其中科研开发经费 564.4 万元，占总收入的 5.63%。

在 2002 年企业成立之时，新源公司投产的年萃取分离能力 3000 吨单一高纯稀土生产线，就具有分离级数最多、选用设备最先进、自动化程度最高、对原料适应性最强、检测手段最完备等特点。这一生产线能生产出特殊的、高纯度的单一稀土产品。新源公司能生产出纯度为 99.995%～99.9995% 的单一稀土产品，属国内工业化生产高纯轻稀土单一产品的主要企业，至今仍然紧紧占领着市场。除工业化生产高纯单一稀土产品外，还根据用户要求自行研发用于制药、催化材料、化妆品的独特白铈、硝酸铈、醋酸铈、氢氧化镧稀土产品。从 2009 年开始，由于国家对于稀土原料的严格控制，生产稀土的传统产品受到严重制约，众多稀土企业面临整合、关停的危险。如果要使企业在夹缝中生存并求得发展，那么产品结构的重大调整势在必行。新源公司根据国家对于稀土产业总体发展方向及行业特点，瞄准了市场，向主要用于液晶基板、光学、导电玻璃、稀土抛光材料的稀土终端产品发展。清晰的思路、快速的决策、迅速的行动，先人一步，对产品转型目标基本形成并开始实施。经过反复论证、申报、设计、建设，2011 年下半年，投资 9500 万元，年产 3000 吨的稀土抛光粉生产线建成投产，成为目前国内单产最大的稀土抛光粉生产线。新源公司抛光粉生产线的建成投产，将凸显其依靠技术创新、工艺改造、产品升级的重要意义及明显的经济效益，这将成为新源公司较长时间内的主打产品。

新源公司在发展的 10 多年中，根据自身的特点，建立了与高校的产、学、研关系，投资 800 多万元建立了市级的研发中心和产品检测中心，先后研发成功了国际领先水平的年产 3000 吨稀土抛光材料项目、高纯稀土单一氧化物项目、稀土抛光粉废料回收综合利用项目、工业蒸发尾气回收综合利用项目等。其中获得国家发明专利 1 项，获得实用型专利 1 项。大部分项目已经应用于工业化生产。现在已经具备生产能力的年产 3000 吨稀土抛光材料，是新源公司积极响应国家"调结构、促转型"战略方针的重要举措。该项目以现有产业为基础，利用自有技术完成了年产 3000 吨稀土抛光材料项目的研发和建设。2010 年 10 月，包头市发改委组织有关专家对新源公司的"年产 3000 吨稀土抛光材料项目"进行了可行性评审。评审后认为："该项目属高科技新材料领域，是生产光电子、液晶显示屏、电脑光盘、手机面板、光学玻璃等产品的抛光材料，符合国家产业政策和内蒙古产业发展规划，项目投产对把稀土资源优势转化为经济优势有着重要意义。"新源公司这条生产线可以生产超细粉、纳米级、微米级、亚微米级、高纯铈级、高铈级、富铈级不同类别、档次的抛光材料，这一项目不仅促进了产品自身产业链的发展，还能就地实现产品附加值的大幅提高。由于项目产品使用广泛，客户群体稳定，就该项目而言，新增就业人员达 90 人，产后年可新增销售收入约 6 亿元，新增税收 6000 万元。根据包头稀土丰富的铈资源优势，根据相关的推算以氧化铈计算有超过 2000 万吨的资源量，是今后可持续发展稀土抛光粉的坚实原料基础。

新源公司成立以来，先后在新产品开发、节能、环保等方面取得多项研究成果，通过与其他单位合作研发或购买专利等形式，引进消化吸收再创新，显著地提高了企业技术能力和技术水平。新技术、新成果在公司中的广泛使用和推广，产生了良好的经济效益和社会效益。新源公司标志性的技术成果主要有：

1. 制备大颗粒氧化铈的方法

随着世界稀土在各行业应用的飞速发展，对高纯产品的研究不断深入，市场竞争也愈演愈烈，对高纯产品的规格质量的要求也更加苛刻，同时用户的环境意识也不断增强，要求所有产品中，不能有对环境造成污染的因素。新源公司针对国内外用户的要求，在原碳酸铈的基础上做了大量的科研工作，召集了 12 位研发人员进行科研攻关，通过一年时间，开发出了高纯氧化铈，这一产品投入市场后，很快得到用户的认可，与同类产品比较，这一产品工艺先进，设备简单，容易控制用较低的综合成本，制得较高纯度的产品，可实现工业化连续稳定均衡生产。

对于一个产品来说，其所用原料的质量决定最终产品的质量，新源公司采用逆流串流萃取工艺结合引进的技术诀窍，生产 $CeCl_3$ 溶液纯度高达 99.999% 以上，$CeCl_3$ 溶液经萃取除杂净化，经特殊除油滤纸、除油介质、微米针刺毡进行除油处理。在沉淀过程中，采用"同步、分布"法进行，控制一定温度，使体系一直保持稀溶液状态，最大限度降低杂质量，使反应在均一条件下进行，沉淀后经用去离子水洗涤，甩干后得到高纯无油碳酸铈产品，经灼烧得到氧化铈产品。产品相对纯度达 99.995% 以上，可作为铈深加工产品的优质原料和抛光粉。新源公司通过制备大颗粒氧化铈的方法，使新源公司的氧化铈产品 D50 大于 30μm 以上，在国内已经达到先进水平。而且这一成果已经获得了发明专利一项。

2. 工业蒸发尾气回收综合利用技术

在中国，稀土企业的污染问题是多年来存在的一个问题，为了行业实现可持续发展，彻底解决环境保护问题已经是稀土行业所必须和应承担的社会责任。为了采用导热油、钛管单效蒸发器对稀土分离所产生的废水进行处理，公司召集了 10 位科研人员进行科研攻关，就此工艺进行"节能降耗、减污、增效"方面的反复试验，结合生产实践不断优化，提高了能源和资源的利用率。这一技术创新对新源公司企业内部生产过程中回用水制定了详细的工艺路线和操作规程，在不影响产品质量的前提下，大幅减少了单位产品用水消耗，实现了废水的提浓，并对沉淀岗位的低浓度废水采用了高效低温蒸发器进行了提浓处理，降低了水处理费用，通过自主研发采用余热回收系统对蒸发尾气进行了回收综合利用，使废热得到了有效的回收利用，实现了较好的经济效益和环境效益。新源公司的这一技术获得实用新型专利。

3. 高松装密度、低比表面积稀土氧化物粉体及制备方法

随着目前技术的发展，稀土在新材料领域中应用量不断增加，而稀土材料的物理性能对其应用有着重要的影响，因此，稀土产品物理指标的控制已经成为稀土产业发展中的关键技术。稀土粉体材料作为新材料的重要组成部分，要求具有特殊的物理化学性状，如均一性、分散性、流动性等。稀土化合物粉状体的松装密度、比表面积、粒径大小直接决定其应用效果，不同的粒径的粉体原料可以制备出不同要求的陶瓷材料、荧光材料、电子材料等。而抛光粉的颗粒直径大小直接决定了抛光效率与所能达到的光洁度。所以，松装密度、比表面积、颗粒大小及分布等是稀土粉体非常重要的性能指标。高科技领域对稀土粉体的粒度指标要求比较高，特别是精加工工业，对稀土粉体的粒度要求的同时，也要求具有一定的松装密度、比表面积，松装密度和比表面积是与粒度等一样重要的指标。目前随着新材料技术的发展，具有可控粒径的稀土化合物展现出良好的市场前景。除小颗粒稀土化合物具有特殊的应用领域外，大颗粒的稀土化合物也具有广阔的应用市场。因此，对于这个项目，新源公司拨发研发经费4300万元，并召集研发中心全员参与研发。

这一技术是以稀土的盐溶液为原料，通过了沉淀剂、控制温度、控制时间、控制灼烧得到粒度分布均匀的稀土氧化物产品。该技术的氧化物收率高、损失少、制备工艺简单、易于操作、成本低、易于工业化生产，可直接用于后处理工序中，得到用于宝石等特殊材料的抛光粉以及玻璃、陶瓷材料添加剂等的稀土氧化物。这个项目在新源公司已经实现工业化生产，而且这一这方法已经获得发明专利一项。

4. 高纯稀土氧化物的提纯方法

随着科学技术的高速发展，高纯稀土氧化物在高科技、新材料领域内的作用将越来越显著，在应用领域也不断地拓展，用量也将不断增加，质量要求更加严格，是稀土产品未来的发展趋势。因此，稀土氧化物的提纯很有必要，新源公司通过提纯高纯稀土氧化物来提高产品的质量，扩大市场占有率，增加企业效益及下游发展基础。新源公司拨出 360 万元资金，召集 13 位科研人员，在一年时间内，经过科研攻关，掌握了这一技术。这一技术是通过酸溶工序和萃取澄清工序来控制料液中的 BaO 为主体的颗粒状非稀土杂质，减少料液中的颗粒吸附，同时对部分料液进行二次纯化，并加强萃取流量、温度、浓度的控制精度和装备要求，从而在新源公司实现了工业化稳定生产高纯、超高纯稀土氧化物的制备。

新源公司这一技术使镨钕富集物产品镨钕纯度达 99.995%，镧铈富集物产品镧铈纯度达 99.995%，镧产品纯度达 99.995%，铈产品纯度通过该技术控制后达到 99.999%，且 Fe、Ca 等指标均达到荧光级，品质有了质的跨越，提高了产品的附加值，拓宽了应用领域，使新源公司成为北方地区工业化稳定生产高纯稀土的主要企业。

5. 碳酸铈制备方法

一个产品所用原料的质量决定最终产品的质量，新源公司采用逆流串流萃取工艺结合新源公司的技术诀窍，生产 $CeCl_3$ 溶液经萃取除杂净化，经特殊除油滤纸、除油介质、2 微米针刺毡进行除油处理，所用沉淀剂为食品级碳酸氢铵，使用时将沉淀剂用去离子水溶解为液体，经三级过滤净化。在沉淀过程中，采用"同步、分布"法进行，控制一定温度，使体系一直保持溶液状态，最大限度降低杂质量，使反应在均一条件下进行，沉淀后经用去离子水洗涤，甩干后得到高纯无油碳酸铈产品。产品相对纯度达 99.999% 以上，重金属离子均小于 5ppm，用 HNO_3 溶解后，无油污，清澈透明，可作为铈深加工产品的优质原料。这一产品给新源公司带来年收入 1264 万元。

6. 硝酸铈制备方法

对这一产品的生产技术新源公司采用高纯度碳酸铈经硝酸溶解，经2微米针刺棉及特殊除油滤纸进行除油处理，后经浓缩结晶的方式，结合新源公司的技术诀窍，生产优质的硝酸铈晶体，生产过程要求严格，不得掺入任何杂质，最终硝酸铈产品纯度达99.995%以上，而且用纯水溶解后，无油污，清澈透明，可用于煤气灯罩、药物、原子能等工业。这一产品给新源公司带来年收入达120万元。

7. 醋酸铈制备方法

对于该产品新源公司通过加热溶解、浓缩结晶的方式，结合新源公司的技术诀窍，生产优质的醋酸铈晶体，生产过程要求严格，不得掺入任何杂质，温度、酸度、浓度要控制在一定范围内，最终醋酸铈产品纯度达99.995%以上，采用高纯低杂质碳酸铈，经醋酸溶解，精密过滤、筛分技术，最后用纯水溶解后，无油污，清澈透明，可作为其他铈盐和氧化物的原料及石油添加剂。这一产品给新源公司带来年收入达137万元。

8. 氧化镧、氯化镧制备方法

新源公司采用特有的逆流串流萃取技术生产出的 $LaCl_3$ 溶液纯度高达99.995%以上，并得到最终产品。镧产品相对纯度达99.995%以上，可作为高性能光学玻璃的优质原料。新源公司针对高性能光学玻璃生产的要求，在高纯镧产品工业化生产方面做了大量科研工作，开发出了高纯氧化镧和高纯氯化镧产品，由于纯度高，杂质含量少，被广泛用于医药、塑料、玻璃等行业，而且氧化镧和氯化镧产品给新源公司带来的年收入分别达163万元和1168万元。

9. 碳酸镧铈、氧化镧铈和氯化镧铈制备方法

随着抛光粉行业的不断发展，市场竞争也愈演愈烈，对产品的评价也有了更高的要求。新源公司针对高性能抛光粉生产所需的低镨钕碳酸镧铈、氧化镧铈和氯化镧铈产品进行了开发，成功地替代了部分纯铈产品，降低了抛光粉生产成本，投入市场后，很快得到了用户的认可，新源公司的这类产品在包头目前还没有同类生产厂家。在新源公司，这类产品主要采用新源公司特有的逆流串流模糊萃取技术生产出的低镨钕镧铈系列产品，镨钕含量低于 30ppm，可作为高性能抛光粉材料的优质原料。而且碳酸镧铈、氧化镧铈和氯化镧铈产品给新源公司带来的年收入分别达 300 万元、1516 万元和 550 万元。

10.碳酸镨钕和氧化镨钕制备方法

随着世界稀土在各行业的飞速发展，对高纯产品的研究不断深入，对高纯产品的规格质量的要求也更加苛刻。新源公司针对高磁能级产品的要求，在高纯镨钕产品工业化生产方面做了大量科研工作，开发了高纯碳酸镨钕和氧化镨钕产品，由于纯度高，非稀土杂质含量少，产品得到用户的广泛认可，售价较市场同期同类产品高 1000~2000 元。而且碳酸镨钕和氧化镨钕产品给新源公司带来的年收入分别达 4645 万元和 10219 万元。

11.清洁生产技术工艺装备的创新和改造

新源公司的清洁生产完成了无匣钵氧化物灼烧的行业首创项目，项目实施前，灼烧氧化物是将物料装入匣钵中，再通过多层摆放在窑车内，推入窑内灼烧，物料在装出窑时会有不同程度的损失，天然气的消耗量高，员工的劳动强度大。利用回转窑灼烧氧化物项目，是通过用天然气灼烧不锈钢回转窑生产稀土氧化物。不仅节约了匣钵的用量，降低了天然气的耗量，还有效地降低了生产成本，减少了废弃物产生，体现了节约降耗减排。本项目投资 70 万元，节约燃料天然气 $80m^3$/吨，年节约匣钵 4200 个，实现经济效益 23.1 万元，同时产生了较好的环境效益。新源公司对于沉淀离心机防腐技术的改进方面也做了大量科研工作，由于离心机为不锈钢材质，底座为铸铁材质，随着使用年限的增加，外皮会有腐蚀脱落现象。新源公司投资了 0.3 万元，将离心机进行全涂塑或玻璃钢防腐，可延长离心机的使用寿命，还控制了一些杂质引入产品中的问题，提高了产品质量及附加值。提高产品质量，产生经济效益 4 万元，可谓投资小，回报高。

新源公司高纯稀土车间前处理工段经板框压滤后的钡盐渣，从板框卸下后装入废旧包装袋中，洗渣时再吊装倒洗渣罐中洗涤，由于板渣压滤过程中未完全滤干，会有部分夹带的稀土物料流失，也污染了车间的环境。

新源公司投资 8 万元对高纯稀土车间前处理工段洗渣过程中的固体板渣输送，改为液体输送，降低了工人劳动强度，改善了现场工作环境，提高了洗渣收率，产生了经济效益 24.3 万元。

新源公司沉淀后排出的废水原来是直接排入车间废水地池，再转入环保车间，废水中夹带的少量稀土物料也随之进入环保车间。现通过对沉淀废水增加板框压滤装置，将废水中所含碳酸稀土进行回收，并进行单产品中水回用，提高了产品收率，降低了新水用量。投资 5 万元，提高产品回收率 0.3%，产生经济效益 120 万元。

12. 抛光粉制备方法

随着世界稀土在各行业应用的飞速发展，及高纯产品的研究不断深入，对高纯产品的规格质量的要求也更加苛刻，同时用户的环境意识也不断增强，要求所用产品中，不能有对环境造成污染的因素。新源公司针对国内外用户的要求开发出了高纯抛光粉，这一产品在生产过程中符合环保理念，由于纯度高，杂质少，抛光性能好，产品投入市场后，很快得到用户的认可，与同类产品比较，这一产品生产工艺、设备先进，生产条件好，制得高精高纯度的产品，可实现工业化连续稳定均一的生产。新源公司对于这一产品通过加调浆氟化、固液分离、高温灼烧、湿磨、砂磨、气流粉碎、分级等方式，可使氟氧化物的粒度 D50 由原始的 $5\sim10\mu m$，粉碎，分级控制到 $0.5\sim2.5\mu m$，可生产牌号为 XYP-124、XYP-233、XYP-243、XYP-333、XYP-211 等各种不同规格系列产品，粒度分布范围窄，提高了产品附加值，在生产过程中结合新源公司自己的技术诀窍，生产优质的抛光粉，生产过程要求严格，氟化要彻底，灼烧温度要适当、均匀，研磨粒度适度，保证产品的抛光性能，最终抛光粉产品纯度达 99.95% 以上，粒度均匀，抛光性能高，可作为高性能抛光材料。这一产品给新源公司带来的年收入达 7130 万元。

这些技术项目，均采用了新工艺、新技术，丰富了新源公司的产品结构，增加了新源公司的市场占有份额。新源公司技术能力以及专利表如表6-1所示。不断地研发和应用新工艺、新技术，使产品结构随市场变化而变化，产品质量以满足用户需要为立足点，生产以不牺牲环境为代价换取繁荣为归宿，使新源公司成为国家级高新技术企业。

表6-1 新源公司技术能力以及专利表

序号	技术名称	备注
1	制备大颗粒氧化铈的方法	获得发明专利。专利授权号：ZL200310118563.2
2	工业蒸发尾气回收综合利用	获得实用新型专利。专利授权号：ZL200820180098.3
3	高松装密度、低比表面积稀土氧化物粉体及制备方法	获得发明专利。专利授权号：ZL200710091231.8
4	单一稀土料液氯化铈除铝技术	Al 小于 10ppm
5	高纯度碳酸铈、碳酸镧铈、碳酸镧工业化生产晶型粒度可控制技术	
6	无匣钵天然气灼烧氧化物先进工艺技术	
7	低氯根碳酸铈的制备技术	
8	沉淀废水过滤回用技术	已作为清洁生产方案实施
9	沉淀工序间接加温技术	已作为清洁生产方案实施
10	大比表面积氧化铈制备方法	
11	醋酸铈制备方法	
12	氢氧化铈制备方法	
13	氢氧化镧制备方法	
14	醋酸镧制备方法	
15	白氧化铈制备方法	
16	硝酸铈制备方法	
17	抛光粉制备方法	

第二节 技术升级与技术改造

一、稀土抛光粉技术升级

新源公司从建设初期就一直重视研发工作，拥有完善的生产工艺技术手段与产品开发能力和技术储备。至今新源公司已经开发出了高纯稀土系列产品近 30 个品种，在国内外市场占有相当份额。新源公司紧紧围绕高纯稀土产业，不断开发配套技术提高产品档次，不断推进技术升级工作，目前，这方面代表性的工作是稀土抛光粉技术升级。

1. 新源公司抛光粉技术与应用

国内外以镧铈稀土为原料生产各种品牌、规格抛光粉的生产企业产量已经达到一定规模。但随着市场竞争的加剧和用户对抛光粉产品质量要求的提高，制备高端抛光材料，将成为国内抛光粉企业的研究和发展方向。高档液晶玻璃、集成电路、硬盘基片、半导体硅片、精密零部件等抛光用超细、高分散性、窄力度分布的稀土抛光材料成为各抛光粉生产企业开发的趋势。

国内抛光粉生产比较突出的问题是工艺稳定性差、装备落后。针对稀土抛光粉质量的要求越来越高，新源公司在高端稀土抛光粉的研究与开发上做了大量的工作，通过实验，采用很多新的工艺技术，如氯化镧铈纯化工艺、同步沉淀氟化工艺、前驱体粒度及分布控制工艺、晶型和硬度控制工艺、精密分级工艺等，在国家产业政策的支持下，在企业持续投入研发后将不断取得高端稀土抛光粉制备的重大突破。

目前，我国生产低档次的抛光粉较多，在较高档次的稀土抛光粉生产上与国外相比仍有一些差距，在要求较高的器件抛光上仍需依赖进口抛光粉。目前，虽有几家生产高性能抛光粉，但仍不能满足国内日益增长的市场需求。因此，加速高性能抛光粉生产产业化仍将是当前十分迫切的任务，这类产品具有较高的附加值，利润大，且与高速发展的高新技术领域密切相关，如果能形成一定的规模，将在国际市场上具有很大的竞争力，并对国内高技术开发有助推作用。

2. 抛光粉工艺以及技术中存在的主要问题

抛光粉以稀土镧铈作为原料，经过对原料的纯化，去除非稀土杂质，再添加如氟等元素，制成一定晶型结构的前驱体，经过灼烧，形成一定硬度、粒度和结构的氧化物，再经过研磨分级及添加剂制成最终产品。

但是在抛光粉工艺技术中存在以下问题：

第一，稀土原料和沉淀剂配制——纯化镧铈原料，净化沉淀剂，去除非稀土杂质和异物，配制适当浓度和酸碱度等，净化纯度上不足。

第二，前驱体合成——按照一定流量、温度进行同步氟化沉淀反应，经陈化、洗涤、过滤制成氟碳酸盐中间体，前驱体制作工艺参数控制不稳定，自动化装备落后。

第三，灼烧——控制灼烧温度、时间，制成定形的稀土氟氧化物，调整工艺参数手段落后，中间品粒度控制较差，中控分析水平低。

第四，分级——形成不同粒度分布和物性的中间品，而分级精度不够。

第五，研磨——加入特定的添加剂，制成不同用途的最终产品。存在过度研磨现象，造成切削力降低。

第六，包装——应该建立标准化包装和用户特定要求的包装，而目前手工包装造成产品严重的污染，应该提高自动化水平。

抛光粉生产工艺流程如图6-2所示。

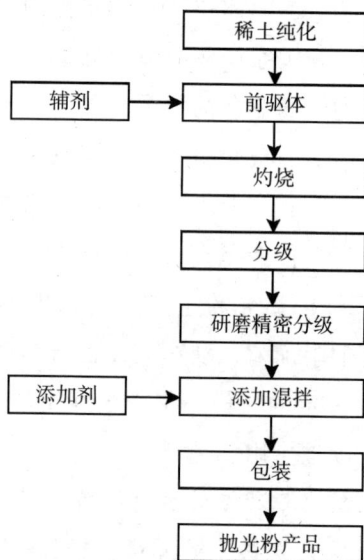

图6-2 抛光粉生产工艺流程

3. 新源公司对抛光粉技术改造和产品升级的主要内容

（1）镧铈原料、沉淀剂纯化工艺改进：控制稀土纯度到99.995%，尤其对非稀土中的 Ca、Mg、Na、Mn、Fe、Si、Zn、S 等的控制。增加萃取纯化，化学提纯和精密过滤。

（2）同步氟化沉淀工艺改进：降低团聚和胶体粒子的产生，增强颗粒的一致性和稳定性，调整工艺参数，采用 DCS 控制。

（3）前驱体粒度及分布控制工艺改进：通过控制浓度、温度、时间、pH 值、搅拌强度、陈化时间，使得前驱体的粒径控制。在合适的范围，粒度分布满足 $D100 \leqslant 3D50$，使后期粒度控制更加容易。采用 DCS 控制。

（4）晶型和硬度控制工艺改进：通过沉淀工艺配料和灼烧温度、时间、物料状态来控制晶型和硬度是非常关键的工艺，确保液晶抛光粉在使用时无 1 微米以上划伤，保持切削力不降低。增加检测手段和计量器具。

（5）精密分级：抛光粉控制异物和大颗粒是非常重要的，因此，精密分级技术的应用使得这个问题得到解决，增加先进精密分级装备及控制手段，确保液晶抛光粉 $D50 = 0.7 \sim 1\mu m$，$(D90 - D10)/(2D50) < 1$，$D100 \leqslant 3D50$。

4. 经济技术指标

新源公司在对抛光粉进行技术改造和产品升级的过程中，一系列经济技术指标得到明显改善。具体如图 6-3 至图 6-6 所示。

在图 6-3 中可以看出不同型号的抛光粉，虽然抽取 12022103031、12042703064、12042903066、12043003067、12050503071、12050603072 这六个批次，但是液晶抛光粉前驱体粒度是相对稳定的。

在图 6-4 中可以看出对于不同型号的抛光粉在灼烧前后，12022604031、12042703064、12042903066、12043003067、120515043071、12051504072 这六个批次的抛光粉其稳定性非常好。

在图 6-5 中可以看出新源公司液晶抛光粉在分级以后，其直径有非常明显的减小，所以新源公司的液晶抛光粉显得更加精密。

新源公司已组织了 30 人的科研小组，产学研结合，投入研发资金 500 多万元，通过小试中试做了大量试验，研制了高端液晶抛光粉，并通过国内大型 LCD 平板玻璃制造厂家进行上线抛光试验，取得了比较满意的结

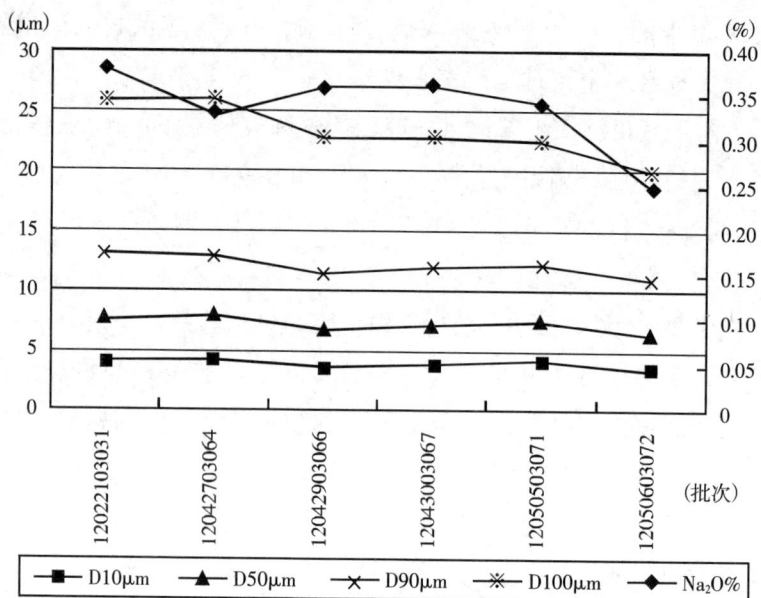

图 6-3　液晶抛光粉前驱体粒度及分布

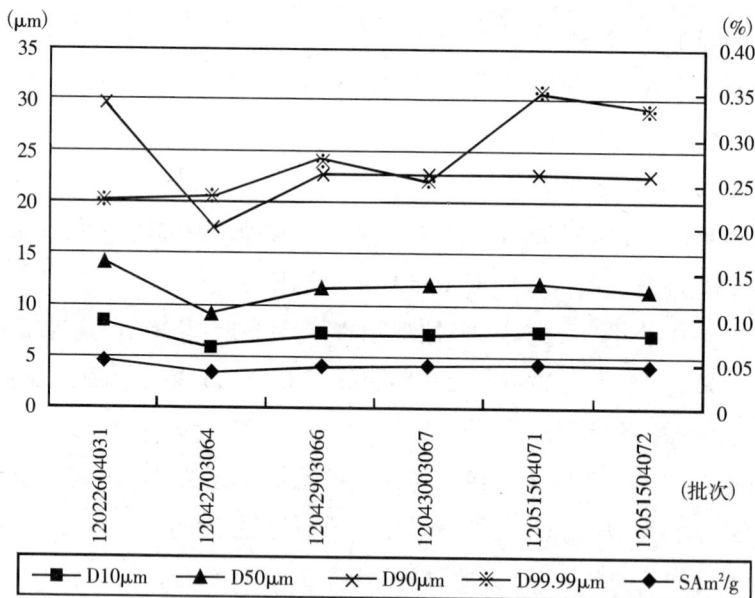

图 6-4　抛光粉灼烧后比表面、粒度及分布

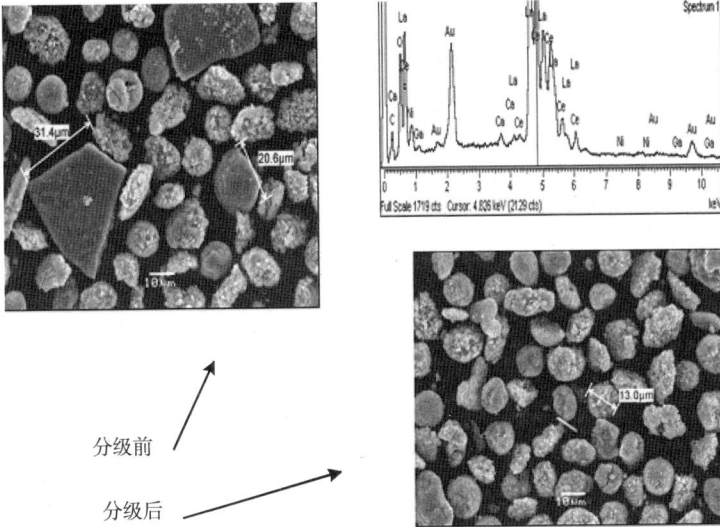

分级前

分级后

图 6-5　新源公司液晶抛光粉精密分级数据

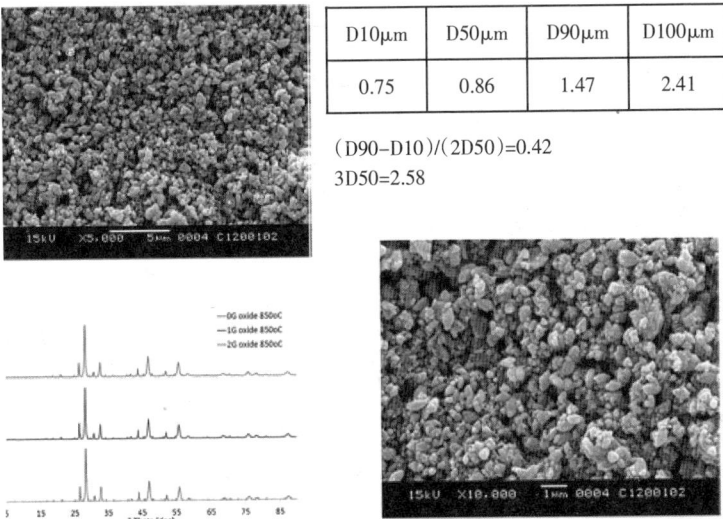

D10μm	D50μm	D90μm	D100μm
0.75	0.86	1.47	2.41

（D90−D10）/（2D50）=0.42
3D50=2.58

图 6-6　抛光粉产品电镜图和粒度数据

果。接下来新源公司还将再投入 1500 多万元研发资金，在大生产线上进一步研究，稳定工艺，稳定产品质量，同时将为液晶抛光粉项目招募更多技术人才，在 2013 年完成液晶抛光粉生产线技术升级改造，实现全自动化生产，使液晶抛光粉达到国际最好水平。

二、环保设施技术改造

以科技治污染，以环保促产品质量，这是新源公司在企业发展过程中的环保理念，新源公司认为造成环境污染的原因不是产品的质量低劣就是工作的质量低劣。如果一个企业在生产过程中由于使用生产所需的工具、原材料不能合理处置以及按照规范使用，那么这个企业会产生一系列的废品废料，造成对环境的污染，如果一个企业的设备、工具、技术等质量低下，那么这个企业就没有能力合理地利用资源，从而造成环境的污染。想要实现对污染的控制离不开科技的创新、新技术的应用以及合理的操作规范。新源公司在这些年来一步步地探索，一点点地累积，走出了一条自己的发展路径，通过采用高科技的技术设备以及与之相配套的操作规范，不会对环境造成污染，从而实现了新源公司污水零排放。

新源公司的高纯稀土生产工程是从 2003 年 5 月 8 日开始，到 2005 年 10 月 5 日结束。整体工程包括 5 个 35 立储水罐，2 个 70 立储水池，板框压滤系统，排水明渠以及在线监测仪器机房。根据国家环保部和内蒙古自治区环保厅关于污染源连续在线监测系统总体要求，于 2005 年 9 月完成了固定污染源废水自动监控系统（WWMS）的安装，在线监测系统包括：EST2002（WL-1A）型超声波明渠流量计、S/N971538 pH 计、EST-2004 氨氮在线监测仪，至今一直在稳定运行。2009 年 11 月，新源公司根据包头市环保局在线监测设备比对监测及验收的通知，对溜槽进行了规范化改造，将原矩形堰槽改为巴歇尔槽，在 11 月 15 日开始改造，11 月 20 日改造完毕。

运行中的氨氮在线自动监测仪如图 6-7 所示。

新源公司通过不断地对废水处理技术改进，污染物处理设施排污口已完成规范化整治，符合国家相关排污标准。包头市环境监测站监测结果显示，新源公司总排口的在线污染因子氨氮、pH 值、流量的 8 组比对数据100%合格，其中氨氮第 4 次比对误差接近±15%限值，其余的均小于±10%，

图6-7 运行中的氨氮在线自动监测仪

8组数据均符合《水污染源在线监测仪器比对验收监测指标要求》。pH值的比对误差均稳定地分布在-0.40 pH~-0.44 pH，符合《水污染源在线监测仪器比对验收监测指标要求》。流量的比对误差中2、4、5、8为正误差，其余为负误差，8组数据均符合《水污染源在线监测仪器比对验收监测指标要求》。

在线监测系统技术比对结果与评估如表6-2所示。

表6-2 在线监测系统技术比对结果与评估

氨氮				单位：mg/L		
样品编号	时间	参比法	在线法	相对误差（%）	技术评价	指标
1	10:01	11.87	11.48	-3.29	符合	
2	10:18	12.23	11.02	-9.89	符合	
3	10:38	12.09	11.54	-4.55	符合	
4	10:55	11.97	10.20	-14.79	符合	±15%
5	11:13	16.54	15.93	-3.69	符合	
6	11:31	19.21	18.09	-5.83	符合	
7	11:48	20.17	18.91	-6.25	符合	
8	12:05	22.33	20.98	-6.05	符合	
pH值						
1	10:01	8.40	7.98	-0.42	符合	±0.5pH
2	10:18	8.42	7.98	-0.44	符合	

续表

氨氮						单位：mg/L
样品编号	时间	参比法	在线法	相对误差（%）	技术评价	指标
3	10:38	8.42	7.98	-0.44	符合	
4	10:55	8.42	7.99	-0.43	符合	
5	11:13	8.38	7.96	-0.42	符合	±0.5pH
6	11:31	8.36	7.96	-0.40	符合	
7	11:48	8.36	7.96	-0.40	符合	
8	12:05	8.34	7.90	-0.44	符合	
流量						单位：升/秒
1	10:20	3.60	3.43	-4.72	符合	
2	10:20	3.40	3.47	2.06	符合	
3	10:21	3.80	3.43	-9.74	符合	
4	10:21	3.20	3.43	7.19	符合	
5	10:22	3.40	3.53	3.82	符合	±15%
6	10:22	3.80	3.32	-12.63	符合	
7	10:23	3.80	3.29	-13.42	符合	
8	10:23	3.40	3.63	6.76	符合	
备注	应有80%以上比对样数值在此范围之内为合格					

资料来源：新源公司废水污染源自动监测设备比对验收报告。

第三节　研究与开发管理

通过建立研发中心，以及与相关高校、科研院所合作开展产、学、研相结合持续推进企业技术创新和新产品开发工作，确保新源公司在稀土新材料领域中的国内领先地位和较强的市场竞争力。新源公司以目前高纯稀土工业化生产项目为基础，根据稀土市场定位，投入高性能设施、设备，结合产、学、研，与高校和科研院所通过技术入股、成果转让、联合开发、技术攻关、技术咨询等方式建立长期合作关系，努力培育企业自有研发力量，为科技创新人才营造良好的工作环境和创新氛围，建立科技创新奖励基金并配备先进的检测设备，着手进行特殊稀土化合物、稀土催化材料、稀土抛光材料等后续深加工产品的研发，并逐步向下延伸产业链，提升产品附加值，创立优势产品，增强市场竞争力。

一、研发中心的建立

建立研发中心是提升一个企业技术创新能力的重要环节与内容，同样也是一个企业寻求自我发展、增强企业自身竞争力的内在需求。对新源公司来说，成立企业自身的研发中心目的，在于要在稀土市场上形成适应稀土市场上竞争所要求的和新源公司自身发展需要的自身技术开发体系，以及适应于新源公司的有效运行机制，以此来提高新源公司对市场的反应能力、运用企业资源的能力和进行自主的技术创新能力，从根本上提高新源公司的核心竞争能力和发展潜力。

新源公司通过创建研发中心，确立技术创新的主体地位，积极引导新源公司提高创新意识，把依靠科技进步和提高全员素质放在新源公司的关键地位，瞄准市场潜力大的高新技术产品，加大科研开发力度，建立新的运行机制，并且聘任国家级稀土专家和相关领域学术带头人为中心的技术指导，配备有实践经验的技术人员并提供市场导向，逐步将中心建设成为现代企业多功能的技术中心。通过工程技术中心的攻关研发，实现研发一代、储备一代、转换一代的经营路线。

1. 研发中心基本情况

2007 年新源公司投资了 800 余万元在稀土高新区稀土应用园区新扩建了新源公司研发中心，其中，出资 247 万元采购了国际先进水准的检测设备（美国 PE 公司生产的 ELAN-6100 质谱仪、OPTIMAXL-3300 光谱仪、气相色谱仪、原子吸收分光光度仪、红外线碳硫分析仪），稀土杂质检测下限可达 1ppm 以下，检测精度达到国际先进水平（详细设备情况见表 6-3）。扩建后的研发中心在当时具有一流的试验条件，结合新源公司当时的高精度检测设备、分析手段和工艺设备，将对新源公司的研发工作实现二次腾飞起到推波助澜的作用。目前研发中心已建立了完善的规章制度和管理办法，并且为调动研发人员的工作积极性，新源公司同时制定了有效的激励机制。为了着眼长远，新源公司还对中心的发展制定了宏伟目标和长期规划。

表6-3 研发中心设备

单位：台

设备编号	设备名称	规格或型号	数量	生产厂家
VBZ-01	等离子体单道扫描光谱仪	WLY-100-1型	1	北京地质仪器厂
VBZ-02	分光光度计	721型	1	上海市精密科学仪器有限公司
VBZ-03	分光光度计	722型	1	上海市精密科学仪器有限公司
VBZ-04	分析天平	TG328B	1	上海天平仪器厂
VBZ-05	分析天平	TG329B	1	上海天平仪器有限公司
VBZ-06	分析天平	TG328A	1	上海天平仪器有限公司
VBZ-07	架盘天平	HCTP-12	1	天津市天平实业公司
VBZ-08	架盘天平	HCTP-12	1	天津市天平仪器有限公司
VBZ-09	电热鼓风干燥箱	101-1型	1	上海沪南科学仪器厂
VBZ-10	箱式电阻炉	SX-4-10	1	北京光明医疗仪器厂
VBZ-11	电动搅拌器		1	江苏江阴科研器械厂
VBZ-12	原子吸收仪	TAS-986	1	北京普析通用仪器有限责任公司
VBZ-13	可见分光光度计	772型 SFZ160601	2	
VBZ-14	原子吸收分光光度仪	Aanaiyst100	1	
VBZ-15	ICP-光谱	OPtima3300RL	1	
VBZ-16	气相色谱仪		1	
VBZ-17	电阻炉	TDW	1	
VBZ-18	电炉温度控制箱	KSW	1	
VBZ-19	离心机	8000型	1	
VBZ-20	塑料薄膜封口机	SF-200型	2	
VBZ-21	电子天平	MODEL5D100-38	1	
VBZ-22	电子天平	JD100-3B	1	
VBZ-23	电阻炉温控器	DRZ-6	1	
VBZ-24	电阻炉	SX-4-13	1	
VBZ-25	质谱仪	Elan6100	1	
VBZ-26	高频感光燃烧炉	HWF-900A	1	

续表

设备编号	设备名称	规格或型号	数量	生产厂家
VBZ-27	红外碳硫分析仪	HIR-944B	1	
VBZ-28	梭式灼烧窑		1	
VBZ-29	PE 反应罐（个）	K-10000	1	
VBZ-30	搪玻璃反应釜（个）	K-3000	1	
VBZ-31	搪玻璃反应釜（个）	K-1500	1	
VBZ-32	马弗炉	SK-4-13	1	
VBZ-33	板框	800 型	1	
VBZ-34	磁力搅拌器	CJJ78-1	1	
VBZ-35	旋片真空泵	2XZ-0.25 型	1	
VBZ-36	不锈钢振动筛		1	
VBZ-37	双螺旋锥型混料机	DSH-6.P	1	

2008 年新源公司拿出 300 万元预算资金投入中心新址的完善，并且每年的财政扶持资金的 30% 用于技术创新。新源公司以目前的生产工厂为基础，在高纯稀土工业化生产和特殊稀土化合物工业化生产方面取得了一些科研成果，在国内同行业产生了一定的影响，产品也受到国内外用户的好评。已实现的工业化生产项目有高纯稀土工业化生产项目、高纯无油碳酸铈工业化生产项目，实现了年产值上亿元，利税 700 余万元的经济效益。在 2008 年 4 月完成在建项目有稀土铈化合物工业化生产、镧系列深加工产品项目的中试生产线建设，年内实现工业化生产，当年完成增加产值 1500 万元、利税 200 万元，2009 年和 2010 年在该项目上实现产值年增长 50%。继续深入研究稀土催化材料工业化生产，2008 年末拿到稀土塑料稳定剂用户使用合格检测信息，2009 年开始建设并进行中试生产，年内实现工业增加值 500 万元，利税 200 万元。2010 年实现工业化生产，并实现产值、效益翻两番的业绩。与此同时，继续研发稀土石油催化、裂化材料，结合与下游应用厂家的联合，2010 年实现该项目的上马，并实现当年产值 5000 万元，利税 2000 万元。同时，结合市场信息，逐步向下延伸产业链、研发深加工后续产品。

2. 研发中心的条件与目的

新源公司建设研发中心的基本前提是以人为本，人作为新源公司的主题，是新源公司生存和发展的决定性因素，同时也是新源公司发展最根本的推动力和最基本的依靠力量，离开了人就无从谈及新源公司的生存与发展，因而新源公司研发中心是把自身的发展建立在新源公司员工的全面发展目标之上，把实现好、维护好、发展好员工的根本利益作为新源公司经营管理的根本出发点和落脚点。

创新是研发中心发展的最大法宝，在创新中坚持以观念更新、解放思想为先导，不断突破束缚新源公司发展的观念和障碍，努力用科学发展的战略解决新源公司在发展中的各种问题，实现观念、体制、机制、制度等方面的创新，是新源公司始终保持不竭的内在动力。

新源公司研发中心的核心任务就是为新源公司的技术服务，提供必要的技术支撑，是新源公司进行技术创新和技术改造的主要依托。通过整合相关研发资源优势和人才优势，从事稀土材料的研究，前瞻技术和共性的研发，着重解决技术问题，为社会提供技术成果、标准制定、技术咨询和人才培训等，建成稀土高技术开发与科技成果转化中心，实现技术、信息共享，为产业的持续长远发展提供技术支持和研发保障。

新源公司研发中心在新源公司稀土高新材料有限公司有以下几个目的：首先，在稀土市场上开展发展潜力大的、比较长远的应用型基础项目、关键的技术以及相对于其他企业较为超前的产品研究与开发。其次，对于在稀土市场上有需求的创新产品、创新技术、创新材料、创新工艺进行开发和应用。再次，能够将新源公司的重大科技成果转化为新源公司生产力。最后，能够参与新源公司技术进步发展规划以及对于发展规划进行制定和实施，能够把新源公司外部的技术进行改造消化后应用于新源公司，提高新源公司在稀土市场的竞争能力。

3. 研发中心的功能与定位

新源公司研发中心在新源公司不仅是一个纯粹的技术改造中心，研发中心的职能也绝不是简单地从事技术和产品开发，其定位是新源公司的技术创新体系的核心以及要能够支撑新源公司的长期健康发展，形成一种面向市场、可以充分调动新源公司内部资源、广泛利用外部资源的无边界式的运行机制。

新源公司研发中心是在深入剖析稀土市场的基础上，能够做好支撑新源公司进行中长期发展的研究开发工作，重点是不断研究和开发出有市场潜力的新产品以及新技术，能够把新的技术进行引进、消化、吸收并且改造创新，充分地利用目前所有的相对先进技术成果进行应用与开发，形成具有自主知识产权的主导产品和技术。

新源公司研发中心具有对稀土信息进行获取、分析、剔除以及决断的能力，对企业的技术创新提供帮助，并且积极地参与到企业发展战略规划的制定和实施计划中。新源公司研发中心已成为新源公司提供产、学、研结合的重要载体。

4. 研发中心内设职能部门

新源公司研究中心分为新产品研究室、新产品推广办公室、专利信息研究室、塑料催化剂研究室以及分析研究室五个研究室。

新产品研究室主要负责选择、联系研究单位及参试单位，研究者手册的编写、起草并与研究单位共同完善新产品研究试验方案，研发试验进度安排及组织协调，制定研发的标准操作程序（SOP）并监督实施，提供研发试验用样品、协助包装、标签等具体事项，收集来自试验单位的信息，提出意见和建议，对试验数据进行处理和统计分析，新产品试验质量控制和质量保证等新源公司的活动。

新产品推广办公室主要负责新源公司新产品研究工作的组织联络、督促协调、质量监督、进度追踪等。具体指在中试前研究工作，包括选择、联系中试前研究单位，与中试前研究单位共同完善试验方案，试验进度安排及组织协调，会同试验单位制定试验标准操作程序并监督实施，提供试验用量、包装及标签，收集来自试验单位的信息，提出意见和建议，会同试验单位对试验数据进行处理和统计分析。以及注册报批事项包括上报新产品注册资料、传递新产品研究信息，作为内部研究人员与国家审评专家、注册管理部门之间的沟通桥梁，协助安排新产品研究申请过程中的现场考核、样品检验等相关事宜。

专利信息研究室主要负责新源公司的专利工作。包括新源公司的专利信息、专利说明书起草、申报等事项。具体指在信息工作中综合信息分析与研究，课题（项目）可行性研究和咨询论证，稀土行业的发展水平与趋势调研与分析，行业政策法规咨询，咨询与评估，国内外市场调研与分析，文献检索与资料翻译，研发中心局域网的各种数据库的管理和维护等。在专利工作中提出专利工作思路、专利文书的撰写及专利申报工作，专利商标申报，专利、商标权的维持和转让事务，专利战略制定与组织实施，专利、商标侵权监视与诉讼。在图书资料的管理工作中对于图书资料和期刊管理与维护以及对专利数据资料的管理与维护。

塑料催化剂研究室负责应用现代技术手段，开发塑料催化剂，同时对上市品种进行基础研究，为市场提供技术支持，致力于新型塑料催化剂研究。

分析研究室负责本中心研制新产品的分析检测、质量研究、质量标准制定等工作。

5. 研发中心的作用

新源公司研发中心可以解决新源公司在生产运作过程中的关键技术与难题，拥有新源公司自身的核心技术，从而提高了新源公司在稀土市场上的竞争能力和经济效益。在新源公司研发中心里培养了一批高素质的技术人才，持续增强了新源公司在稀土市场上的发展潜力。同时也在新源公司的安全生产、投资规划、技术改良、设备引进等工作中发挥主导性的作用，为新源公司的核心业务提供强有力的技术支撑与保障。新源公司研发中心充分地调动了整个新源公司人才的积极性，为他们搭建了一个平台，吸引人才过来，在研发中心发挥自己的创造力，拓宽了新源公司引进人才的渠道。新源公司研发中心的人才是一种双向流动机制，即研发中心的员工首先安排到车间一线的技术岗位工作一段时间，以便熟悉现场的设备、积累丰富的实践经验，然后再到研发中心从事相关研究工作。这种机制不仅有助于研究人员丰富自己的视野,还可以促进科研成果快速地转化为企业的生产力,从而提高新源公司的效率。

另外,新源公司研发中心牵头组建包头市多个企业的技术人员参与多个层次合作的项目组。在各个项目组内,开展的课题一般由在稀土领域内的专家领衔,通过依托包头市立体的科技创新网络,打破企业之间常规的边界,整合包头市所有企业的技术与科研资源,提升整个包头市在稀土行业的科研层次和成果水平。通过一些重大科研成果的参与,达到在新源公司内锻炼以及培养了科研人员,使有能力的科研人员在新源公司内部脱颖而出。新源公司研发中心为在新源公司选择示范性的应用工程创造了很好的条件,并且成为将一般性的研究成果转化为实施和应用的重要依托点,可以将研究成果有计划地推广到新源公司内部,避免新源公司内部将研究成果重复性地开发与引进。新源公司研发中心在充分吸取了新源公司内部初步应用所获得的实践经验,经过不断地创新,增强在稀土市场上的竞争能力,提升新源公司在稀土市场上的形象。

二、研发中心的管理

1. 日常管理与考核

新源公司的日常管理工作包括考勤记录(如病事假、加班等)、月度绩效考核、内部人员调配、临时性工作安排等。这些日常管理工作是由各新源公司的各个研究室及研究小组的主管负责的。新源公司对于其科研人员有着严格的要求,要求科研人员能够遵守新源公司各项规章制度,守时、守纪、守法,能够严格执行国家新产品研究实验室规范。在日常工作中积极主动地接受工作任务并努力完成,不管能否完成都要及时复命(汇报工作进展及遇到的问题等情况),一般要求当天内复命。研发人员必须服从本部门(研究室或研究小组)主管的工作安排,不得顶撞、抱怨、推诿、敷衍,按计划完成课题进度,对课题中出现的问题及时汇报。在工作中做有心人,能够及时发现问题、分析问题、处理问题。坚持学习,不断提高自己的业务能力。

　　研究室及研究小组的负责人本着对企业利益高度负责的精神，公平、公正地开展日常管理、月度工作绩效考核、任务分解、联络协调等工作以及承担课题任务，在技术上做带头人。对下属成员在课题上给予技术指导，协助成员按时完成中心下达的科研任务。日常工作中严于律己、勇挑重担，做好榜样。敢于管理，善于管理，加强学习，不断提高管理水平。

　　新源公司研发中心月度考核程序是指每月 26~31 日由研究室主任或研究小组组长根据第 3 条中科研人员的职责对本部门人员进行月度考核评分，填写月度考核表，交研发中心负责人。研究室或研究小组的主管分值占总分值的 40%。研发中心负责人根据其本人的工作表现进行考核评分，分值占总分值的 60%。月度得分汇总后报新源公司行政部，作为本人当月考核工资发放的依据。

　　2. 新产品开发程序管理

　　新产品开发是企业研究与开发的重点内容，也是企业生存和发展的战略核心之一。从广义而言，新产品开发既包括新产品的研制也包括原有的老产品改进与换代。新产品开发是一项极其复杂的工作，从根据用户需要提出设想到正式生产产品投放市场为止，其中经历许多阶段，涉及面广、科学性强、持续时间长，因此必须按照一定的程序开展工作，这些程序之间互相促进、互相制约，才能使产品开发工作协调、顺利地进行。新产品开发程序是指从提出产品构思到正式投入生产的整个过程，包括从研究选择适应市场需要的产品开始到产品设计、工艺制造设计，直到投入正常生产的一系列决策过程。鉴于新产品开发的重要性，新源公司制定了新产品开发程序，如图 6-8 所示。

　　3. 研究课题实施与管理

　　新源公司科研人员根据公司的研究发展战略，或根据国内外稀土市场的需求提出课题，经过新产品开发评审委员会讨论、确定。提出人必须经过详细的调查研究，提供详尽准确的材料，并提供该课题的可行性调研报告，报告的内容至少包括该课题产生的背景、国内市场情况（市场容量、同类品种情况、市场潜力等）、该课题产品与同类产品比较所具有的特点

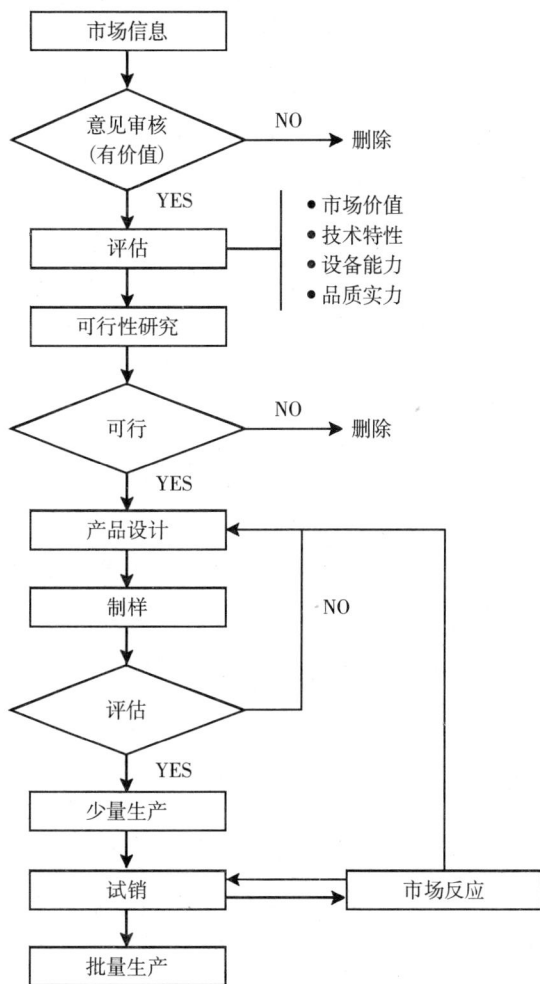

图6-8　新产品开发程序

以及有无重大改进、课题的技术难点、预期进度、费用预算等。

　　在课题确定后，则由研究室或研究小组的主管根据课题的工作量、进度要求在全所范围内选定小组人员，成立课题组。课题组成立后，小组成员应保持相对固定。课题组成员为工艺与质量标准研究人员，注册报批人员不列入课题组。

　　研究室或研究小组的主管与具体责任人签订课题目标考核责任书，内容应包括进度目标和质量目标。进度目标及所占比重一般包括通过省级科技部门审查（50%）、科研资料报国家（10%）、获批件完成新产品制备（20%）、通过省级生产审查（10%）、获新产品品质证书并指导生产（5%）、质量标准转正（5%）共六个阶段，要求按目标完成，提前完成者加以奖励，延误时间者扣罚。质量目标是指原始记录要体现真实性、完整性；处方筛选、工艺研究、稳定性试验研究及质量标准制定时要充分考虑到大生产的实际情况，保证可操作性，工作出现重大失误应根据情况扣罚。

研究室或研究小组的主管人员负责对课题进度和完成质量进行监督、考核、评分，填写课题阶段性进度明细表，并根据考核结果以新产品开发奖的形式进行奖惩兑现。当课题总分下达到各课题组，研究室或研究小组的主管根据组内成员对该课题的贡献、工作量、工作效率等情况进行评分（在课题总分范围内），汇总得分作为分配奖金的依据。课题开发经费由研究室内统一管理。

新源公司兑现给研究室的新产品开发奖（包括奖金及销售提成）奖金计算公式：

$$课题奖金 = \frac{课题总分}{所有课题总分} \times 新产品开发奖$$

4. 研发中心技术保密制度

新源公司研发中心为了加强研发中心的科研资料管理工作，保证保密资料的完整和安全，便于查阅，提高资料的利用率，特制定内部保密资料管理制度。这些制度包括保密资料的归档、申报资料的保管与借阅、电脑的使用及电子档案的保密、奖惩。对于保密资料范围来说，包括所有新产品申报资料。首先包括申报研究资料或申报生产资料、补充资料、补充申请资料等，包括实物资料及电子资料。其次是原始记录，包括各种记录本（工艺、质量研究、检验记录等）、照片、胶卷、分析图谱以及电子资料。最后还有各种与新产品申报有关的审批意见、通知及批件，包括审查意见、补充资料通知、生产批件等以及新产品质量标准及使用说明书、包装、标签，供试样品、对照品及相关技术资料等。在新源公司，课题负责人对申报资料的归档负责，所有内部资料由研发中心指定兼职或专职人员统一保管，各类资料均应登记在册，软盘、优盘、光盘等数据盘应单独、妥善存放。所有申报资料必须保持成套性、完整性，由交接双方在移交清单上签字。完成的申报资料一周内必须将原始记录存档，原始记录包括各种记录本（工艺、质量研究、检验记录等）、照片、胶卷、分析图谱、软盘等电子资料。在完成新产品投产后，所有工艺资料、内控质量标准等资料应及时归档。

新源公司的申报资料保管与借阅要求资料排列整齐有序，严禁借阅人自取自放。资料至少一个月清点一次，做到账物相符。借阅、查阅资料，须经研发中心领导批准，并办理登记手续。中试前的申报资料、申报资料原件、原始记录一般不得借阅；仅供该课题负责人提取利用，但应及时归还。所有资料一般不得复印，确有必要复印其中部分内容时，由研发中心领导签字同意，在办理登记手续后，方可复印，但必须在当天尽快归还。借阅时间一般不得超过一周，否则应由保管人员查验资料，确认完整后可办理续借手续。借阅者不得在所借资料上涂改、乱划、污损、撕页、折卷，更不得发生缺页或丢失事故，否则将按新源公司的有关规定追究借阅者责任。

新源公司的电脑使用及电子档案的保密指的是所有电脑均应设定开机密码或屏幕保护密码，多用户的电脑使用自己的用户名和密码进入。电脑中的各课题申报资料不得一直处于"共享"状态，如果需要共享时，必须设置密码，或设定用户权限以限制用户，当使用结束后，立即取消共享状态。所有申报资料电脑存盘实行"一软一硬"制度：即每套资料均要保存一个软盘、一个硬盘。不得多存，以防混淆和泄密。以电子档案形式保存的资料（包括软盘、优盘、光盘等）必须专人专柜保管。以服务器形式管理时，各科研人员以自己的用户名和密码进入服务器，所有的申报资料均保存在服务器上，自己的密码不得透露给他人，也不得打听他人的密码。

新源公司的奖惩主要是指对以任何形式泄露新源公司机密的行为均要追究当事人的责任。新源公司将视情节给予相应的处分，造成严重后果者，则追究其法律责任。保管人因保管不善，或课题负责人使用保密资料时没有尽到注意义务，无意或故意造成资料泄露，均被视为泄露新源公司机密行为，追究当事人的责任。新源公司将视情节给予相应的处分，造成严重后果者，可以追究其法律责任。能够及时制止他人泄露技术秘密或举报他人泄密属实者，新源公司将给予表彰和奖励。

三、开展校企合作

新源公司开展技术创新另一个非常重要的途径就是进行产、学、研结合。高等院校所拥有的智力资源使他们对科学技术进行研究以及在稀土产业升级中的关键技术进行科研攻关中游刃有余。而新源公司是进行创新的主体，即投入主体、研究主体、利益分配主体和风险责任承担主体。

产、学、研结合是新源公司进行技术创新的重要形式，可以促进新源公司的技术创新。高等院校通过校企合作使自身所拥有的智力资源源源不断地流向新源公司，与新源公司的生产制造技术结合起来，从而实现技术的新组合。新源公司与高校之间通过科技人员之间的互相沟通与交流，使高校人才更了解新源公司的实际，新源公司可以更好地转化科研成果。高等院校和新源公司掌握的各种稀土信息包括稀土行业的最新科研动态、稀土新产品的生产过程以及稀土方面的政策法规信息，通过校企合作的形式汇聚到一起，有效地实现了稀土信息的组合与综合利用。高等院校与新源公司共同建立新的技术实体，提高了新源公司整个企业的有效性，保证了新源公司和高等院校进行技术创新时所需要的技术、人才以及信息等资源的最佳供给和最佳组合。新源公司和高等院校进行产、学、研结合的整个过程，其本质就是新源公司的技术进行创新的过程。新源公司通过与高等院校结合，实现了生产要素新的聚合与互补，从而在稀土市场上获得经济效益，新源公司自身的科技水平也得到提升。同时，新源公司的科技水平的提升也使得高等院校进一步提高其自身科技水平，开展新一轮的知识创新，吸取新源公司持续合作。

2004年开始新源公司与内蒙古大学化工学院进行产、学、研合作，针对稀土催化材料的开发进行了校企合作，新源公司和内蒙古大学化工学院根据市场需求，利用各自的资金、资源、技术优势共同研发终端产品，新源公司投入项目开发资金，并且考虑在内蒙古大学化工学院建立联合实验室，将内蒙古大学化工学院现有的中试成果结合包头市资源的特点实施产业化，进一步开发稀土催化材料。在这期间，新源公司作为企业法人，负责企业的全面管理以及财务管理，提供资金、设备、原材料等，并且聘任内蒙古大学化工学院的沈岳年教授为新源公司技术顾问。内蒙古大学化工学院负责技术以及部分市场开发。新源公司并为内蒙古大学化工学院的毕业生提供了现场实践环境。通过了广泛的产、学、研合作，目前已完成年产 5000 吨稀土催化材料项目的可研编制。

2008 年以来，新源公司与内蒙古科技大学在高纯稀土、高端稀土抛光材料等领域展开了广泛的产、学、研合作。主要涉及制备大颗粒氧化铈，制备 LED 高端抛光粉等工艺方法，新源公司一直为内蒙古科技大学稀土学院提供实习、参观的场所，并作为教学基地。同时并就大颗粒氧化铈及高端稀土抛光粉材料生产在新源公司进行了工业化生产。

专栏 6-1 高新技术企业认定条件与享受优惠政策

根据《高新技术企业认定管理办法》，高新技术企业认定须同时满足以下条件：

（1）在中国境内（不含港、澳、台地区）注册的企业，近 3 年内通过自主研发、受让、受赠、并购等方式，或通过 5 年以上的独占许可方式，对其主要产品（服务）的核心技术拥有自主知识产权。

（2）产品（服务）属于《国家重点支持的高新技术领域》规定的范围。

（3）具有大学专科以上学历的科技人员占企业当年职工总数的 30% 以上，其中研发人员占企业当年职工总数的 10% 以上。

（4）企业为获得科学技术（不包括人文、社会科学）新知识，创造性运用科学技术新知识，或实质性改进技术、产品（服务）而持续进行了研究开发活动，且近 3 个会计年度的研究开发费用总额占销售收入总额的比例符合如下要求：①最近一年销售收入小于 5000 万元的企业，比例不低于 6%；②最近一年销售收入在 5000 万~20000 万元的企业，比例不低于 4%；③最近一年销售收入在 20000 万元以上的企业，比例不低于 3%。其中，企业在中国境内发生的研究开发费用总额占全部研究开发费用总额的比例不低于 60%。企业注册成立时间不足 3 年的，按实际经营年限计算。

（5）高新技术产品（服务）收入占企业当年总收入的 60% 以上。

（6）企业研究开发组织管理水平、科技成果转化能力、自主知识产权数量、销售与总资产成长性等指标符合《高新技术企业认定管理工作指引》的要求。

根据国家政策规定，经认定的高新技术企业，可申请享受相应的税收优惠政策（最主要的政策是"减按 15% 的税率征收企业所得税"）。很多地区规定高新技术企业在项目申请、人才引进、银行贷款、企业上市、进出口贸易等方面也享受相应的优惠政策。

资料来源：国科发火〔2008〕172 号《关于印发〈高新技术企业认定管理办法〉的通知》。

第七章 企业文化

企业文化，或称组织文化（Corporate Culture 或 Organizational Culture），是一个组织由其价值观、信念、仪式、符号、处事方式等组成的其特有的文化形象。从企业文化的层次来看，企业文化包括企业精神、企业行为和企业形象三个层次。企业精神是企业文化的内核，企业行为是企业文化的行为层，也是企业精神、企业价值观的折射，企业形象是企业文化的外在物质表现。

第一节 新源企业文化建构历程

企业文化是一个企业中形成的文化观念、历史传统、企业所共享的价值观念、道德规范、行为准则等企业的意识形态，对提升这个企业的竞争力，推动企业发展起着重大作用。因为一个企业在其形成过程中的文化观念、历史传统等外界条件不一样，则每个企业的企业文化都是独一无二的。

一、新源企业文化的三个基因

企业文化是企业为解决生存和发展的问题而树立形成的，被组织成员认为有效而共享，并共同遵循的基本信念和认知。企业文化集中体现了一个企业经营管理的核心主张，以及由此产生的组织行为。新源公司是一个具有军旅生活经历的人在北方草原地区创办的稀土新材料和高端应用领域的企业，其企业文化必然包含军旅文化、草原文化和稀土文化三个基因，三个基因的相互作用和组合逐步创造出强大的新源企业文化。由于新源公司仍在不断发展过程中，其企业文化并未定型，而是处在随着实践的发展而不断发展完善之中。

1. 军旅文化：凝聚力与执行力

在冀代雨16岁的时候，他应征入伍志愿成为一名人民解放军战士，在天津度过了两年的军旅生涯。这两年的军旅生涯深深地影响了冀代雨，造就了硬朗、坚韧、吃苦耐劳、雷厉风行的性格，同时军旅文化在新源文化上打上了深深的印记。军旅文化是赤子报国的文化、是培育英雄的文化、是锤炼军魂的文化、是铸造胜利的文化，其核心是凝聚力和执行力，在新源公司中处处能感受到强大的企业凝聚力，新源公司一系列的举措都在一点点地增强其内部凝聚力。例如新源培养高素质人才、尊重员工，提高员工的待遇以及员工的职业发展设计等。另外，新源公司要求员工要有非常高的执行力，经过这些年的发展，新源公司有一套自己的做事歌，今天的事，马上去做。明天的事，准备去做。困难的事，勇敢去做。复杂的事，细心去做。不会的事，学着去做。集体的事，带头去做。自己的事，抽空去做。

2. 草原文化：开放与创新

与农耕文化"安土重迁"、"小富即安"、"追求稳定和安逸"不同，草原文化突出地表现为开放、冒险、进取、开拓等创新性元素，与现在的企业家精神具有更多共同之处。新源公司诞生和发展壮大于包头市——作为内蒙古最大的工业城市更是沁浸在这种文化氛围内，新源公司文化更是与这种草原文化的基因密切相关。草原文化还有一个特点，就是"崇尚自然、践行开放、恪守信义"，新源文化很好地借鉴了其中的积极意义。

3. 稀土文化：资源优势转化为经济优势

全世界已知的9261万吨稀土矿，有一半以上储藏在内蒙古包头市的白云鄂博。中国总储量则"至少"占了全球的71%。从种类上说，中国同样是唯一一个能够提供全部 17 种稀土金属的国家，特别是军事用途突出的重稀土（Gd、Tb、Dy、Ho、Er、Tm、Yb、Lu），中国占有的份额更多。与中国在这个领域的垄断潜力相比，恐怕连掌握了全球 69% 的石油输出国组织（OPEC）也要自叹不如。然而有趣的是，中国一直没有建立起一个稀土版的 OPEC 组织。而在大多数时间采取开放生产、开放供应的政策。相关网站提供的资料显示，2005 年，中国的稀土量曾经达到全世界的96%，出口量也达到 60% 以上。但是，稀土的定价权却不掌握在中国企业手里。与 1998 年相比，中国稀土出口量增长了 10 倍，但价格却降低了36%。

"中东有石油，中国有稀土。中国的稀土资源占全世界已知储量的80%，其地位可与中东的石油相比，具有极其重要的战略意义，一定要把稀土的事情办好，把我国的稀土优势发挥出来。"这是小平同志 1992 年南方视察时针对我国稀土资源的一段讲话。但是，曾几何时，本该物以稀为贵，然而我国稀土却卖了个"白菜价"。这里固然有国家政策失误，企业滥采滥挖、唯利是图等原因，更主要的是我国稀土产业处于稀土产业链上游，企业缺乏技术能力和核心竞争力所致。

稀土文化是稀土行业在企业文化发展的基础之上，结合稀土行业的自身特点演变过来的一种以文化视角去对待稀土行业的一种独特的价值观、信念、精神以及风俗等的总和。为此，我国当前稀土文化需要解决的问题核心是"如何把稀土的资源优势尽快转化为科技优势和经济优势"。

二、基因重组孕育出强大的新源企业文化

自公司成立至今，新源企业文化发展经历了三个历程，这种企业文化的发展是新源公司自身的突破，或是新源公司所处的环境的驱使，或是两者共同作用的结果，具体表现为三个基因文化的相互作用和重组。

1. 第一阶段：企业创立——草原文化是基础、军旅文化是主导

冀代雨运用自己的经营理念和个人魅力，非常敏锐地抓住了稀土市场的机遇，创立了新源公司。在公司成立之初的几年时间里，冀代雨对新源

公司注入了自己大量的心血，公司成立发展过程就像一位母亲在抚育一个生命，从无到有，从幼小到强大。冀代雨自己的人生思想、经营哲学、价值观等已经融入到新源公司的方方面面了，新源公司离不开冀代雨，同时冀代雨也离不开新源公司，新源梦起源于冀代雨，冀代雨丰富的人生经历与宝贵的创业经验深深地沉淀在新源公司走过的每一步并融入新源公司的血液当中。

新源公司坐落于草原地区，立足于稀土行业，草原文化与稀土文化是新源文化的内在基因，冀代雨受到军旅文化的熏陶，在新源公司成立之初，军旅文化为新源文化的建立和发展提供了思想方法以及处理问题的方式。在这个阶段，新源企业文化是以强势的军旅文化推动草原文化和稀土文化的融合。

2. 第二阶段：企业发展——三个基因文化的互动与融合

2003~2009 年，军旅文化、草原文化和稀土文化在新源公司中逐步融合。这些文化通过新源公司广大员工生产经营中的实践，不断地渗透、吸收、学习，最后融为一体，成为新源企业文化。

3. 第三阶段：企业转型发展——以草原文化和军旅文化为底色、以稀土文化为主色调

从 2009 年前后到现在，新源开始逐步地从稀土产业链上游向产业链下游发展，这种转型，有新源自己的意愿，也有受金融危机的影响，更有受国家相关政策的影响。根据"微笑曲线"，一个行业利润率高的企业集中于该行业的最上游和最下游。新源由于受到大环境的影响，向产业链下游转型，这多多少少有环境倒逼下试探性地向产业链下游发展的无奈。正如经济学家周其仁所说的："如果要问改革开放从哪里来的，它应该就是被逼出来的。这个'逼'，是促进人类进步的一个非常重要的力量。"同样对于新源来说，如果不是被倒逼着向产业链下游转型，那么在现有的政策下，新源要么被兼并，要么破产。当然这种转型多少有痛，但是，痛则说明还活着。经过这几年的科研攻关，新源的抛光粉产品线开始投入生产，新源迎来了一轮新的发展，这何尝不是成功呢？

目前我国稀土产业实现了四个世界第一：总储量第一、产量第一、出口量第一、应用量第一。出口获得资金收入并不应该是我们的主要目的，我们应该利用我们的稀土资源优势换取世界上先进的技术，即用资源换技术，让资源优势得到最大价值的利用。新源公司正是本着把资源优势转变为技术优势和经济优势的使命，提出了"稀土如金，精益求精"的口号，向着稀土新材料和高端应用领域制高点奋力攀登。

三、实践中不断完善企业文化

新源企业文化实现途径是"全员参与、强化管理、精益求精、铸造品质"。其中全员参与是方式，强化管理是手段，精益求精是前提，铸造品质是目的。全员参与首先是在新源的方针和战略制定过程中，让员工充分地参与献计献策，使新源员工可以寻求增加知识和经验的机遇。其次是在新源制定企业目标的过程中让员工普遍地参与，以及赋予新源各部门、各岗位一定的权限。再次是在新源的经营管理上，员工参与适当的决策和过程的改进。另外以小组或团队精神，共享知识和经验，新源有一套自己的团队精神：新源是一个激情、感恩、付出的团队。最后是在目标实现过程中倡导新源创新精神。

强化管理首先是指让新源所有成员从认识自己的时间运用开始，通过对自己时间的分析，将自己没有生产力的时间找出来，把零碎的时间重新组合，集中出一整段不受外界干扰的时间，这可以使自己在这段时间不会间断地处理重要的工作，在新源有一套自己的做事准则，今天的事，马上去做。明天的事，准备去做。困难的事，勇敢去做。复杂的事，细心去做。不会的事，学着去做。集体的事，带头去做。自己的事，抽空去做。其次是将新源成员的注意力从自身的才能转移到对新源的贡献上来，留意自身的成果与贡献。再次是让新源员工活用自己的长处，有效地规避自己的弱点。新源管理者循序渐进地引导员工，激发出其自身的潜藏能力。最后是决策者在制定政策方针之前，一定要投入足够的时间进行思考，通过持续不断的沟通、讨论与争辩，使制定出来的决策符合新源自身的实际。

精益求精是指不仅要在产品质量上精益求精，而且更是要在管理上精益求精。在产品上，不断地追求卓越，不断地进行创新；在管理上，新源的各项活动都必须要以最小资源的投入，包括人力、设备、资金、材料等，创造出尽可能多的价值，为顾客提供新产品和及时的服务。

品质是新源的一种重要的无形资产。对于顾客来说，有品质的产品可以在质量上能给顾客予以保证。品质对于顾客不仅意味着他们消费的产品源自何处，更重要的是与一定的质量挂钩。一个品质代表着这个产品质量和服务，凝聚着顾客、公众和社会对它的认同，吸引着相对稳定的、忠诚的客户群。新源的最终目的是要打造出新源的品质。可以给顾客传递这样的信息，只要是新源生产出来的产品，都是高质量的产品。

第二节 企业精神

企业精神（Spirit of Enterprise）指企业员工所具有的共同内心态度、思想境界和理想追求。企业信念、经营哲学、企业使命、企业愿景等都是企业精神的具体体现。

一、企业信念：无限追求

企业信念是企业在长期的生产经营管理实践中，根据自身所处的全部社会条件和活动内容，所积累的知识、经历、经验、能力及特定的需要，经过深思熟虑而逐渐形成的、自己认为正确并坚定不移的观念。诚如美国管理学家托马斯·彼得所说："一个伟大的组织能够长期生存下来，最主要的条件并非结构、形式和管理技能，而是我们称为信念的那种精神力量以及信念对组织全体成员所具有的感召力。"诚然，企业信念于一个企业，就是企业的灵魂和精髓。由于每个企业其发展与其他企业的不一样，造就了企业信念具有独特性，这种独特性深刻地影响着这个企业的价值观、信念、传统习俗以及处事方式。但是一个企业的企业信念却是该企业大多数或全体员工所共同追求的信念。

人类因追求而超越，因超越而前进，当"追求无限"成为一种信念，梦想便开始实现；正如"科技创造未来"的理念，凝聚宏伟气魄，让世界领略到新源公司的无限风光，将生活引领至无止境的未来，延伸——更自由、更宽广、更精彩的境界。"无限追求"就是新源在十多年的发展历程中形成的自己的企业信念。新源公司自成立起就一步步克服困难，一点点向前发展。新源公司在 2001 年从零开始，进行稀土氧化物的生产，到了 2002 年，新源单一高纯氧化物稀土萃取生产线试车成功投入生产，而且取得了"市场企业自营进出口权"。经过三年坚持不懈对高新技术的追求，新源公司在 2003 年获得了自治区级"高新技术企业"的认定。2003~2006 年，通过三年对质量的无限追求，新源公司两次顺利通过 ISO9000 质量体系认证。到了 2009 年，新源通过了国家级高新企业审核并取证。"无限追求"这种企业信念已经融入到新源的血液之中了。

二、经营哲学：科技创新、追求卓越、顾客至上、全员参与

企业经营哲学即企业价值观。"价值观是任何公司的基石"，艾伦肯尼迪和特伦斯迪尔在合著的《公司文化》中如是说。核心价值观指一个企业在其生产经营过程中不断坚持，能够使这个全体员工都必须信奉的信条。它是一个企业在其长期的经营发展中形成的基本理念，体现了这个企业的最根本的价值取向。"科技创新、追求卓越、顾客至上、全员参与"就是被新源全体员工所信仰和坚持的企业经营哲学。

技术创新，是指新源以技术方面的突破为基础，以市场的接受度作为判断标准，通过不断地引进新的科技并转化为生产力，使新源能够在稀土市场竞争中处于优势地位，确保新源的稳定发展。新源的技术创新首先是树立其新源全体员工的创新的意识，让新源的全体员工认识到只有技术创新才会有新源的明天。

卓越不是一个标准，而是一种境界，它不是优秀，它是优秀中的最

优，卓越是一种追求，它在于将自身的优势、能力以及所能使用的资源，发挥到极致的一种状态。新源作为稀土行业的高新企业，无论是在产品质量，还是在服务质量上，无论是在经营管理上，还是在精神文明建设上，无论是在企业规划上，还是在企业责任上，新源相对于同类企业，成绩无疑是优异的，然而新源并没有止步不前，而是积极推动管理变革。不断地提高稀土的资源配置效率，实现了集约化发展。新源以卓越的标准作为衡量依据，通过自我的不断提升，从而最终实现不断地超越。

顾客至上是一个企业能够持续经营的最基本理念，全心全意为顾客经营打理，建立起以消费者为中心的理念，时刻抱有想顾客之所想、急顾客之所急的态度，用真心诚意的态度提供周到的服务，及时妥善地处理顾客所遇到的问题，把"顾客至上"信奉为新源最基本的服务原则。

全员参与的理念是新源在实行质量管理和控制的过程中提出来的，把全员参与的理念灌输和渗透到每位员工，只有全员参与，才能从企业的上层到下层，最大限度地发挥出员工的积极性和主动性，才能形成一股巨大的企业凝聚力，为企业在市场竞争中立于不败之地打下坚实的基础。

三、企业使命：产业强国

企业使命是指企业对自身和社会发展所作出的承诺，企业存在的理由和依据，是组织存在的原因。企业使命需要说明企业的经营领域、经营思想，为企业目标的确立与战略的制定提供依据。企业在制定战略之前，必须先确定企业使命。新源公司尽管还是一个中小企业，但是新源公司具有强烈的产业报国使命意识。这是十几年来，新源公司一直扎根于稀土行业不断在实体经济领域发展的不竭动力。

四、企业愿景：塑造新源梦

如果没有企业愿景，那么这个企业就没有未来。如果没有一个成功的企业愿景，那么这个企业就不可能有持续旺盛的生命力。企业愿景是一个企业其自身的特点所转化来的各种原动力。企业愿景是一个企业文化的主体，这种主体是贯穿于这个企业全部的一种组织精神。建立起企业愿景有助于一个企业以此为基础制定出其战略计划，同时也为这个企业提供一种目标明确参照标准。

愿景好像是一种梦想，但是较之后者具备更强的可实践性和可操作性。它不是一个具体目标，而是值得人们长期去追求的理念，它可以为整个企业塑造出每个人都很乐意去追求的使命。也就是说，愿景的重要性就是大家都为它而努力、为它而拼命（施振荣，2000）。对于新源来说，新源的愿景就是新源梦。新源梦就是在新源的每一位员工积极上进的基础上，形成一种信念，这种信念就是只要经过新源人的努力不懈奋斗便能获得更好的发展，即新源人通过自己的勤奋、勇气、创意和决心使新源不断向前发展，这是引导新源人积极向上的原动力。

新源梦的内涵就是顾客满意、股东获利、员工福利、社会获益。新源首先是使顾客满意，其次是要使股东获得利益，再次是得给员工福利，最后是对社会有益。

股东是新源的投资者，如果新源股东没有给新源进行投资，那么新源也就不会存在，新源最终的目的是盈利，从而能够实现新源股东财富的积累。而这必须是要以新源的顾客满意作为前提条件的，在新源股东实现了财富的积累后，新源的利润就会得到增长，从而新源员工的待遇也会得到相应的提高，自我价值得到了认可，这样就可以把全部的精力投入到工作中，全力以赴地满足顾客的需求。新源把自己的稀土产品打造出来，就可以拉拢顾客，使新源能够在稀土产业长期地存在和发展下去。当新源的利润不断增加时，也就为社会创造了财富，有能力去回报社会，为其他企业树立了一个榜样。

"顾客至上"，顾客就是"上帝"，是新源的"衣食父母"，新源的利润依靠的是顾客。满足顾客的要求，不仅是按照顾客的需要提供高质量的产品，而且要主动地进行换位思考，研究顾客的深层需求，发现顾客的内在需求。

员工是新源的主体，没有员工新源也就不存在。新源的发展与员工的发展和待遇根本上是相一致的。员工努力工作，是为了新源能够更好地发展，同时新源的发展也是为了员工的待遇相应地提高。员工在得到了相应的物质待遇的基础上，工作的积极性就会得到相应地提高，新源才能够得到更快更好地发展。撇开员工工作的积极性，谈新源的发展是不现实的。

在一个企业发展到一定基础上，就必须对社会担负起一定的责任。新源就是以回报社会为宗旨的。新源认识到只有获得社会的尊重和赞誉，才能获得进一步的发展。热心公益事业，在注重经济效益的同时注重环境效益，这都是新源的重要的责任。

第三节　企业行为

企业行为即企业文化的行为层，是指企业员工在企业经营、教育宣传、人际关系活动、文娱体育活动等产生的文化现象。它是企业经营作风、精神风貌、人际关系的动态体现，也是企业精神、企业价值观的折射。企业行为文化建设的好坏，直接关系到企业职工工作积极性的发挥，关系到企业经营生产活动的开展，关系到整个企业未来的发展方向。

一、以团队精神营造积极向上的文化氛围

团队精神是组织文化的一部分，团队精神是大局意识、协作精神和服务精神的集中体现，核心是协同合作，反映的是个体利益和整体利益的统一，并进而保证组织的高效率运转。

（1）打造"员工之家"，丰富员工业余文化生活，营造和谐奋进的企业文化氛围。新源公司在抓好生产经营的同时，高度重视员工后勤文化生活的建设，按照"先生活、后生产"的要求，对宿舍进行了改善性维修，建立了员工之家，增设了部分娱乐设施。新源公司建立了健身房、篮球场、乒乓球室等娱乐设施，员工通过锻炼，提高了身体素质，减少了"办

公病"，可以以更加饱满的热情投入到工作当中，企业也会因为这一笔小小的投资，减少了员工请病假的概率，也减少了社保医保方面的投入，同时也从根本上改变员工的生活品质，从而提升员工的忠诚度，让员工在工作之余能有丰富多彩的业余生活，这也能激发员工的创造力和幸福感，形成企业强大的内部凝聚力。

自从员工之家开放以来，员工闲暇之余相约来到员工之家，开展各类健身活动，下象棋、打乒乓球等。在活动室内，有舞动球拍、追逐乒乓球的身影，有专心致志、瞄准住球的情形，还有冥思苦想、切磋棋艺的高手；在篮球场上，你争我抢、你防我攻，更是热闹。大家在娱乐的同时锻炼了身体、放松了身心，也加强了相互之间的交流，拉近了员工之间的距离，增强了员工的凝聚力和责任感，有力地促进了企业文化建设。

图7-1 公司员工业余体育活动

（2）新源公司每年定期组织员工旅游，通过旅游活动增强员工认同感。通过旅游给了大家一次相互了解、彼此熟悉的机会，也看到了大家在生活中的另一面。工作中员工追求严谨、一丝不苟。但在生活中员工有着永远年轻的心态去享受生活。他们爱工作也热衷生活。两者是相辅相成的。新源组织旅游是工作和休闲的一次很好的衔接，一次身心的放松是为了重新积聚力量投入日后的工作中。整个过程之所以这么圆满，这与新源的细心和考虑问题的全面是分不开的，从选团、定路线、采购食物。每一个细节都考虑得周全，才让员工玩得舒心尽兴。旅游归来，让员工对公司更增加了一种亲切感和认同感。新源通过组织员工出去旅游，体现新源对员工的关爱，另外这种集体活动可以增进员工感情和团队凝聚力，最后当员工外出开阔视野回来后可以更好地促进自身工作。

图7-2 公司组织的旅游活动

（3）新源公司每年末都举办年会，进一步增强员工团队凝聚力。年会可以振奋新源员工，凝聚新源人心。公司通过举办年会活动，员工与领导欢聚一堂，相互交流，增进感情，拉近距离，同时在这样的年会上，领导可以说一些鼓励员工话语，可以给优秀员工相应的奖励，奖励先进，激励后进，为新源的发展营造一个良好的氛围，增进互信，加强团结，增强凝聚力、战斗力。另外年会也是一个难得的休息机会，新源借助年会活动，为辛勤一年的员工营造一个开怀畅饮、开怀畅谈的机会，同时也可以借助年会活动展示一下员工自己的特长，为枯燥的工作生活增添一些乐趣。年会作为新源一年当中最重要的活动，这已经成为传统，这一传统也是现代企业彰显人性化的一个重要方面，是企业文化的需求。

图 7-3　新源公司迎新春联欢会暨总结表彰会

二、以"双爱双评"活动为契机推进劳资关系和谐

通过参与开展包头市工会组织的"双评双爱"活动，2007 年新源公司荣获包头稀土高新区工会颁发的"双评双爱"先进企业，企业劳资关系有了明显改善。通过公司内部持续开展"双评双爱"活动，2012 年新源公司荣获包头市委、市政府"吸纳就业、关爱员工"先进企业，企业劳资关系进一步融洽。

"双评双爱"活动即评爱企业的优秀员工，评爱员工的优秀经理；企业爱员工、员工爱企业活动，是全国工会系统的主要活动载体，是深入学习实践科学发展观，建设和谐企业、和谐社会的重要举措；是建立稳定和谐劳动关系，充分调动经营者、劳动者的创造性和积极性，不断增强企业凝聚力和竞争力的评价体系。同时，通过提高企业的管理水平和经济效益，改善员工的劳动条件、福利待遇和技能素质，实现"关爱员工、实现双赢"的目标。

包头市举办的"双爱双评"先进企业、先进个人和优秀企业家应分别具备下述条件。

先进企业条件：①企业依法建立工会，工会组织健全，依法独立自主地开展活动，工会工作富有成效并得到职工群众的认可。②《劳动法》、《工会法》赋予员工的各项权利得到有效的落实，依法建立起防范违法用工和侵犯员工合法权益的人力资源管理制度。在劳动用工方面，近三年内没有发生违法行为和重大劳动争议事件。③依据《劳动法》、《工会法》的规定，工会主席依法参加或列席了董事会，企业建立工资协商谈判、集体合同制度，建立劳动争议调解组织，建立职代会制度或相适应的民主管理形式，并发挥积极作用。企业依法拨交工会经费，支持开展工会工作。④职工关心企业生产经营，认真做好本职工作，积极参加劳动竞赛、合理化建议等活动。⑤企业关心职工生活，注意安全生产，随着企业的发展，生活条件、劳动条件、作业环境不断得到改善。近三年内没有重大安全责任事故。

优秀员工条件：①热爱本职工作，兢兢业业、扎扎实实，为企业发展勤奋工作，努力完成生产、科研和经营任务，成绩突出。②具有爱国敬业的精神，积极维护企业的稳定和团结，为非公有制企业健康发展建言献策，支持企业依法经营管理，遵守劳动纪律和职业道德，模范执行劳动安全卫生规程，积极参加开展技术革新、劳动竞赛和提合理化建议活动，为企业发展做贡献。③努力学习，积极参加职业教育，努力提高自己的素质和技能，在周围职工中积极倡导讲学习的风气，营造强化学习的氛围。

优秀企业家条件：①所在企业劳动保护措施健全有效，近三年内无重大工伤事故。②所在企业无使用童工、歧视女工、侵害人身自由和人格尊严现象。以人为本，关心职工。③所在企业的劳动用工制度、工资分配制度以及其他内部管理制度符合国家《劳动法》等有关法律法规，企业与职工依法签订了劳动合同、集体合同，无拖欠工资、超时加班现象，没有发生过重大劳动争议案件。④所在企业已按规定参加养老、失业、医疗等社会保险；及时足额缴纳各项社会保险费；缴纳"三险"职工数及其占企业职工总数比重名列前茅；依法纳税。⑤所在企业重视职工素质教育和业务技术培训，有员工培训计划，落实情况良好，技术工种有上岗证。⑥所在企业工会是模范职工之家，在行政的支持下规范地开展工作。建立平等协商和集体合同制度、劳动争议调解制度、职代会制度或相适应的民主管理形式，建立稳定协调的劳动关系，依法拨交工会经费，积极开展职工互助保障和对困难职工的帮困救助工作。

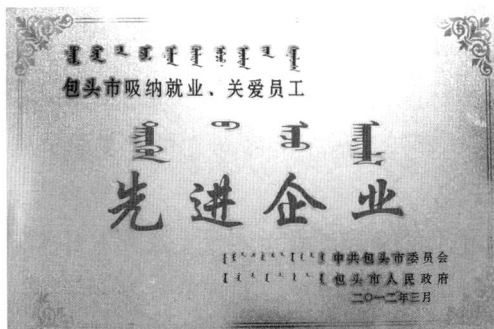

图7-4 公司荣获"吸纳就业、关爱员工"先进企业

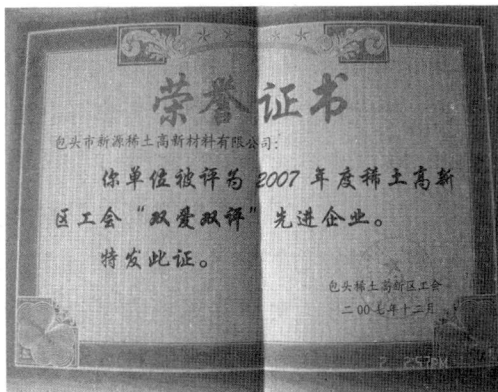

图7-5 新源公司荣获"双爱双评"荣誉证书

三、以党支部文化促进学习型组织建设

中共十八大报告指出："要加大非公有制经济组织、社会组织党建工作力度，全面推进各领域基层党建工作，扩大党组织和党的工作覆盖面，充分发挥推动发展、服务群众、凝聚人心、促进和谐的作用，以党的基层组织建设带动其他各类基层组织建设。"民营企业党的基层组织建设关系着中国特色社会主义事业的发展。

新源党支部成立于2004年，在高新区党工委以及新源公司领导的关怀下，按照上级党组织的要求完成了党支部的组建工作。党支部自组建以来，不断地强化党组织力量和党性意识，充分发挥党支部在组织中的战斗堡垒作用，通过倡导团队理念来加强党建工作。团结以党员为核心的员工队伍，推动学习型组织文化建设，从而增强党组织凝聚力和战斗力。新源公司自党支部成立以来共发展了6名新党员，新源公司党支部现有党员15人。

2000年9月，中共中央组织部发出《关于在个体和私营等非公有制经济组织中加强党的建设工作的意见（试行）的通知》（以下简称《通知》）。该《通知》认为，党组织在非公有制经济组织中具体有以下八项职责：①宣传贯彻党和国家的路线方针政策，引导和监督企业遵守国家的法律、法规，依法经营，照章纳税。②关心企业生产经营的重大问题，提出意见和建议，支持和促进企业发展。③加强党员的教育管理，做好发展党员工作，发挥党员的先锋模范作用。④做好职工思想政治工作，团结和依靠职工群众，关心和维护职工的合法权益。⑤加强社会主义精神文明建设，建设有理想、有道德、有文化、有纪律的职工队伍。⑥协调企业内部各方面的关系，坚持原则，化解矛盾，维护企业和社会的稳定。⑦领导工会、共青团等群众组织，支持它们依照法律和各自章程独立自主地开展工作。⑧完成上级组织交办的任务。

新源公司党建工作的基本目的，是要通过"以人为本"的管理理念，把服务员工作为基本任务和开展工作的切入点，提高党员对党的事业的忠诚度，"廉洁自律，爱岗敬业"，树立起党组织在各方面的认同感，推动学习型组织的建立，为企业的发展尽心尽力。新源公司因在企业党建中的巨大成绩，企业董事长兼总经理冀代雨同志荣获优秀党务工作者荣誉称号。

概括来说，新源公司党建工作的主要做法有：

（1）树立"一个党员一盏灯，一个党员一面旗"的思想，充分发挥党员在民营企业思想政治工作中的重要作用。公司每月组织一次党员民主生

图7-6 冀代雨同志荣获优秀党务工作者荣誉称号

活会，学习党章要求，党建工作，党的基本路线、方针、政策。发挥老党员的先锋模范带头作用，发扬"一帮一、一带一"的优良传统，对入党积极分子精心培养，做到成熟一个、发展一个，不求数量，而且保证发展党员的质量。

（2）坚持"以人为本"的理念，培养发展人才。把党建工作与企业文化建设相结合，积极推进职工培训工程，除不断引进吸收人才外，公司鼓励员工学习深造，制定了员工学习深造政策，公司补贴费用，并与员工签订培训合同。例如，2010年与9名部门主管签订MBA培训合同，多次出资外聘专业老师来公司现场讲学授课，为员工营造了学习氛围，不断提高职工素质和技能水平，很好地体现了党组织建设把加强教育，严格管理与关心职工结合起来。

（3）公司党建促进"创建精品企业、花园式工厂"工作。多年来，党支部每年在植树季节组织党员和积极分子义务植树种草，美化环境，现公司的绿化面积达到1.58万平方米，已形成一个绿色环保的花园式工厂。党支部工作一直坚持经济发展与环境治理并举，在公司严格实行5S现场管理，使得内部规范有序，环境清洁整齐，完全杜绝了脏、乱、差现象。在美化环境的同时，党支部还创造条件丰富员工的文化生活，开辟了员工活动室，室内配置了乒乓球台、台球案、图书室，室外设置了篮球场、羽毛球场等，工余时间，员工们尽情地享受文化生活的乐趣。

（4）公司党建工作的开展使企业发展与精神文明建设得到同步的提

升。几年来，尽管稀土行业起起伏伏，而新源稀土始终稳步发展，为国增收的同时，员工也得到极大地实惠，员工的精神面貌也发生了变化，几年来新源没有出现过违法乱纪、寻衅滋事的，而出现的是主动为国分忧，主动承担社会责任，2008 年汶川地震后，在党支部的倡导下，党员和积极分子主动捐款献爱心，带动全体员工积极响应，玉树地震，员工们照样慷慨解囊。同样新源通过党建工作，使企业不仅自觉地履行经济责任，而且自觉地履行着政治责任和社会责任，共为 15 名学生资助完成学业，拿出9.5 万元支持社会公益事业，新源董事长兼总经理多次被评为开发区及市级优秀共产党员，充分体现企业党建与企业发展是相互促进的互动关系。

图 7-7　公司党支部会议和倡议

四、以清洁生产推动企业绿色化发展

清洁生产是一种全新的发展战略，它借助各种相关理论和技术，在产品整个生命周期各个环节采取预防措施，通过将生产技术、生产过程、经营管理及产品等方面的物流、信息等要素有机结合起来，优化运行方式，从而实现最小的环境影响，最少的资源、能源使用，最佳的管理模式以及最优化的经济增长水平。

开展清洁生产可以大大减轻末端治理负担。末端治理作为目前控制污染的重要手段，为保护环境起到了较为重要的作用。然而，随着工业化发展进程的加速，末端治理这一污染控制模式的种种弊端逐渐显露出来。第一，末端治理设施投资大、运行费用高，企业成本增大、经济效益下降；第二，末端治理存在污染物转移等问题，不能彻底解决环境污染；第三，末端治理未涉及资源的有效利用，不能制止自然资源的浪费。而清洁生产从根本上摒弃了末端治理的弊端，它通过源头削减、全过程控制来减少或消除污染物的产生和排放。

开展清洁生产是提高企业市场竞争力的最佳途径，能实现经济、社会和环境效益的统一，提高企业市场竞争力，是企业的根本要求和最终归宿。开展清洁生产的本质在于实行污染预防和全过程控制，它将给企业带来不可估量的经济、环境和社会效益。

新源公司自成立以来一直以"高起点、高标准、严要求"为原则，以"节能、降耗、减污、增效"为宗旨。大力开展清洁生产，推动企业绿色化方向发展，在获得企业经济效益的同时，也获得较好的环境效益和社会效益。2005 年新源公司被包头市环境等级评价系统测评为蓝色企业；2006年作为国家首批开展清洁生产的企业，通过了清洁生产验收；2006 年开展了环境风险评价工作并通过验收；2012 年 2 月通过了第二轮清洁生产审核，2012 年 3 月通过国家环保部环保核查。因在环境保护方面的持续努力，2012 年 5 月 10 日，环境保护部公布了第二批符合环保法律法规要求的稀土企业，新源公司名列其中。

五、以实际慈善行为履行广济天下的社会责任

一个企业的真正价值，不仅在于它所创造的利润，更在于它对社会所做的回报与贡献。企业社会责任也正是企业实现自我价值的一个重要表现。企业从事社会公益活动，其一，可以提升企业自身的商誉，这是企业的无形资产。其二，可以借此教育员工，增强员工和企业的凝聚力。其三，可以建立一种积极向上的企业文化。其四，有助于搞好政府与企业的关系，便于开拓市场等。

新源在不断发展的同时，也没有忘记回报社会。多年来，安置了近百名下岗失业人员，并积极参加各种公益活动，如"博爱一日捐"、"圆

梦大学爱心助学"、"温暖 2008 新春行动"等，为公益事业做出了应有的贡献。

2007 年 11 月，包头市红十字大会筹集慈善资金"博爱一日捐"的活动中，新源捐款 2000 元，为需要帮助的人送去温暖。在 2008 年汶川大地震发生时，新源向红十字协会捐款 10000 元帮助灾区同胞渡过难关。

2009~2013 年为推动我国稀土界最新的动态信息、市场商情，推广稀土新技术、新产品，打开我国的稀土同国外的信息交流之窗，促进进出口贸易和中外企业的合作，新源公司向英文稀土信息网共捐款 47000 元。

为了帮助家境贫困的学生更好地完成学业，新源公司分别于 2010 年 4 月和 2011 年 8 月捐款 10000 元、3000 元资助贫困学生。2011 年 4 月青海玉树发生 7.1 级地震，新源向灾区捐款 20000 元，支援灾区早日战胜灾害，重建家园。另外在 2011 年 12 月高新区团委组织的冬季恋歌活动中新源捐款 10000 元、2011~2012 年新源向市共青团委共捐款 100000 元，支持共青团委的活动。2013 年 1 月新源为青年创业者捐款 50000 元。为了下一代能更好地成长，新源分别于 2013 年 4 月、8 月向青少年发展基金会及红十字会捐款 50000 元、20000 元帮助贫困学生。2005~2013 年累计为困难员工补助 12000 元。

新源公司一系列的慈善行为表明，这是一个对社会负责任的企业，慈善事业已经成为新源公司战略中一个重要组成部分。新源公司将慈善与公

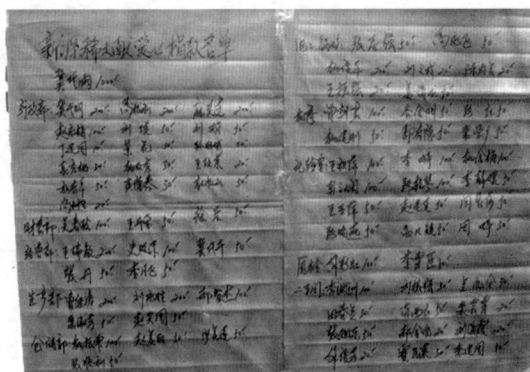

图 7-8 新源公司爱心捐款名单

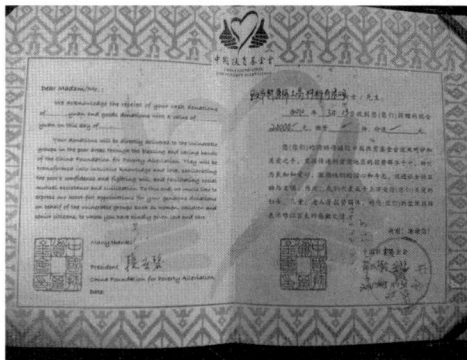

图 7-9 公司为中国扶贫基金会捐款证书

司的战略相结合，已然是企业社会责任的一个更高境界，这样可以使慈善的社会效果最大化。

第四节 企业形象

企业形象是指人们通过企业的各种标志而建立起来的对一个企业的总体的印象，是企业文化的一种外在表现形式。这种印象是通过人体的感官传递获得的。企业形象能否真实反映企业的精神文化，以及能否被社会各界和公众舆论所理解和接受，在很大程度上取决于企业自身的主观努力。对于企业来说，一方面要努力扩大正面形象，另一方面要努力避免或消除负面形象，两方面同等重要，因为往往不是正面形象决定用户一定购买某企业产品或接受某项服务，而是负面形象一定使得他们拒绝购买该企业产品和接受其服务。

一、厂容厂貌：花园式工厂

走进新源公司，一股清新、自然、和谐的绿色气息扑面而来。花园式工厂是一种健康、典雅、舒适的生产生活环境，这与草原文化和新源文化相得益彰。体现了新源公司以人为本、关爱生命、关注环境的绿色发展理念和方式。自新源公司成立的那一天起，公司就开始重视环保，坚持绿化，倾力打造花园式工厂，为员工创建良好的生活和工作环境。

图 7-10　新源公司厂容厂貌

图 7-11　厂区一角

二、公司网站与宣传册：诚信企业

企业网站是一个企业在互联网上进行形象宣传的重要平台，企业网站不仅对企业的形象是一个良好的宣传，也可以帮助企业进行产品的销售。新源公司在发展的过程中建立了自己的网站，在新源公司的网站上，可以全面详细地了解公司生产经营状况、产品型号、产品质量、员工风采、稀土产业政策等，有助于提升新源企业品牌形象，与企业宣传册的功能相辅相成。

图 7-12 新源公司网站截图

企业宣传册是一般以纸质材料为直接载体，以企业文化、企业产品为传播内容，是企业对外最直接、最形象、最有效的宣传形式，宣传册是企业宣传不可缺少的资料，它能很好地结合企业特点，清晰表达宣传册中的内容，快速传达宣传册中的信息，是宣传册设计的重点，一本好的宣传册包括环衬、扉页、前言、目录、内页等，还包括封面封底的设计。宣传册设计讲求一种整体感，从宣传册的开本、文字艺术，以及目录和版式的变化，从图片的排列到色彩的设定，从材质的挑选到印刷工艺的质量，都需要做整体的考虑和规划，然后合理调动一切设计要素，将它们有机地融合在一起，服务于企业内涵。企业宣传册是一个企业宣传其产品和服务的重要表现形式之一，由于一些顾客在时间和空间的问题，不能直接去公司考察，因此，企业宣传册就成了一个重要的展示平台。

新源的宣传册反映的是新源的企业文化、企业资质、厂容厂貌、生产线、企业产品等，通过图片或图文结合的方式，对新源的产品和服务进行主要的宣传。

图 7-13　新源公司宣传册封面

图 7-14　企业形象：一个有社会责任感的诚信企业

三、新源商标：知名品牌

商标指的是一个企业的标志，甚至是一个企业的形象。设计一个企业商标的主要目的是增加企业的辨识度，提高企业形象，与同行企业区别开来，独树一帜。商标最深层的含义和意义是其品牌价值、企业文化和独特的个性。精美的商标才能吸引用户，才能让用户对品牌有一种眷恋。有内涵的商标才能让用户认识品牌、记住品牌。所以，对于企业来说，设计一个既精美又有内涵的商标是尤为重要的。如今，商标已经慢慢地成为一个企业最重要的无形资产。因为，让一个用户记住一个企业名称远远没有记住一个商标那样的根深蒂固，商标是企业形象的核心。

新源公司生产的高纯稀土系列产品和高端稀土抛光材料从化学指标及物理状态均属于行业先进水平。新源多年来依靠雄厚的技术实力，打造出如下商标：

图 7-15　新源公司商标

该商标产品广泛应用于冶金、机械、石油、化工、玻璃和陶瓷等领域和液晶显示屏、LCD 模块、ITO 导电玻璃、高清晰度电视屏、光掩膜、TFT 玻璃基板的抛光以及眼镜片、手机玻璃、表玻璃、工艺玻璃及饰品的抛光等高科技领域，该品牌的产品品质好、销售量大、销售区域广泛，为新源公司创造了年产值 3000 万元的直接经济效益，产品不但在国内销售良好，还因其产品质量高、用户投诉少、售后服务好等，深受国外客户的青睐。

新源商标于 2005 年申请注册，专门对商标管理、使用、保护制定了管理办法，为宣传新源稀土的品牌，新源公司每年都投入一部分资金，利用宣传栏、展板、报纸、网络、宣传册、国际展览会等多种方式对企业形象进行宣传，通过宣传提高了新源的知名度，扩大了品牌的知名度和信誉度，维护了商标声誉，加强了对商标的保护，进一步增强了产品的市场竞争力，扩大了新源公司的影响力。

稀土作为国家的战略资源，包头又称为稀土之都，稀土产业的发展对于包头市经济社会又好又快发展有着重要的作用。稀土高纯系列产品和高端稀土抛光材料作为稀土产业深加工的重要环节，可以进一步推动包头稀土产业做大做强。新源公司生产的高纯稀土系列产品和高端稀土抛光材料在国内稀土高端市场有较大的市场占有率和良好的美誉度，申请包头知名商标对于提升企业的形象，进一步保护包头市本土企业有着重要的意义。

近十几年来，新源公司完成了稀土产业调整升级项目等多项科研任务，开发了 10 余类 20 多个规格的高纯稀土系列产品和 16 个高端稀土抛光材料系列产品，多个产品国内领先、国际先进。特别是申请"新源稀土"商标以来，企业科研和发展进入了高速增长期，是国家北方稀土行业生产力促进中心重点支持企业；2004 年被中国稀土网评为中国稀土企业十强。新源公司于 2006 年 10 月参加第八届中国国际高新技术成果交易会，新源所生产的高纯系列产品被中国国际高新技术成果交易会组委会评为优秀产品。

新源公司注重对商标的宣传。不仅通过宣传栏、《包头晚报》、稀土杂志、网络、国内的电视进行宣传，而且每年参加稀土国际展览会进行产品展销，自公司成立以来在商品宣传上使用的广告费累计达 20 多万元，大大提高了本商标的宣传力度。

目前新源公司所有的宣传材料、产品样本、产品包装、新源网站、参加展会和产品铭牌上均使用"新源稀土"商标。连续四届稀土国际展览会的展品和宣传材料上均使用了该商标。

为加强商标管理，强化新源员工商标意识，正确运行商标战略和策略，不断提高商标的信誉价值，争创驰名商标，利用新源商标的无形资产实现内强素质、外树形象战略，进一步开拓市场，提高效益，加速发展，新源公司对于商标有着严格规范的管理制度。这种管理制度，是为了确保新源商标的显著性、独创性，确保商标依法正确使用，确保商标所指定的商品质量与创新，确保商标专用权不受侵犯及其价值不断增值。

1. 新源商标的使用管理

新源公司行政部是商标管理的主管部门，其职责是：由行政部人员负责商标日常事务，销售部门负责主管商标流通过程中的商标（含广告宣传、商标标识的委托印制等）管理，生产部门制定与商标相关的产品质量标准、工艺操作规程，质检部负责商标产品出厂的检验工作。

新源公司行政部首先组织对本企业商标的设计、评估、办理各项商标的注册申请、变更登记等事宜，负责管理本企业的各项商标事务。其次负责处理新源商标被侵权及纠纷案工作；另外负责商标的档案管理、信息处理。再者负责与政府行政管理部门联络。与政府商标管理部门保持联系，接受专业指导，掌握商标政策法规，了解商标信息，以提高商标管理水平。

2. 商标的使用要求

首先在使用新源公司注册商标前，应确认其使用是在核定的商品范围内。其次对所注册的商标在使用过程中做到注册商标与印制商标标识完全一致，不得擅自改变其组合与图案。对于注册商标，必须在国家商标局核定使用的范围内使用，不得超出核定使用的范围使用注册商标。最后根据国家商标局的规定，连续三年不使用的注册商标将有可能被依法撤销。故对新源的注册商标，应每年进行内部检查，列出存在的问题并作出整改措施。在注册期届满前，应及时进行续展。

3. 商标的使用许可

新源公司为注册商标的所有人，新源公司所属各部门是商标的当然使用人。新源公司所属质量管理部，负责经办商标使用许可的部门，应经常对使用许可商标的厂家进行抽样检测，并向当地的政府质检部门咨询其质量状况。注册商标标识的印制，应严格按照《商标印制管理办法》的规定。承印单位必须持有工商部门核发的《印制商标单位证书》及《商标印制业务管理人员资格证书》。

4. 商标的保护与处罚

新源公司建立和完善产品质量保护体系，优化产品质量，争创驰名商标，保障消费者利益，维护商标信用的最大化。如果新源公司在经营管理中，发现有侵犯或可能侵犯本新源注册商标的行为时，应及时向新源公司的有关职能部门汇报。另外新源公司商标注册信息、使用信息、商标策略等，作为新源公司的商业秘密，员工应依照商业秘密保守规则予以保密。任何人员未征得商标管理领导小组审查同意，不得向外订购，制版注册商标的图形和字样及包装装潢和广告（包括礼品袋纸盒、包装箱、吊牌、合格证等印刷及装饰性商标图案和字样）。任何部门和个人不准复印、偷盗、倒卖商标，一经发现，按《商标法》追究相关法律责任。对于外借、转让新源商标的行为视其情节影响予以经济处罚、行政处分，直至追究法律责任；对于发现仿冒、伪造新源商标或利用新源商标进行商务活动的举报者予以奖励。

第八章 安全生产

安全生产是指这样一种状态下的工业生产，消除了引起死亡、伤害、职业病或财产损失、设备的损坏或损失或环境危害的条件。安全生产包括两个方面：一是消除危害人身安全健康的一切不良因素，保障雇员的安全和健康，使之能舒适地从事工作；二是消除损害设备、产品和其他财产的一切危险因素，保证生产正常进行。早在 1916 年，著名管理学大师亨利·法约尔在《工业管理和一般管理》中开宗明义地指出："企业的全部活动可以分为以下六组：技术活动、商业活动、财务活动、安全活动、会计活动和管理活动。"[①]"安全活动"（保护财产和人员）和"安全职能"被提升到与其他五项活动和职能并列的地位，可见，安全活动和安全职能在工业企业中的重要地位。

包头新源稀土公司自成立以来一直重视企业安全生产工作，公司成立 10 多年来未发生一起严重的安全生产事故，2006 年公司开展了企业安全生产现状评价工作并通过验收，2012 年 10 月通过安全生产标准化创建三级达标，2012 年 12 月经包头市安全生产监督管理局批准，新源稀土公司荣获安全生产标准化三级企业（有色其他）资质（见图 8-1）。

---

①亨利·法约尔. 工业管理与一般管理（中译本）[M]. 周安华等译. 北京：中国社会科学出版社，1998.

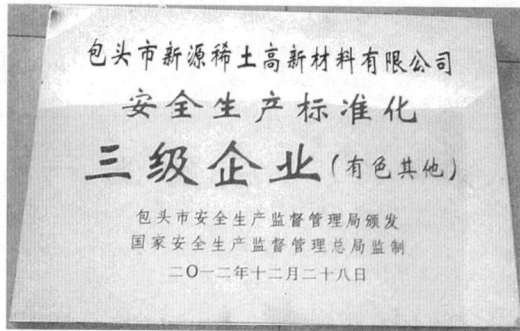

图8-1 新源公司荣获安全生产标准化资质

第一节 安全生产责任制

安全生产责任重于泰山，尤其像新源稀土公司这样从事稀土原材料生产和稀土新材料制造的企业更是如此。安全生产是关系到公司和员工生命财产安全的大事，落实安全生产责任制是做好安全工作的关键。公司从"安全第一、预防为主"的原则出发，落实各级安全生产责任制。企业法定代表人是企业安全生产的第一责任人，贯彻"管生产必须管安全，谁主管谁负责"的原则，各级领导人员和职能部门，必须在各自工作范围内，对实现安全生产负责。树立安全生产人人有责的意识，每个职工都必须在自己岗位上认真履行各自的安全职责，实现全员安全生产责任制。生产要服从安全的需要，实现安全生产和文明生产。对在安全生产方面有突出贡献的部门及车间或个人要给予奖励；对违反安全生产制度和操作规程造成事故的责任者，要给予严肃处理，触及刑法的，交司法机关处理。

一、安全生产组织机构

为了实现公司安全管理纵向到底，横向到边，全员参与，科学确定安全生产责任制和安全生产工作目标的落实，新源公司制定的安全管理组织机构如图8-2所示。

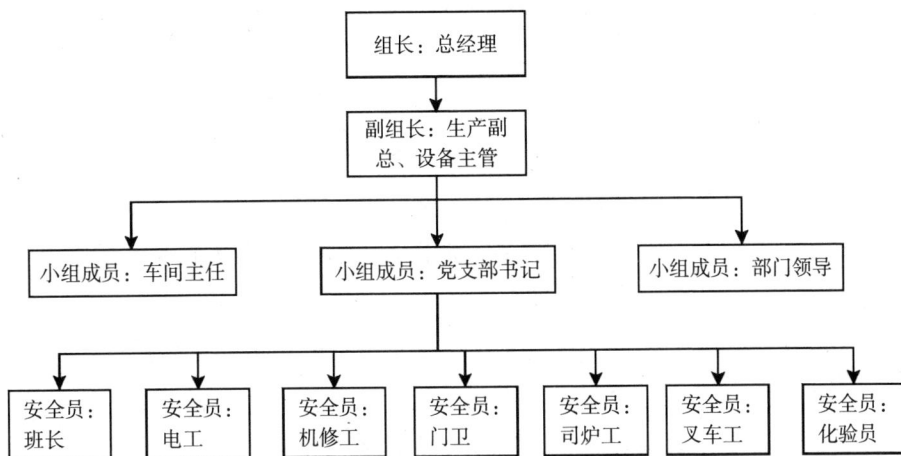

图8-2　新源公司安全生产组织机构

二、安全生产责任制主要内容

1. 公司领导安全职责

（1）安全领导小组，由公司领导和部门负责人组成。

其主要职责是：

①全面负责公司安全生产及安全防火管理工作，研究制订安全生产技术措施和劳动保护计划，实施安全生产检查和监督，调查处理事故等工作。

②负责对公司职工进行安全生产教育与新员工的安全培训工作，制定安全生产实施细则和操作规程。实施安全生产监督检查，确保生产安全。

③协助公司领导贯彻执行劳动保护法令、制度，综合管理日常安全生产工作。

④汇总和审查安全生产措施计划，并督促有关部门切实按期执行。

⑤制定、修订安全生产管理制度，并对这些制度的贯彻执行情况进行监督检查。

⑥组织开展安全生产大检查。经常深入现场指导生产中的劳动保护工

作。遇有特别紧急的不安全情况时，有权指令停止生产，并立即报告领导研究处理。

⑦总结和推广安全生产的先进经验，搞好安全生产的宣传教育和专业培训。

⑧根据有关规定，发放符合国家标准的劳动防护用品，并监督正确佩戴和使用。

（2）总经理安全职责。

①总经理是企业安全生产的第一责任人，对企业的安全生产工作全面负责，要"为官一任，保一方平安"。

②加强安全生产管理，负责建立并落实全员安全生产责任制。

③严格执行国家有关安全生产的方针、法律、法规、政策和制度，加强对职工进行安全教育培训，接受安全培训考核。

④审定安全生产规划和计划，确定公司安全生产目标。签发安全规章制度、安全技术规程，批准重大安全技术措施，切实保证对安全生产的资金投入，不断改善劳动条件。

⑤检查并考核所属单位安全生产责任制落实情况。

⑥负责健全安全生产管理机构，充实专职安全技术管理人员。听取安全工作汇报，决定安全工作的重要奖惩。

⑦主持召开安委会会议，研究解决安全生产中的重大问题。

⑧组织对重大事故的调查处理，落实事故"三不放过"原则。

⑨签发公司关于安全生产保证基金管理办法，落实安全保证基金的缴纳，审批返回基金的使用。

⑩监督年度安全工作计划逐条落实到当年具体工作安排中。

（3）副总经理安全职责。

①按"谁主管谁负责"的原则，在技术上对本企业安全生产工作全面负责。

②加强安全技术管理，积极采用安全先进技术和安全防护装备，组织研究落实重大事故隐患整改方案。

③在组织新厂、新装置以及技术改造项目的设计、施工和投产时，做到职业安全卫生设施与主体工程同时设计、同时施工、同时投产。

④审查企业安全技术规程、操作规程和安全技术措施项目，保证技术上切实可行。

⑤负责组织制订生产岗位尘毒等有害物质的治理方案、规划，使之达到国家卫生标准。

⑥参加上报公司事故的调查，组织技术力量对事故进行技术原因分析、鉴定，提出技术上的改进措施。

⑦按照上述安全职责，每年制定副总经理年度安全工作计划，逐条落实在当年具体工作安排中。

（4）生产副总经理安全职责。

①按照"管生产必须管安全，谁主管谁负责"的原则，对企业的安全生产负主要责任。

②组织制定、修订和审批生产安全规章制度、安全技术规程及安全技术措施计划，并组织实施。

③监督检查生产职能部门安全职责履行和各项安全生产规章制度的执行情况，及时纠正生产中的失职和违章行为。

④组织生产职能部门对生产事故的调查处理，并及时上报。

⑤组织安全生产大检查，落实重大生产事故隐患的整改，负责审批特级动火。

⑥负责安全培训、教育和考核工作。

⑦定期召开安全生产工作会议，分析企业安全生产动态，及时解决安全生产存在的问题。

⑧按规定负责安保基金的使用管理。

⑨组织开展安全生产竞赛活动，总结推广安全生产工作的先进经验，奖励先进单位和个人。

⑩按照上述安全职责，每年制定生产副总经理年度安全工作计划，逐条落实在当年具体工作安排中。

（5）设备主管安全职责。

①按"谁主管谁负责"的原则，对机动、设备系统的安全工作负责。

②组织制定、修订和审批机动、设备安全管理规章制度、设备安全技术规程，并组织实施。

③监督检查各项机动、设备安全管理规章制度执行情况，及时纠正失职和违章行为。

④负责组织公司设备事故的调查、处理，及时向上报告。

⑤组织机动、设备安全大检查，落实设备隐患整改，制定安全防范措施。

⑥负责大检修的安全管理和外来检修人员的安全教育。

⑦定期召开机动、设备系统的安全生产工作会议，分析机动、设备安全生产动态，及时解决存在的问题。

⑧组织机动、设备系统参加安全生产竞赛活动，总结先进经验，奖励先进部门和个人。

⑨按照上述安全职责，每年制定机动、设备主管年度安全工作计划，逐条落实在当年具体工作安排中。

2. 职能部门安全职责

（1）厂区行政部（公司行政部派出机构）安全职责。

①协助企业领导贯彻上级有关安全生产指示，及时转发上级和有关部门的安全生产文件、资料。做好公司厂区安全会议记录，对安全部门的有关材料，及时组织会审、打印、下发。

②组织检查落实干部值班制度。

③负责对临时来厂参观学习、办事人员检查登记和进行进厂安全教育。

④搞好所管辖单位的安全工作，制定和健全安全生产责任制和规章制度。

⑤在安排、总结工作时，同时安排、总结安全工作。

⑥建立健全本部门的安全职责、规章制度及各种设备的安全管理制度和安全技术操作规程。

⑦负责本部门的安全工作，组织安全检查、安全教育和隐患整改。

⑧负责按规定标准做好保健食品、防暑降温饮料供应、发放工作。

⑨负责食堂、所属仓库的安全防火管理和饮食卫生，防止食物中毒。

⑩负责本部门所属锅炉、液化气罐、热水加热器、电气设备及其他设备的安全管理。

⑪负责行政、生活设施、建筑物的安全卫生管理。

⑫组织本单位事故调查、处理、统计上报工作。

（2）生产技术部安全职责。

①及时传达、贯彻、执行上级有关安全生产的指示。

②在保证安全的前提下组织指挥生产，发现违反安全生产制度、规定和安全技术规程的做法，应立即制止并向领导报告，及时通知安全领导小组共同处理，严禁违章指挥、违章作业。

③在生产过程中出现不安全因素、险情及事故时，要果断正确处理，立即报告主管领导并通知有关职能部门，防止事态扩大。

④参加安全生产大检查，随时掌握安全生产动态，对各车间的安全生产情况及时在生产会上给予表扬或批评。

⑤负责贯彻操作纪律管理规定，杜绝或减少非计划停工和跑、冒、漏事故，实现安全生产。

⑥负责生产事故（非计划停工和跑、冒、漏事故等）的调查处理、统计上报工作，及时向公司安全部门报告，参加其他事故的调查处理。

（3）机修动力部安全职责。

①贯彻国家、上级部门关于设备设计制造、检修、维护保养及施工方面的安全规定和标准，做好主管业务范围内的安全工作。负责制定和修订各类机械设备的操作规程和管理制度。

②负责各种机械、设备、电气、动力、仪表、管道、采暖通风装置及工业建筑物的安全管理，使其符合安全技术规范、标准和制度的要求。禁止防爆等级不够的电气设备进入生产装置。

③负责组织工业建筑设备、起重机械、施工机具、锅炉、压力容器、

压力管道及安全附件、气瓶、防尘防毒和防静电装置、机械和电气连锁装置、安技装备的定期安全检查、校验工作。及时整改检查中发现的问题，有重大隐患要坚决停用。

④在制定或审定有关设备设施代制造、改造方案和编制设备检修计划时，应有相应的职业安全卫生措施内容，对安全措施完成情况负责检查监督。

⑤组织设备安全大检查，对检查出的有关问题，要有计划地及时整改，按期实现安全技术措施计划和事故隐患整改项目。

⑥负责对压力容器、起重设备及特种设备的登记取证工作。

⑦负责本专业特殊工种（如气焊工、电焊工、起重工、电工、锅炉司炉、气瓶搬运工、压力容器检验等）安全技术培训和考核工作。

⑧对外来检修和有关人员，应组织做好安全教育工作及施工中的安全管理工作，负责贯彻有关施工纪律的管理规定。

⑨签订施工合同必须有安全责任条款。

⑩负责设备事故的调查处理，及时向公司和本单位安全部门报告。

（4）公司行政部安全职责。

①对新进厂人员及时组织入厂安全教育和考核，考核合格后方可分配到车间。会同安全部门组织对职工的安全技术教育及特种作业人员的培训、考核工作。

②贯彻劳动纪律管理规定，负责对员工劳动纪律的教育与检查。

③贯彻劳动法，控制加班加点。

④参加重大事故调查，办理事故责任者的惩处手续，参加工伤鉴定工作。

⑤把安全工作业绩作为干部晋升、员工晋级和奖励考核的重要内容。

⑥组织做好新工人的体检工作。根据职业禁忌证的要求，做好新老工人工种分配和调整，认真执行有害工种定期轮换、脱离岗位的规定。

⑦按国家规定，从质量上和数量上保证安全技术人员、工业卫生人员和消防人员的配备。

⑧在办理临时用工协议书时，应有安全方面的条款，并会同有关部门执行。

（5）财务部安全职责。

①按规定及时分配安全保证基金，并保证安全保证基金用于安全范围。

②在编制基本建设和工程费用计划的同时，编制安全技术措施费用计划，确保资金到位，监督安全生产资金专款专用。

③保证事故隐患治理费用、安全教育费用等安全费用的资金到位。

④负责审核各类事故处理费用支出，并将其纳入企业经济活动分析内容。

⑤保证劳动防护用品、保健食品和防暑降温饮料附开支费用。

（6）仓储部安全职责。

①对所管辖范围内的安全生产负责，建立健全有关安全规章制度和操作规程。负责所管辖范围内员工、临时工的安全教育培训和安全管理。

②贯彻执行《仓库防火安全管理规则》及《化学危险品安全管理规定》，结合本单位实际，制定相应的实施细则。

③负责所辖范围内各类贮罐的防雷、防静电、防火、防爆工作。

④对购进设备、配件及有关原材料的质量负责，质量必须符合国家、公司标准要求。

⑤负责对本部门的安全隐患提出治理方案和计划。

（7）质检部安全职责。

①负责制定化验人员采样、分析项目及使用设备、仪器的安全操作规程和规章制度，对执行情况进行检查考核。

②对关键生产装置和重点生产部位的易燃、易爆物料进行分析，有毒、有害物料分析必须及时准确。

③负责有关动火分析和进行设备作业的检测分析，并提出分析数据报告。

④负责事故分析时的化验检测和数据处理。

（8）党支部安全职责。

①对本单位贯彻党和国家的安全生产方针、政策起保证监督作用，并

积极提出建议和意见。

②协助行政搞好安全生产方针、政策、法令、制度等的宣传教育，提高职工的安全意识。

③发挥各级党组织在企业安全生产中的监督保证作用，教育党员起模范带头作用，并带动周围群众做到安全生产无事故。

④协助行政总结推广安全生产先进经验。在评选先进党支部和优秀党员时，要把安全工作业绩作为重要内容。

⑤支持工会开展群众性的劳动保护监督和安全生产竞赛活动。

⑥深入生产一线，掌握了解职工的思想动态，做好思想政治工作，解决影响安全生产的各种思想问题，做到防患于未然。发生事故后，要做好稳定员工情绪和及时恢复生产的各种思想工作。

（9）工会安全职责。

①贯彻国家及高新区总工会有关安全、劳动保护和职业卫生的方针、政策，并监督执行，充分发挥群众监督安全生产工作的作用。

②加强对安全生产的监督，对于任何单位和个人违反安全生产法律、法规的行为，有权检举和控告。开展安全生产的宣传，进行舆论监督。

③组织员工开展遵章守纪和预防事故的群众性活动，支持总经理、副总经理关于安全工作的奖惩。

④协助行政搞好班组安全建设，参加企业有关安全规章制度和劳动保护条例的制定。

⑤会同有关部门认真开展安全生产、安全知识竞赛和合理化建议活动。

⑥关心职工劳动条件的改善，保护职工在劳动中的安全与健康。组织从事有毒有害作业人员进行预防性健康疗养，做好女工劳动保护工作。

⑦落实公共文化娱乐场所的安全防火管理工作。

⑧参加安全检查和对新建、改扩建工程的监督，参加重大事故的调查处理，协助行政做好伤亡事故的善后处理工作。

⑨工会是企业安全生产监督委员会的当然成员，要把职业安全卫生工作列入职工代表大会的议题。

3. 车间干部和职工安全职责

（1）车间主任安全职责。

车间主任对本单位安全生产全面负责，其职责是：

①保证国家和企业安全生产法令、规定、指示和有关规章制度在本车间、本部门贯彻执行，把员工安全卫生工作列入议事日程。

②组织制定实施车间《安全管理规定》、《安全操作规程》和《安全措施计划》。

③组织对新工人进行车间安全教育和班组安全教育；对员工进行经常性的安全思想、安全知识和安全技术教育；开展岗位技术练兵；定期组织安全考核；每月生产前一天组织并参加。

④每日组织一次全车间安全检查，落实隐患整改，保证生产设备、安全装备、消防设施、防护器材和急救器材等处于完好状态，教育员工加强维护，正确使用。

⑤组织各项安全生产活动，总结交流安全生产经验，表彰先进班组和个人。

⑥对本车间发生的事故及时报告和处理，要坚持"三不放过"的原则，注意保护现场，查清原因，分清责任，采取防范措施对事故的责任者提出处理意见，报主管部门批准后执行。

⑦负责组织并落实好动火时的安全措施。

⑧建立和健全本车间安全管理网，配备合格的安全技术人员，充分发挥车间和班组安全人员的作用。

⑨严格执行上级有关劳动保护用品等发放标准和进入生产岗位必须穿戴好劳动保护用品的规定。

（2）车间班组长安全职责。

①贯彻执行企业和车间对安全生产的指令和要求，全面负责本班组安全生产。

②组织员工学习并贯彻执行企业、车间各项《安全生产规章制度》和《安全技术操作规程》，教育职工遵纪守法，制止违章行为。

③组织并参加班组安全活动日及其他安全活动，坚持班前讲安全、班中检查安全、班后总结安全。

④负责对新工人进行岗位安全教育。

⑤负责班组安全检查，发现不安全因素及时组织力量消除，并报告上级。做好详细记录，参加事故调查、分析，落实防范措施。

⑥搞好生产设备、安全装置、消防设施、防护器材和急救器具的检查维护工作，使其经常保持完好和正常状态。督促教育员工合理使用劳保用品、用具，正确使用灭火器材。

⑦搞好班组安全生产竞赛，表彰先进，总结经验。

⑧抓好班组建设，提高班组管理水平。保持生产作业现场整洁、清洁，实现文明生产，并做好班组的思想政治工作。

（3）设备操作、技术人员安全职责。

①负责做好本职范围内的安全生产工作，确保各项操作技术工作的安全可靠性。

②负责编制本专业的安全操作技术规程及管理制度。

③在本岗位范围内对员工进行安全操作技术与安全生产知识培训，组织操作技术练兵活动，定期考核。

④经常深入现场检查安全生产情况，发现事故隐患及时提出措施予以消除。制止违章作业，在紧急情况下对不听劝阻者，有权停止其工作，并立即请示领导处理。

⑤参加设备改造、工艺条件变动方案的审查，使之符合安全操作技术要求。

⑥参加有关事故调查、分析，查明原因，分清责任，提出预防措施，并及时向领导或主管部门报告。

⑦制订设备检修、停机、开机要求，做好开工前的准备工作。

（4）安全员职责。

①安全员由班（组）长或员工兼任，接受安全小组的业务指导，做好本班（组）的安全工作。

②组织开展本班（组）的各种安全活动，认真做好安全活动记录，提出改进安全工作意见和建议。坚持班前安全讲话，班后安全总结。

③对新工人进行岗位安全教育。负责岗位技术练兵和开展事故预知训练。

④严格执行安全生产的各项规章制度，对违章作业有权制止，并及时报告。

⑤检查监督本班组人员正确使用和管理好劳动保护用品、各种防护器具及灭火器材。

⑥发生事故时，及时了解情况，维护好现场，救护伤员，并向领导报告。

⑦安全员要协助领导贯彻执行劳动保护法规和安全生产管理制度，处理公司安全生产日常事务和安全生产检查监督工作。

（5）一线员工安全职责。

①认真学习和严格遵守各项规章制度，不违反劳动纪律，不违章作业，对本岗位的安全生产负直接责任。

②精心操作，严格执行工艺要求和操作规范，做好各项记录，如有倒班生产时，交接班必须交接安全情况，交班要为接班创造安全生产的良好条件。

③正确分析、判断和处理各种事故苗头，把事故消灭在萌芽状态。如发生事故，要果断正确处理，及时如实地向上级报告，并保护现场，做好详细记录。

④按时认真进行巡回检查，发现异常情况及时处理和报告。

⑤正确操作、精心维护设备，保持作业环境整洁，搞好文明生产。

⑥上岗必须按规定着装；班后对所使用的工器具必须认真清洗；妥善保管、正确使用各种防护器具和灭火器材。

⑦有权拒绝违章作业的指令，对他人违章作业加以劝阻和制止。

（6）义务消防员安全职责。

①义务消防员全面负责本车间的消防安全工作。

②定期对车间的各个部位的防火安全情况进行全面检查，及时消除各

种火险隐患。

③积极参加各级组织的消防知识培训和消防实战演练，熟练掌握各种消防器材的使用范围和使用方法。

④负责普及消防安全常识和防火灭火知识。做到本单位工作人员人人会使用灭火器材扑救初起火灾，会进行人员疏散，会拨打火警119，懂得火灾中逃生的基本方法。负责制定本部位切实可行的防火安全制度。

⑤随时向生产部报告本部位存放易燃易爆等危险品的种类和数量，保证各种危险品的存放符合防火安全要求。

⑥搞好本部位消防器材的维护和管理，掌握本部位消防器材的技术状态、应用范围和使用方法。

⑦根据本车间防火实际需要，随时向领导和生产部申请需要增减的灭火器材。

⑧防火重点部位必须设有明显的防火标志，发生火灾后，必须及时报告生产部，并立即组织人员实施灭火和进行人员疏散。火情严重时要立即拨打火警119电话报警。事后协助生产部查清火灾原因、火灾事故责任人和火灾损失。对生产部的各种火险隐患，及时督促和积极协助领导落实整改措施，并把整改结果回复生产部。

第二节　风险评估与控制管理

新源公司对风险评估与控制管理的目的是要对公司范围内的危险源进行辨识，评价确定出重大职业健康安全风险，并就此制定职业健康安全风险控制措施。

1. 风险评估与控制管理程序

风险评估与控制管理的权责配置是：①生产技术部安全专员负责组织危险源辨识、风险评价和风险控制策划的工作。②各相关部门配合、参与危险源辨识、风险评价和风险控制策划的工作。③总经理批准职业健康安全风险及风险控制措施。

风险评估与控制管理工作程序是：

（1）危险源辨识、风险评价和风险控制策划的时机。以全体部门为对象，每年进行一次。在相关法规变更，公司的活动、产品、服务、运行条件，以及相关方的要求等情况发生变化时，可适时进行危险源辨识、风险评价和风险控制的策划。

（2）危险源辨识。生产技术部安全专员将"危险源识别和风险评估表"发放到相关部门。各相关部门组织人员从其活动、产品、服务、运行条件中找出能够控制或可望施加影响的危险源，填写"危险源识别和风险评估表"并反馈到生产技术部。对公司共用的设施设备、建筑物及其周边地带的危险源辨识，由设备安全部进行。生产技术部安全专员对收集回来的"危险源识别和风险评估表"进行统计和分析，整理出全公司的"危险源识别和风险评估表"。

（3）风险评价。生产技术部安全专员依据"危险源识别和风险评估表"，组织相关部门和人员进行风险评价。风险级别的确定：以事故后果的严重性等级作为表的列项目，以事故发生的可能性等级作为表的行项目，制成二维表格，在行列的交点上得出风险的级别如表8-1所示。

表8-1　事故风险级别确定

可能性等级	轻微伤害（Ⅲ）	一般伤害（Ⅱ）	严重伤害（Ⅰ）
不可能（C）	5	4	3
极　少（B）	4	3	2
很可能（A）	3	2	1
备　注	1级风险：事故潜在危险性很大，一旦发生事故将会造成很多人伤亡的风险 2级风险：事故潜在危险性较大，容易发生重伤或多人伤害 3级风险：潜伏有伤亡事故发生的危险 4级风险：可容许事故的风险 5级风险：危险性小，不会伤人的风险		

（4）风险控制策划。根据风险评价结果，策划风险控制措施。当公司的活动、产品、服务发生较大变化或法规及其他要求更新时，各部门应及时对危险源进行补充辨识，并报生产技术部进行风险评价以重新确定职业健康安全风险并进行风险控制策划。

2. 企业危险源与风险分析

（1）萃取车间的危险源及其风险分析。

①危险源的确定：萃取过程是稀土元素和有机物质发生萃合反应的过程，该过程是在搅拌的混合室中完成的。萃取车间液体多，槽体设备多，事故多为机械伤害、液体伤害事故。根据车间生产、工艺和可能发生事故的特点，确定危险源为：1# 危险源：皮带搅拌机；2# 危险源：料液泄漏。

②风险分析：1# 危险源为料液输送的重要设备，搅拌机是萃取过程中的关键设备。在搅拌运转过程中，若由于安全防护设施不健全，有可能造成人员伤亡的事故。2# 危险源属于化学混合物，一旦泄漏易造成人员伤害。

（2）环保车间的危险源及其风险分析。

①危险源的确定：环保车间现有锅炉 2 台，沉清池 5 个。生产工艺、机械设备及生产组织有着区别其他生产工艺的特性，锅炉本身具有高温、明火、连续作业的特点，且环境条件较差。锅炉、沉清池是环保生产的重要设备，这些设备在操作时稍有不当，易造成事故。根据环保车间的生产工艺、危险化学品的种类和危险性质、危险等级以及可能发生的事故特点，确定以下为危险源：1# 危险源：锅炉房；2# 危险源：沉清池。

②风险分析：1# 危险源是环保生产的主要机械设备，另外炉头的上煤架高度较高，易发生坠落事故。2# 危险源属于高温放散区域，如有操作不当都有可能造成严重的烫伤事故。

（3）抛光粉车间的危险源及其风险分析。

①危险源的确定：抛光粉车间的工序主要包括氟化工艺、沉淀工艺、灼烧工艺等。根据车间生产、工艺和可能发生事故的特点，确定危险源为：1# 危险源：灼烧料盒；2# 危险源：煤气管道。

②风险分析：1#危险源是高温设施，在操作使用过程中，因安全防护不当易造成人员烫伤事故。2#危险源因管道破裂或管道阀门密封不严，会造成人员中毒事故。

（4）沉淀车间的危险源及其风险分析。

①危险源的确定：沉淀车间主要是沉淀和脱水工序。该车间可能发生事故的工序的地方是脱水工段，至此，确定危险源为：离心机。

②风险分析：离心机是一种高速运转设备，操作不当或保养不及时会造成机械伤人事故。

3. 危险源监控与预防措施

（1）萃取车间危险源。

监控方式：萃取车间主要存在两个危险源（1#危险源：皮带搅拌机；2#危险源：料液化合物泄漏），安排专人对1#危险源、2#危险源进行定期维护保养，并严格执行岗位巡检制度。

预防措施：对1#危险源加装防护罩；对2#危险源严格控制非工作人员进入料液存放区，并增设围堰。

（2）环保车间危险源。

监控方式：安排专人对1#危险源进行操作随时检查其运转情况；对2#危险源采取领导跟班巡视作业。

预防措施：对1#危险源的预防主要是加大岗位操作的培训；对2#危险源加装防护围栏。

（3）抛光粉车间危险源。

监控方式：其一，加强对1#危险源进行巡查；其二，利用监控器随时注意生产现场动态。

预防措施：对1#危险源主要是正确使用劳保品；给2#危险源加装燃气泄漏报警系统。

（4）沉淀车间危险源。

监控方式：其一，对沉淀车间的危险源领导代班及跟踪；其二，利用监控器随时注意生产现场动态。

预防措施：严格落实操作人员的选用制度，加强岗前培训，

第三节　安全技术操作规程

新源公司根据本企业生产的特点，对 27 个涉及安全生产的岗位制定了安全技术操作规程，对每个上岗个人进行必要的岗位安全技术操作规程培训，通过制度化的操作规范，确保每个岗位、每道工序的生产安全。这27 个涉及安全生产的岗位是：萃取岗位、$RECl_3$ 料液配制岗位、酸溶岗位、提升机岗位、液氨吸收岗位、制水岗位、制水反洗和正洗岗位、阴阳树脂再生岗位、制酸岗位、板式换热器岗位、沉淀岗位、液压自动卸料离心机岗位、变频手动卸料式离心机岗位、浓缩岗位、清罐作业岗位、厢式压滤机岗位、辊道窑岗位、JSM180 湿磨机岗位、砂磨机岗位、气流磨岗位、喷雾干燥设备岗位、分级机岗位、导热油锅炉岗位、蒸汽锅炉岗位、切割机岗位、砂轮机岗位、焊工岗位。限于篇幅，本处介绍几个代表性岗位的安全技术操作规程。

一、萃取岗位安全技术操作规程

1. 总则

以安全为主，杜绝跑、冒、滴、漏现象，正确并规范使用各种设备及化学品，严格按照《设备操作规程》和《危险化学品使用操作规程》操作。

2. 开车前

（1）查看皮带、皮带轮有无损伤，周围有无杂物。轴套是否放正、有无损坏。

（2）检查各高位、低位液位是否在规定范围内。

3. 开车

首先将各级搅拌启动，传动部分正常运行后，可按顺序给料，即有

机、碱液、料液、洗液、反酸、洗水按规定流量逐一进料。有机流量开启1分钟后，再给碱液。

4. 停车

按照先开后停的原则，先将各物料按顺序关闭，再将各级搅拌停止。

5. 注意事项

（1）工作人员每隔30分钟巡视槽体一周，注意逐级观察槽体的运行状态；皮带是否正常运行，有无脱落现象；电机、搅拌、轴承座是否处于正常运行状态。

（2）萃取岗位工作人员巡视槽体运行情况，应观察澄清室有机相与水相分层是否良好，混合室液体是否处于正常旋转运行。如果发现分层界面上下波动太大或混合室液体运转停止，则说明可能搅拌停止转动或搅拌轮已脱落，无抽力了。这样有机会大量积存于前一级甚至前几级，导致水相大量向前压，严重时会发生有机相倒流或冒槽现象，所以必须定时观察槽体的运行状态。

（3）定时检测各物料的流量（一般每2小时测一次，并如实做好记录），使其保持流量稳定准确，当出现由于流量的不准而造成水相和有机相界面波动，应及时调整流量为规定要求的流量值，使其恢复稳定平衡状态。

（4）定时从槽中各个取样点取样，取样按时、准确；在取样时，先用本样把样瓶润湿2~3次方可取样，以免样品污染，影响测定分析结果。取好样品要及时送分析室，标明分析内容。分析结果要及时取回，操作工根据分析结果要判断槽体运行是否正常，如不正常，要及时拿出解决方案，与班长、主任讨论后，及时实施。

（5）时刻注意接收料液各种洗液，反酸等溶液的酸度、浓度、清洁、干净程度等，对不符合要求的液体，不准入萃取槽。

（6）操作过程中应注意各高位槽液面的高低，液面的高低会直接影响流量的准确度和稳定度，因此当液位太低时应及时补充溶液，增加其液位高度。

（7）低位槽接收液体要随时与接收岗位联系，予以输出，防止接液槽液位太高，造成顶车或冒槽。

（8）每班给槽体水封内加水，少加、勤加，每班至少加两次水。

二、酸溶岗位安全技术操作规程

1. 总则

在以生产安全的前提下，保质保量的完成生产任务，生产中如有任何变动，先请示上级，批准后方可实施。

2. 溶料前

（1）根据碳酸稀土中 REO 的含量和酸溶反应罐的容积大小确定每罐每次投入碳酸稀土的数量。按此数量备料，送至酸溶岗位平台上。

（2）检查酸溶罐的出料底阀是否关闭，溶料罐口是否加铁网，根据投入的碳酸稀土准备好所用的盐酸，打入高位贮罐，注意打酸过程中是否发现有盐酸滴漏现象、有无较大的盐酸的刺激性气味，如有发现立即停止打酸，并上报。

3. 溶料时

（1）先打开风机，投入少量碳酸稀土，加入 $3m^3$ 洗渣液调浆，开启搅拌，开始陆续投入碳酸稀土，同时小流量阶段性地慢加盐酸，防止反应激烈冒槽。若液面上升快有冒槽的可能时，应立即停止加酸，待反应缓减、液面下降后再重新开启酸阀门继续加酸，同时应随时检测 pH 值，直至酸液开始出现浅黄色，pH 达到 1.0~1.5 时，立即停止加酸继续反应，使 pH 稳定在 1.0~1.5 时，同时升温到 80 摄氏度，搅拌半小时 pH 值不变时即可进行下一步的操作。

（2）在确认酸溶液 pH=1.0~1.5 稳定不变的情况下取样送化验室分析 REO、ΣFe、Fe^{2+} 的浓度，当结果报出如 $Fe^{2+}>0.1g/L$ 时，需加双氧水氧化 Fe^{2+}，计算加入双氧水的量，用水稀释 8~10 倍喷洒均匀地加入。溶液中 Fe^{2+} 微量时即可停止氧化，升温赶走过剩的双氧水。

（3）根据所加碳酸稀土的数量和硫酸根的百分含量计算出所需加入的氯化钡量，将所加数量的 2/3 加入之后，搅拌一段时间，待氯化钡完全溶解并反应后，取样送化验室作硫酸根比浊的测定。测定结果硫酸根为痕迹量或小于 0.5g/L 时，即可不再补加氯化钡；如不符合要求，则需再少量补加氯化钡直至合格为止，氯化钡的加入量不可过量，以防止溶液中氧化钡超标。

4. 溶料后

（1）澄清后料液经板框压滤，送至料液澄清池，澄清 24 小时。板渣装袋进行洗渣，回收沉淀夹带的稀土。

（2）检查本次生产过程是否对设备造成伤害，如果有立即维修。

三、液氨吸收岗位安全技术操作规程

1. 总则

以安全为主，切忌未穿戴劳保用品操作。

2. 吸收前的准备工作

（1）检查设备有无滴漏现象，若无方可将纯水加入氨尾气吸收罐中，其加入量为罐总体积的 2/3。

（2）依次检查本系统各设备的进出口阀门，应确认处在关闭状况。

3. 液氨吸收操作过程

（1）开启液氨吸收罐的液位计阀门和进水阀门，其进水量为总体积的 2/3。

（2）开启液氨吸收罐出口阀和循环泵循环阀，启动循环泵进行吸收循环。接通液氨输送管线使液氨入气包再进入液氨吸收罐内进行液氨吸收循环。经循环一定时间需停止进氨气，5 分钟后停循环泵打开取样阀分析氨水浓度要求达到 ≥10N。若未达到继续循环吸收，直到浓度大于 10N 为止。

（3）待分析结果符合要求后，应停止循环泵后关闭循环阀和液氨吸收罐出口阀，同时开启氨尾气吸收罐进口阀。

（4）当吸收氨水浓度 ≥10N 时，输送氨水至氨水贮槽时需开启液氨吸收罐、出口阀和输送至贮槽的泵出口阀，启动泵使氨水输入贮槽，并把氨尾气吸收罐的氨水输入贮槽中一起供萃取使用。

（5）当氨水输送完后应停泵，关闭输送阀和吸收罐出口阀。

4. 液氨吸收完成后

（1）取样化验。

（2）检查阀门是否关严，氨水有无泄漏，如有及时处理。

（3）上述工作完成后需要重复吸收仍按上述步骤进行操作。

5. 备注

（1）当班操作者必须穿戴好劳动保护用品方可上岗。

（2）操作时必须按规程规定程序进行操作，使用泵时，启动时必须先启动应该开启的阀门再启动泵，停泵时必须先停泵后关闭阀门，切记倒反操作。

（3）保护操作环境清洁卫生，文明生产。

（4）对使用设备需精心保养维护设备或电器出现故障应及时通知车间和维修人员及时处理。

四、制酸岗位安全技术操作规程

1. 总则

操作者必须熟悉本规程，佩戴劳保用品，严格按照操作规程进行操作。

2. 制酸前准备工作

（1）制酸前先将购买的树脂用水清洗、浸泡，然后将其装入柱内。当树脂加到柱体上端视镜的一半，即可停止加树脂。

（2）将盐酸储罐的工业盐酸打入盐酸高位槽，当发现标尺快到一定刻度时或已有酸自流入泵槽内，应立即停泵，表明酸已打满。

3. 制酸

开启盐酸高位槽底阀，再开启 1# 柱或 2# 柱的进酸阀、出酸阀、上进阀进行制酸，控制流量为 $1.5m^3/h$，使工业盐酸进流量计按一定流量从柱体下端加入，酸自下而上通过树脂最后从柱体上端排出。此时打开排酸阀门，观察流出酸液颜色是否为无色。当颜色出现为无色时，立即取样化验。测定显示不出 Fe^{3+} 时即可。打开流向纯酸地池的阀门使合格的酸输送至纯酸地池内，同时关闭不合格酸排出的阀门。制酸过程正常直至储池满了后即可停止制酸。应立即关闭进酸和出酸阀以及合格酸输送阀门。

4．制酸完成后

操作者必须对当班制酸所用工业酸，产出纯酸的数量，浓度准确计量并记入原始记录内。

5．反洗、正洗处理柱体注意事项

（1）当制酸运行一定时间，某一柱子内产出的酸液不是无色的，而带了淡黄色时，说明制出的酸是不合格的。此时应停止制酸，说明树脂已失去功能应及时对树脂进行反洗处理。处理操作如下：关闭进酸、出酸阀门，开启柱体下进阀和上排阀，小开水泵出口阀启动水泵进行反洗，水通过流量计从柱体自下而上反冲洗树脂，将树脂杂物洗去从洗水中排出。反洗结束后再进行正洗，正洗前需停水泵，关闭反洗时的下进阀和上排阀，再开启上进阀和下排阀，启动水泵使水通过流量计从柱体自上而下穿过树脂进行正洗，直至排出水无色为止，洗涤处理完成，停泵、关闭上进下排阀，此时树脂已恢复交换吸附功能，该柱体即可转入制酸程序。

（2）如果反、正洗后的树脂仍不具有良好的效果，则需对树脂进行再生。新加再生剂为3%~5%的碱液，在PVC水槽内配制一定量的碱液。配好后可开启进碱阀（本工艺的下阀门）和上排阀，经碱处理的树脂需浸泡3~4小时后，再排出进行反洗和正洗，直至排出水无色。pH=6~7则可停止。树脂经碱液处理后方可进行制酸。

五、浓缩岗位安全技术操作规程

1．总则

操作者必须熟悉本规程，方可进行浓缩结晶操作。

2．浓缩结晶前期准备工作

（1）上岗前充分了解浓缩结晶的基本工艺原理、工艺条件、主要设备等方面的知识。

（2）检查浓缩系统全套设备是否在正常状态。打开循环水槽阀给水，开启喷射泵，关闭浓缩罐上下阀门，接通抽真空管道，检查罐内真空度是否在逐渐上升至要求值。

3. 操作程序

（1）加料：开启料液高位槽底阀，料液进入浓缩罐内，同时开启蒸汽阀进行加热。当料液加至夹层热交换面全部覆盖时，即可停止加料，关闭料液高位槽底阀。

（2）浓缩：加热浓缩过程中，操作人员应随时观察、检查：①液面蒸发情况，泡沫大小、上升情况，液面下降程度等。②循环水槽运行情况，水温如何。当水温≥60℃时，则需开大水阀，加大进水量，当水温低于40℃时，则可关小水阀，使水温经常保持40℃~50℃。③罐内泡沫上升快、多时要及时处理加入少量的黄油，防止泡沫溢至上部抽入泵内。

（3）补加料液：当浓缩罐内液面下降到罐体的1/2以下时，需开启料液高位槽底阀，将料液补加到热交换面上沿处为止，停止加料，继续浓缩。

（4）取样化验、停车的操作。当浓缩料液黏稠状且数量较多不能再补料时，则需取样。取样时应先打开取样孔放空，使罐内真空度降为0，再行停泵。停泵后用取样器插入罐内取样，立即送化验，关闭取样孔阀，分析结果报出后再行确定出料或继续开泵浓缩。

（5）出料：当取样化验结果符合要求时即可准备出料，放料前需将放料盘擦干净，放好榴槽。放料时先打开放空阀进行放空，使真空度为0再停泵，最后开启放料阀。使物料全部流入结晶盘中。

（6）待结晶盘内物料冷却凝固后，则可砸料、包装称重、取样、入库。

4. 执行本规程注意事项

（1）当班操作者必须穿戴好劳动保护用品方可上岗。

（2）保持操作环境清洁卫生，文明生产。对新设备需精心保养、维护设备，出现故障应及时通知车间维修人员处理。

（3）必须按规程精心操作，严禁违章作业，杜绝随意改动规程中的规定，若遇有规程不符合实际的，需修改时，必须上报生产技术部、领导研究同意修改后，方可按修改后的规程执行。

（4）工序人员操作必须准确无误、无遗漏、如实做好原始记录，原始记录要保持完整、齐全、整洁，不得随意涂改。

（5）本工序的操作必须避免跑、冒、滴、漏现象，确保各项指标的圆满完成。

（6）认真做好交接班工作，必须在现场交接，以确保生产正常进行。

六、切割机安全技术操作规程

1. 总则

（1）为贯彻落实"安全第一、预防为主"的方针，强化安全管理，增强安全意识，确保安全生产，消除人的不安全行为、物的不安全状态，使安全生产做到有章可循、有据可依，特制定本规程。

（2）作业人员必须严格遵守"安全管理制度"和"安全生产禁令"的有关规定。

（3）本规程适用各车间维修岗位作业人员。

2. 操作程序

（1）切割物件前，先戴好手套、口罩、眼镜，避免飞溅物伤人。

（2）切割机在使用前必须检查能否正常使用（如电源线有无破损，切割片是否紧固有无破损等）。

（3）切割机必须在车间指定的房间使用，且不能正对易燃物和人切割。

（4）启动时，检查切割机运转方向是否正确。

（5）切割机在切割物件时，物件必须夹紧。

（6）切割物件时用力要平稳。运行时，如切割片损坏，须立即停止使用，更换完好的切割片再运行。

（7）切割完毕后，先关掉电源，待砂轮片停止转动时，再取物件，以免飞转的切割片伤人。

（8）严禁在切割片上砂磨物件。

（9）切割完毕后，必须把切割机整理好，并打扫切割场所清洁。

第四节 设备安全管理

新源公司现有的设备设施有台钻、台钳等机械加工设备；切割机等下料机械；塑焊机、电焊机等焊接设备；起重吊车等特殊设备；沉淀罐、离心机、各类电机、打料泵、灼烧窑炉、喷雾干燥机、气流磨、分级机、空气压缩机、萃取槽、工业锅炉、制水、制酸等生产设备。因此，搞好设备安全生产事关重大。为严格要求公司的安全生产条件，进一步加强安全生产工作的监督管理，预防和减少生产安全事故，公司特就设备安全管理制定了相关制度。

设备安全管理涵盖设备使用管理部门及所有设备操作人员。具体职责是：①生产部负责对全厂生产用电气设备及特种设备的运行进行管理；②维修班组负责对全厂电气设备及特种设备的安全运行进行维护保养；③生产技术部安全专员负责对全厂电气设备及特种设备的安全运行进行监督；④电工及特种设备作业人员，必须持有上岗证，无证人员不得擅自操作；⑤公司制定各类操作规程、巡检制度、交接班制度、岗位责任制度等。

设备安全管理工作程序：

1. 设备使用前的管理

（1）制定安全操作规程。

（2）制定设备维护保养责任制。

（3）安装安全防护装置。

（4）员工培训。内容包括设备原理、结构、操作方法、安全注意事项、维护保养知识等。经考核合格后，方可持证上岗。

2. 设备使用中的管理

（1）严格执行《设备安全管理制度》，由公司主管领导和设备管理人员负责检查落实。

（2）设备操作工人须每天对自己所使用的机器做好日常保养工作。生产过程中设备发生故障应及时给予排除。

（3）由设备管理人员、工程技术人员共同确定设备"点检"位置和技术要求，由部门负责人和设备管理人员负责检查实施。

（4）预检预修，是确保设备正常运转、避免发生事故的有效措施。设备管理人员根据设备零件的使用寿命，预先制定出安全检修周期和检修内容，落实专人负责实施。将设备故障消灭在萌芽状态，确保设备从本质上的安全性。

3. 设备维护保养

（1）严格执行《设备保养制度》减少设备故障率，提高设备的使用周期。

（2）设备运行与维护坚持"设备专人负责，共同管理"的原则精心养护，保证设备安全，负责人调离，立即配备新人。

（3）操作人员要做好以下工作：自觉爱护设备，严格遵守操作规程，不得违章操作；管线、阀门做到不渗不漏；做好设备经常性的润滑、紧固、防腐等工作；设备要定期更换，强制保养，保持技术状况良好；建立设备保养卡片，做好设备的运行、维护、养护记录；保持设备清洁，场所窗明地净，环境卫生好。

4. 设备检查

（1）生产部及设备维修人员，每两周对生产设备进行一次检查，并将检查结果记录在《设备日常保养记录表》上。

（2）每半年由使用部门组织维修人员，根据生产需要和设备实际运转状况，制定设备大修计划。准备大修前必须制定修理工时、停歇时间、材料消耗、清洗用油及维修费用。

（3）设备大修完工后，必须进行质量检查的验收，并在《设备维修登记表》上做好记录。

（4）每年年底由公司主管领导、设备管理人员、部门经理、维修人员负责，按照事先规定的项目、内容进行检查打分，评定出是否完好、能否继续使用，提出对责任人的处理意见和改进措施等。

5.电气设备管理

（1）电工负责对低压配电室的低压配电柜按时进行检查。

（2）电工在对检查过程中发现的问题及时上报维修部主管，尽快组织维修。

（3）检修人员在检修时，必须有两人在现场，监督作业。

（4）电工每月检查一次挡鼠板，必要时施放老鼠药。

（5）非维修人员严禁进入配电室。

（6）电工应对高压电房的维修、检查和管理进行监督。

（7）对电气设备进行定期巡查，排除隐患。

（8）各部门、岗位的用电及办公设施要有专人管理，下班前要检查是否断电。

（9）易燃易爆的电气设备应符合国家有关设计规范的规定，安装防爆、隔离或密闭式的电气照明设备，按照防爆、危险场所的分类等级，选用适当型号的防爆型电气设备，并保持良好的通风和必要的防火间距，采用耐火设施和保护装置。此外，车房内不准架设临时线路。

（10）供电气设备灭火用的消防器材应保持良好，合理使用。万一发生火灾，应首先切断电源，使用"二氧化碳"或"干粉"灭火器进行扑救，扑救时应防止触电、中毒或窒息事故的发生。

6.特种设备的管理

（1）特种设备使用，应当严格执行国务院颁布的《特种设备安全监察条例》。

（2）建立特种设备安全管理小组，要有负责人、有安全管理人员。

（3）建立特种设备安全技术档案：①特种设备的设计文件、制造单位、产品质量、合格证明、使用维护说明等文件以及安装技术文件的资料。②特种设备的定期检验和定期自行检查的记录。③特种设备的日常使用状况记录。④特种设备及其安全附件、安全保护装置、测量调检装置及有关附属仪器仪表的日常维护保养记录。

（4）在有效期届满前一个月向特种设备检验检测机构提出定期检验的要求，接到定期检验的通知后，要做好迎检工作。

（5）对特种设备要进行经常性日常维护保养，并定期自行检查，至少每月一次，并做好记录，发现情况及时处理。对安全保护装置、测量调控装置及有关附属物品仪表进行定期校验、检修，并做好记录。

（6）特种设备出现故障或者发生异常情况应当对其全面检查，消除事故隐患后，方可重新投入使用。

（7）要制定好特种设备的事故应急措施和预案。

（8）应当对特种设备作业人员进行特种设备安全教育的培训。

（9）特种设备的作业人员在作业中，应该严格执行特种设备的操作规程和安全规章制度。

（10）特种设备作业人员，在作业过程中发现事故隐患或者其他不安全因素，应当立即向安全管理人员和单位负责人报告。

（11）安全管理员或者部门负责人应经常对特种设备的使用进行检查，发现问题立即采取措施，或向特种设备安全监督管理部门报告，并采取相应的措施。

（12）对特种设备管理不严、违反安全管理制度的、发生事故的，根据情节的轻重，必须要负有法律责任。

第五节　消防安全管理

一、加强组织领导制度

公司消防工作采取"谁主管谁负责"的原则，公司的组织、管理、监督、宣传、教育检查与消防机关的联系由综合部归口负责，本公司消防第一负责人为分管副总经理，各部门、车间责任人为部门负责人。

二、实行防火检查制度

公司采取三级安全防火检查制度：

（1）一级检查由班组长负责，每天检查作业区域内的消防安全情况，有上下班的应对消防安全情况进行交接，有问题应及时处理，不得拖延。

（2）二级检查部门、车间主管负责，经常检查各班组消防安全情况，并每周组织各有关人员进行一次较全面的检查。

（3）三级检查由公司负责，消防安全人员会同动力、维修人员及有关部门人员每半月一次进行有重点的检查及抽查，并将隐患整治要求汇报公司领导审批后，组织实施，并向全公司公布。

工业安全管理人员、作业现场各级干部应经常做下列防火检查：

（1）消防器材配置数量是否恰当。

（2）消防器材放置位置是否合理。

（3）消防栓、灭火器有无被堵塞、不便拿取的情形。

（4）消防器材有无损坏情形。

（5）灭火器内药品是否装满。

（6）灭火器是否过了有效期或压力已降至低压区。

（7）仓库易燃物有无隔离堆放。

（8）库区电源开关有无设于户外。

（9）库区电源线下有无堆放易燃易爆品。

（10）有无滥架设电线的情况。

（11）库区照明设备是否适当。

（12）电焊、气割时，氧气瓶与乙炔发生器有无保持5米距离。

（13）电焊、气割时，周围有无易燃易爆品。

（14）电焊、气割前有无事先报备公安部门及现场主管。

（15）安全通道是否畅通。

（16）有无在禁烟区内使用明火或吸烟现象。

三、火灾预防为先

（1）仓库及工作区内严禁吸烟，但在规定时间及地点吸烟者不在此限。

（2）工厂各进出门户在工作时间内不得上锁，并应保证敞开。

（3）工厂各进出通道不得随意堆积物品，应保持畅通。

（4）易燃易爆等危险品应放于安全地点，并妥为保管，除必要的使用数量外，不得携入作业现场。

（5）仓库应有专人看守，并有醒目的"严禁烟火"字样。

（6）仓库通道应保持畅通，不得堆放物品。

（7）应依规定在现场、仓库、设备区、办公室等各场所设置足数、合适、有效的灭火器材。

（8）灭火器材应设于容易取用的地点，并定期检查，保持随时可用的状态。

（9）电线不接用容量过大的保险丝，电力使用后，应确定关闭电源。

（10）使用气割、电焊等明火作业时，应注意远离易燃易爆品，并放置适当数量的灭火器材。

（11）气割、电焊作业人员应经严格的技术培训与消防培训，并有作业场所的责任人员在气割、电焊现场监视。

（12）电器设备应经常检查尤其在地震、台风后更应仔细检查是否受损。

（13）炉灶、烟囱、煤气等易引起燃烧的设备，应经常检查，并做成点检表。

（14）下班前应确认明火是否熄灭，有无复燃隐患。

（15）使用电器设备或易燃易爆物发生故障时，应请示专业人员，确认安全有保障时，方可继续使用。

四、加强动火安全管理

凡经批准动火的部门，动火前做到"八不"，动火中做到"四要"，动火后做到"一清"。

动火前做到"八不"：①动火申请没有批准不动火；②周围的易燃杂物未清除不动火；③附近难以移动的易燃结构未采取安全防范措施不动火；④凡盛装过油类等易燃液体的容器、管道，未经洗刷干净、未排除残存液质不动火；⑤凡盛装过有受热膨胀、爆炸物品的车间、仓库和其他场所，未经排除易燃易爆危险的不动火；⑥凡储存有受热膨胀、爆炸物品的车间、仓库和其他场所，未经排除易燃易爆危险的不动火；⑦在高空进行焊接火切割作业时，下面的可燃物品未清理或未采取安全防护措施的不动火；⑧未配备相应的灭火器材不动火。

动火中做到"四要"：①动火中要有现场安全负责人；②现场安全负责人和动火人员必须注意动火情况，发现不安全苗头时，要立即停止动火；③动火中发现火势执行安全操作规程；④动火人员要严格执行安全操作规程。

动火后做到"一清"：动火人员和现场安全负责人在动火后，应彻底清理现场火种，才能离开。

五、加强易燃易爆剧毒物品管理办法

（1）易燃、易爆、剧毒物品属于国家重点控制的危险性极强物品，使用单位、部门按用量、计划购买，不准超计划购买。

（2）所有机动车辆用油（如汽油、柴油等）一律在加油站加油，厂内不得存放。

（3）因特殊情况需短期存放的易燃、易爆、剧毒物品必须入库存放，并配备相应的消防器材，保证安全。

（4）易燃、易爆、剧毒物品必须设专人保管，专人领用，使用时要注意安全措施，并且把进货数量、出库数量报综合部备案。

（5）行政部要定期对易燃、易爆、剧毒物品的存放及管理进行检查，发现隐患及时给予纠正，并且给予通报。

六、加强消防器材管理

由行政部定期检查、换液，保证有效使用，并标明有效期，各部门灭火器由义务消防员负责维护、保养，有泄漏及时报行政部更换。为保证消防器材在特殊情况下正常使用，特定规则如下：

（1）干粉灭火器按需配发各车间或重点设施。

（2）干粉灭火器配发在通风、干燥、显眼、便于操作的地方。

（3）任何人不准擅自动用灭火器（发生火险除外），违者处以10倍罚款。

（4）车间安排兼职防火员来管理本部门的灭火器材。

（5）如发现哪个部门的消防器材人为损坏或里面没有干粉，找不出责任人由车间主任负责赔偿，如发生火险，由于灭火器不能使用而贻误灭火时机，追究部门负责人的刑事责任。

（6）灭火器材由行政部统一管理，并且经常对配备灭火器的部门进行监督检查，发现问题及时纠正。

（7）灭火器固定放置，未经许可不得随意变换地方。

七、制订消防应急疏散预案

根据有关消防管理规定，结合公司实际情况，把消防工作放到首位，能够把各种突发火险的损失降到最低限度，经行政部拟定，公司大会通过消防灭火应急疏散预案。

（1）公司任何部门一旦发生火灾，首先由火灾发生部门现场最高权力指挥者，临时指挥疏散现场人员从各安全出口转移到安全地带，派人及时把火灾现场总电源关掉。

（2）现场指挥员及时把火情上报公司负责人，公司领导根据情况组织厂内"义务消防队"的消防员及其他人员赶赴现场扑救或控制火势。

（3）现场指挥人员及时拨打火警电话119，说明火势地点、大小、燃烧物品周围建筑物（如油、电、化工原料、塑料木材）、有无被困人员，便于消防部门判明火情及时扑救。另外，人到路边接应消防车。

在火灾发生和火灾抢救时，应做到下述几点：①首先发现起火之人，应立即呼救，并停止工作，迅速关闭电源或其他火源。②火灾现场员工，应立即就近取拿灭火器材，实施救火。③发现火情，应迅速将着火物周围易燃、可燃品转移。④现场主管应立即组织救火，并安排人员向上级部门及防火科报告，寻求支援。⑤必要时，现场主管应安排人员拨打 119 求救当地消防部门。⑥若一时无法扑灭火情，现场主管应一面指挥救火，一面安排贵重材物及员工转移。⑦油类物品或电线着火，应使用干粉灭火器、沙土、地毯等物扑灭，不可用水灌救。⑧衣服着火，应立即在地上打滚，以迅速灭火。⑨危险时刻，应先抢救人，再抢救物品。⑩抢救物品时，应先抢救账册、凭证、现金、文件或贵重物品。⑪在火烟中抢救，应用湿毛巾遮掩口鼻。⑫如火焰封住出口，应利用绳索或电线、水管等物从窗口逃出。⑬火灾发生时，不可乘电梯逃生。

第六节　安全生产教育培训

通过安全生产教育提高全体员工搞好安全生产的责任感和自觉性，提高其安全技术知识水平，增强全员的安全意识、预防事故的实际能力，使全体员工自觉执行"安全第一，预防为主"的方针，为本质安全创造良好的条件。

安全生产教育培训涉及公司全体员工，主要内容包括：安全生产思想和方针政策教育；新员工的三级安全教育；"四新"和变更工种安全教育；复工安全教育；全员安全教育和日常性的安全教育。

1. 安全生产思想和方针政策教育

包括：安全生产技能教育；劳动安全卫生法纪教育；典型经验及事故案例教育。

2．新员工的三级安全教育

新员工，包括新调入的工人、干部、学徒工、临时工和实习人员等。所谓三级安全教育，是指公司级、车间级和班组分别对新员工进行的安全教育活动。

（1）公司级教育：公司级教育由公司行政部对新员工进行初步的安全教育，主要内容有：国家安全生产的法律、法规和安全生产的意义、任务；公司概况；公司安全生产规章制度；安全生产正、反两方面的经验和教训；工伤事故的概念及其处理；公司特殊危险区域；对新员工的要求和希望。

（2）车间级安全教育，其教育内容包括：车间生产情况及特点；车间安全生产规章制度；车间区域内的危害因素及注意事项。

（3）班组（岗位）教育，其教育内容包括：本班组生产情况及特点；本班组安全生产规章制度；本班组区域内的危害因素及注意事项；安全操作规程。

3．"四新"和变更工种安全教育

"四新"安全教育是指采用新工艺、新材料、新设备、制造新产品时，进行新工作岗位和新操作方法的安全教育。其教育内容包括以下三个方面：

（1）介绍新工艺、新设备、新产品、新材料的特点及相应的操作方法。

（2）"四新"投产过程中的危害因素及防护方法。

（3）新制定的职业健康安全作业指导书。

4．复工安全教育

复工安全教育是指员工工伤伤愈复工前，或员工经过较长时间（一般为6个月和以上）的假期后重新上岗工作前，对员工进行的安全教育。

（1）伤愈复工安全教育：伤愈复工安全教育，主要是针对受伤者经历的事故进行。其内容为：通过全面分析事故原因和总结经验、教训，引导复工者端正思想认识，吸取教训，严格遵章守纪，提高操作技能，克服操作中的失误，增强预防事故的信心和能力。

（2）休假期满复工安全教育。员工休假，如探亲、婚嫁或是家人的生老病死，容易为员工带来身心疲倦和情绪波动。因此，必须重视对休假后复工者的安全教育，要针对复工者休假的类型，重点进行"收心"教育，使其轻装上岗。

5. 全员安全教育

（1）中层以上干部的安全教育。中层以上干部安全教育的内容主要有：安全生产的方针、政策、意义、任务和工作内容等；劳动安全卫生法规教育；安全生产制度和本职安全生产责任制；安全生产特点和一般的劳动安全卫生技术知识；现代安全管理知识；如何搞好安全生产管理工作；如何做好安全生产保障工作；工伤事故的调查处理办法。

（2）班组长安全教育。对班组长安全教育的内容应包括：班组长安全职责，如何组织班组日常性安全活动和对本班组工人的安全教育，发生伤亡事故后的报告、处理方法及程序等。

（3）安全管理和安全专业技术人员的安全教育。安全管理和安全专业技术人员的安全教育培训，其目的是提高他们的工作积极性，加强有关安全管理，安全技术知识、工业卫生知识和各类安全专业理论与实践知识的教育与训练。①安全管理人员和安全专业技术（电气、焊接、叉车驾驶、锅炉、起重危险品易燃易爆等特殊工种）人员必须经过专门培训，经有关部门严格考核并取得合格操作证（执照）后，方能上岗。②安全管理干部的岗位培训内容主要有：国家安全生产方针、政策、法规、标准等，国内外安全与工业卫生的现状及发展趋势，以及安全管理方法、安全技术与工业卫生技术等。③安全技术人员的培训内容可侧重于与生产工艺相关的安全技术等。

6. 日常性的安全教育

安全教育要做到经常化、制度化。一般有定期的班组安全学习、安全活动日、交接班制度及班前班后会、不定期的事故分析会、事故现场教育以及其他安全会议等，安全教育的形式可多种多样，除上面提到的举办培训班及利用各种会议形式外，还可用板报等多种形式进行宣传教育。对特殊工种的在岗人员，必须进行经常性的安全教育。

第七节 安全生产事故应急预案

为预防和处理企业范围发生或可能发生、造成或可能造成人员伤害或财产损失的火灾，爆炸事故，危险化学品事故，中毒，特种设备、电气设备各类事故，新源公司制订了安全生产事故应急预案。

安全生产事故应急预案是从总体上阐述了公司在发生突发事故时的应急方针、应急组织机构及相关职责、应急行动、措施和保障等基本要求和程序。公司应急预案体系由综合预案、专项预案、现场处置方案组成。其中，各专项应急预案包括：火灾事故专项应急预案、天然气泄漏事故专项应急预案、锅炉生产安全事故专项应急预案、人员疏散专项应急预案、危险品泄漏专项应急预案、触电事故专项应急预案。各现场处置方案包括：皂化液泄漏现场处置方案、盐酸泄漏突发事件现场处置方案、天然气窑炉停电紧急处置方案。

一、应急预案工作原则

（1）安全第一，预防为主。把预防生产事故发生、控制事态发展和减少事故损失作为应急救援工作的中心环节和重要任务，充分运用现代科学技术，完善工作机制，建立和完善监测、预测和预警体系，做到早发现、早报告、早准备、早控制。

（2）以人为本，损益合理。事故发生后，要优先开展抢救生命，最大限度地避免和减少突发事故造成的人员伤亡；所采取的各项措施，应当与事故造成的程度、范围相适应；处置事故有多种措施可供选择的，应选择对企业利益、员工利益损害最小的措施；要加强对应急处置相应的人、财、物等资源的管理和合理使用。

（3）群专结合，整合资源。充分发挥企业技术力量作用，为事故救援提供咨询、服务。加强专职或兼职的应急救援队伍建设和培训。加强作业场所应急器材的配备、检查、更新。加强应急指挥网络建设。

（4）快速反应，联动处置。及时获取事故充分而准确的信息，跟踪研判，果断决策，加强企业各部门之间的沟通协调，充分动员和发挥广大员工的作用，迅速处置，最大限度地减少危害和影响。

二、应急组织体系

公司应急组织体系包括公司应急总指挥、公司应急副总指挥、各行政部长为应急指挥机构成员。指挥部中心设在中控值班室。应急救援组织体系如图8-3所示。

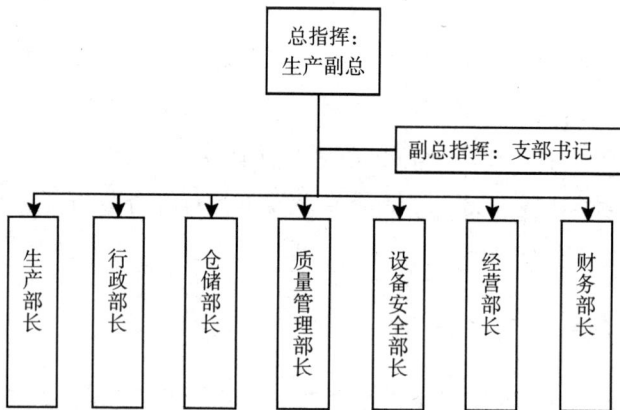

图8-3　新源公司安全生产事故应急组织体系

总指挥职责：组织指挥全厂的应急救援工作。

副总指挥职责：协助总指挥负责应急救援的具体指挥工作。总指挥不在时，副总指挥为临时总指挥全权负责应急救援工作。

设备安全部长、厂区安全员职责：协助总指挥负责应急救援的具体工作。

生产部长、经营部长职责：负责事故处置运行调度工作，事故现场通信联络和对外调度联系。

质量管理部长、仓储部长职责：协助总指挥负责工程抢险、抢修的现场指挥，负责事故现场及有害物质扩散区域内的洗消、监测工作。

行政部长职责：协助总指挥做好事故报警、情况通报及事故处置工作。

财务部长职责：协助总指挥做好事故财务账册保护，处理事故处置工作中发生的费用。

三、应急救援队伍的组成及分工

1. 应急救援指挥部

职责：组织制订本公司事故应急救援预案；接到事故报告后，立即组织有关人员赶赴现场，组织协调事故处置工作；及时向政府有关部门和周边单位通报事故情况；组织协调应急救援组织机构定期培训、演练；组织事故调查组，认真对已发事故进行调查处理；负责风险信息的上报，对可能影响区域的通报和对社会的发布；批准下达应急预案的启动和终止以及恢复生产的指令；负责应急预案的评审、批准和修订更新。

2. 现场指挥

职责：按照应急指挥部及总指挥的指示进行事故现场行动应急的直接指挥；负责现场应急指挥工作，进行应急任务和人员分配，有效利用各种应急资源，保证在最短的时间内完成对事故现场的应急行动；保证在应急状态下以最快的速度报告总指挥和进入正常通信联络，针对事故情况立即启动应急预案，控制事故蔓延；随时负责向应急指挥中心汇报现场紧急情况。

3. 应急救援办公室

职责：协调日常应急救援事务；熟悉应急救援机构的组成名单，能将领导的指令在第一时间传达到位；对事故发生的时间、地点、部位、危害程度等有关情况及时向相关部门报告，确保信息准确无误，并做好记录；保证通信设施处于良好状态；认真坚守岗位及时传达总指挥、副总指挥事故应急救援指令；制订和修订事故应急预案并定期组织有关人员进行演练。

4. 应急救援专业队伍

消防与抢险救灾组职责：①熟悉掌握重大危险源和重要部位事故现场地形、设备、工艺、操作、消防设施、安全设施和人员分布情况。②认真参加重大危险源事故救援实战演练，提高实战抢险能力。③在事故状态下，利用现有的消防和安全防护设施，能有组织地深入事故发生区域，关闭相关系统，抢修设备。减少事故损失，防止事故蔓延，抑制危害范围扩大。④听从现场指挥安排，做好现场抢险工作。

物资供应组职责：①服从应急指挥部的领导，实施物资的现场供应。②保障事故抢险和负伤人员外运运输车辆的使用。③保障应急救援物资的供应。

警戒保卫组职责：①保证救援人员车辆出入事故现场的道路畅通。②根据事发当地气象条件、地理环境、人员密集情况确定疏散方式，进行有组织的疏散。③针对突发环境事故的地点、范围，确定安全警戒范围，设置警戒标志。④维护事故现场治安，保卫重点部位，并根据事故性质、严重程度有秩序地疏散事故区域人员、控制车辆的进入。⑤保证消防通道和进入事故区域的厂内主要通道的畅通无阻。⑥对具有爆炸、火灾、泄漏等其他危险点进行监控和保护。⑦采取有效的应急救援措施进行抢险救灾，防止事故扩大，杜绝二次事故的发生。

医疗救护组职责：①服从应急指挥部的领导，做好现场受伤人员的临时包扎和抢救。②做好现场急救工作。③联系急救和安排护送转院。④对现场进行消毒。

环境保护组职责：①负责随时掌握突发事件的控制情况以及污染物的影响范围、程度。②为事件信息发布提供环境污染第一手资料。③对泄漏污染源和污染物提出及时处置的办法和要求。④事故后提出现场保护和污染洗消、净化措施。

四、预警行动

（1）突发安全生产事故后，现场人员应立即向应急救援办公室报告事故发生的时间、地点、过程及危害情况，同时采取正确的应急处置措施，组织力量救治伤员，控制事故蔓延。

（2）应急救援办公室接到报告后，应立即向总指挥报告事故情况。

（3）总指挥根据事故情况，迅速判断事故性质与类别，确定应急响应等级，做出部署并向各相关单位及人员发出预警。

（4）需调动应急专业组时，由应急救援办公室负责向担负处置任务的应急专业组下达集结出动的指令。

五、应急响应

1. 响应分级

根据突发事件的性质、可能造成的危害程度、紧急程度、发展态势以及可能的影响范围，将生产事故划分为四级：Ⅰ级（特别严重）、Ⅱ级（严重）、Ⅲ级（较重）和Ⅳ级（一般），依次用红色、橙色、黄色和蓝色表示。由此，应急响应也分为四级：

Ⅰ级应急响应：公司应急救援指挥部报请包头市应急管理机构启动高新区应急救援预案，由高新区应急救援指挥部统一指挥应急处置工作，公司应急指挥部积极配合。

Ⅱ级应急响应：公司应急救援指挥部报请包头市或高新区应急救援指挥部启动公司应急救援预案，由公司应急救援指挥部指挥应急救援工作。

Ⅲ级应急响应：由公司应急救援指挥部启动车间应急救援预案进行应急处置。必要时，可报请公司应急救援指挥部。

Ⅳ级（一般）应急响应：由车间应急指挥小组启动本单位的应急救援预案进行处置。必要时，可报请公司应急救援指挥部请求增援。

2. 响应程序

（1）接警与通知。当应急救援办公室接到报警时，应准确了解事故的性质和规模，以及事故现场的相关重要信息，并迅速通知总指挥和应急救援指挥中心的各位成员。按照总指挥的部署，负责通知各专业抢险队伍和专家组立即到达指定位置进行各自的应急救援准备。

（2）指挥与控制。由应急救援指挥中心总指挥负责对应急行动进行统一指挥和协调，副总指挥和各成员协助总指挥开展应急救援的具体指挥工作；现场指挥负责现场应急指挥工作，进行应急任务和人员分配，有效利用各种应急资源，保证在最短的时间内完成对事故现场的应急行动。

（3）警报与紧急公告。当事故可能影响到周边地区，对周边地区的公众可能造成威胁时，总指挥负责启动警报系统，向公众发出警报，并同时利用各种途径发出紧急公告，告知事故性质、对健康的影响、自我保护措施、注意事项等，以保证公众能够及时作出自我防护响应。

（4）事态检测与评估。由环境保护组负责对事故的发展势态及影响进行监控。监控活动应包括：事故影响边界，对周边环境的污染情况，可能的二次反应有害物，爆炸危险性，以及污染物质滞留区等，并及时将监测情况及评估情况向应急救援办公室报告，并由其向应急救援指挥中心及总指挥报告。

（5）警戒与治安。由警戒保卫组负责在事故现场周围设立警戒区域，实施交通管制，防止与救援无关的人员进入事故现场，保障救援队伍、物资运输和人群疏散等的交通畅通，以避免不必要的伤亡。

（6）人员疏散与安置。当发生重大事故可能对相关岗位区域构成威胁时，警戒保卫组应在应急救援指挥中心的领导下，进行有组织、有计划的疏散撤离，以达到减灾逃生、降低事故损失的目的。疏散撤离时应根据风向确定疏散的方向、距离和集中地点。总的原则是疏散安全点处于当时的上风向。

（7）医疗与卫生。①对于事故发生时和抢险救援过程中的负伤人员，由医疗救护组根据具体情况，按照已定的医疗救护方案负责对受伤人员实施救护；②如有必要立即拨打120请求支援，协助医生对现场重伤员的急救，必要时转送医院；③医疗救护组应根据公司常发事故的性质，预先配备好应急常用药品和常用医疗器械。

（8）应急人员安全。在抢险救援时，应在确保抢险人员自身安全的前提下进行抢险。若在抢险过程中出现紧急情况时，现场指挥可以直接命令抢险人员撤离危险场所（事后应向应急救援指挥中心报告），以确保应急人员的安全。

（9）消防与抢险。由消防与抢险救灾组负责对事故现场受伤、受困人员进行营救，并使其脱离事故现场，听从现场指挥的领导，利用现有的消防和安全防护设施，深入事故发生区域，关闭相关系统，抢修设备。

（10）泄漏物的控制。当盐酸、皂化液、氯化钡等发生大量泄漏时，由消防与抢险救灾组负责对泄漏物进行围堵，并将泄漏物集中收容到已备好的事故受槽中。在围堵、收容过程中应注意对抢险人员的安全防护，使用防爆电器以及不产生火花的工具。

3. 应急结束

（1）应急终止条件。突发事故得到控制，造成事故的各种条件已经消除；污染物已不再泄漏；已泄漏的污染物在现场已被洗消、净化，不存在事故继发的条件和可能；受伤人员全部得到相应的救治；现场各专业应急组织的应急活动已无继续的必要。

（2）应急终止程序。由应急救援指挥中心根据事故现场的救援情况作出终止决定；由总指挥向现场指挥下达应急终止命令，并由现场指挥负责向各专业应急小组传达总指挥的终止令；各应急专业组织在收到应急终止命令后，要认真进行现场检查，确保本组应急工作终止后不会给应急工作带来不良后果。

（3）事故调查与汇报。在应急救援指挥中心总指挥的统一领导下，组织相关人员对所发事故进行现场调查，查找事故原因，评估事故损失和影响，形成事故报告；如有必要，由总指挥向上级主管部门进行汇报。

六、信息报告与处置

（1）信息报告与通知。突发安全生产事故后，由应急救援办公室负责接收事故的相关信息，并由其随时向应急救援指挥部总指挥和各位成员通报事故信息。应急救援办公室电话（24小时有效报警）：0472-5154099；急救：120；火警电话：119；急救中心：120。

（2）信息上报。事故发生后公司主要负责人鲁继涛应在1小时内向公司总经理和政府有关部门上报。

（3）信息发布。企业突发事故有关信息的对外发布，必须由统一的对外部门——应急救援办公室负责，事故期间的信息发布内容应由总指挥批准签字；应急救援终止后，改由副总指挥批准；信息应保证真实、可靠、可信；其他机构和部门不得随便传播或刊登未经应急办公室核实和总指挥或授权人签字的事故相关信息。

七、后期处置

1. 现场保卫与洗消

（1）现场保卫。应急救援终止后，企业保卫人员应在事故现场设置保卫，禁止闲杂人员进入；由专业人员采取防护措施之后进入现场进行检查：是否有余火或造成死灰复燃的可能；是否存在悬吊物或可能造成物体打击的隐患；是否有危险污染物可能形成二次污染的因素和条件；是否还存在需要及时抢救的物资和材料等。

（2）现场洗消。检查之后根据具体情况，组织人员进入现场消除火灾隐患，扑灭余火；消除主要场所安全隐患，保证通道畅通，保证事故调查人员进入现场的人身安全；专业人员到现场清理污染物、危险化学品残余物，避免造成新的污染和二次伤害；洗消的方法可采用现场清理回收、冲洗清除、中和消除等办法；洗消的时间和顺序要根据事故调查工作的需要来安排。

2. 伤亡人员的善后赔偿

（1）事故中或事故后因应急事故或应急救援死亡的人员应按规定妥善处理，并做好保险理赔相关抚恤补偿和家属的慰问工作。

（2）对尚未康复的人员要做好住院治疗并安排看护和慰问，稳定伤员的思想情绪。

（3）对受伤出院的员工根据是否致残和有无后遗症的情况考虑是否安排和调整工作。

3. 生产秩序的恢复

（1）生产恢复条件：①事故调查现场需要收集的证据已经收集、取证完毕；②事故现场的危险化学品泄漏物已经进行洗消、清洗；③事故中损坏的设备、设施全部得到了修复或更换；④水、电、气、暖、原材料恢复了正常供应；⑤人员短缺的岗位已得到了补充。

（2）员工教育：①事故原因已经调查清楚，对相关责任人员进行了处理；②相关员工通过培训受到了教育；③对造成突发事故的问题进行了纠正；④防止类似事故再次发生的预防措施已经制定。

（3）上报批准：①将恢复生产的书面报告上报公司总经理，经批准同意后方可恢复生产；②若验收中发现仍存在问题需要整改时，必须立即进行整改，并经过再次验收通过后，方可正式恢复生产。

4. 应急预案的修订

（1）在应急救援指挥中心总指挥的领导下，各应急救援人员须认真总结在抢险救援过程中的得与失，并对公司的应急救援能力进行评估并形成报告。

（2）根据评估报告，应急救援办公室负责对应急救援预案进行完善与修订。

八、保障措施

1. 通信与信息保障

（1）内部保障：①设 24 小时常开对外联络电话，并有专人守候，负责接听电话并做好记录；24 小时对外联络电话：0472-5154099；13948925533。②在突发事故应急启动之后到应急终止之前，应急总指挥、副总指挥、指挥中心各成员、各专业行动组组长的手机不得关闭。③各应急救援人员及相关单位的通信联络方式见附件（略）。

（2）外部支援保障：①包头市急救中心；②高新区消防大队；③上级部门电话：高新区安全生产监督管理局：0472-5912087。

2. 应急队伍保障

针对应急救援的工作性质，由公司各级管理人员、技术人员及生产骨干等相关人员组成应急救援队伍，特殊情况下人力不足时，可根据需要临时抽调相关人员参与应急救援工作。

3. 应急物资装备保障

要做到预防与应急响应相结合，应急准备工作必须有必要的物资和装备保证。必须的应急装备见附件（略）。

4. 经费保障

（1）企业每年设安全专项资金，负责对安全设施的维护和更新。

（2）突发事故应急当中发生的应急资金，由应急总指挥签字如数支出。

（3）对伤亡人员的资金理赔和补偿，财务部门要及时快捷提供资金保证。

九、应急培训与演练

1. 应急培训

（1）培训目的：①提高企业员工的安全意识和对突发事故的思想重视程度；②提高企业特殊岗位和参与应急响应人员的岗位操作水平和应急技能；③了解并掌握各类危险化学品的特性和危害；④提高对企业危险目标、潜在风险的预防、控制能力和水平；⑤熟悉理解"事故应急预案"的内容和要求，正确作出应急响应。

（2）培训对象：①企业全体员工；②应急消防人员、抢险人员、抢修人员、救援人员；③医务救治服务人员；④污染物监测人员；⑤外部相关人员；⑥相关方拉运危险化学品的车辆驾驶员。

（3）培训内容：详见附件（略）。

（4）培训形式：①知识性培训可采取授课培训方式，培训后考核，保证培训效果；②对公众的宣传培训可采取印发宣传资料，进行张贴或写在广告栏里、黑板报上；③现场操作培训，结合现场实际进行知识和操作培训。

（5）培训频次：①每年培训一次；②年度应急培训计划由应急救援办公室负责制定，并组织实施；③建立培训档案；④每次培训都应留存培训记录。

2. 应急演练

（1）应急演练目的。为了保证应急救援人员和现场人员在对"事故应急救援预案"学习的基础上，能够充分运用到实践中，一旦事故发生，能够迅速按照预案的要求做出正确的响应，完成救援任务，使事故得到及时控制，最大限度地减少事故造成的损失和影响。

（2）应急演练计划：①根据事故确定的风险目标和可能发生的潜在事故和紧急情况，制定应急演练计划。应急演练每年进行一次，每次演练可选择其中一种事故类型。②事故可模拟某种危险品泄漏、起火、爆炸。③启动应急预案：总指挥、现场指挥进行应急演练指挥；应急救援办公室按应急程序进行工作；各专业行动组按各自职责在总指挥或现场指挥领导下投入应急救援活动。④应急救援办公室做好应急演练的各个环节的记录。⑤演练之后，参加人员对演练情况进行总结评价，找出其中存在的问题和不足。⑥组织相关人员对应急预案演练结果进行评估，并向应急预案备案部门提交评估报告。⑦依据评估报告，及时对应急预案加以完善和修订。

专栏 8-1 新源公司安全管理人员任命书

根据《安全生产法》的要求，为适应新形势下公司经营发展需要，经公司管理层会议决议，决定对以下同志进行新的人事任命，现予以公布：

一、任命鲁继涛、曾朝君同志为公司安全生产领导小组副组长，全面主持公司的安全工作；任命高根利同志为公司安全生产监督管理员。

二、任命抛光粉车间主任张元喜同志为抛光粉车间安全管理人员；二车间主任李渊洲同志为二车间安全管理人员；二车间主任朱进军同志为二车间安全管理人员；环保车间主任贾成同志为环保车间安全管理人员；生产部部长刘永胜为生产部安全管理人员；财务部部长吴春玲为财务部安全管理人员；经营部部长王瑞敏为经营部安全管理人员；仓储部部长杨振霞为仓储部安全管理人员；质量管理部部长王秋萍为质量管理部安全管理人员。

三、任命李国喜同志为抛光粉车间安全员，张旭东同志为二车间安全员，白计平同志为三车间安全员，李婷、谷金明等21名同志为各部门安全员（后附：安全员人员名单），负责协助各部门领导，完成本部门的安全工作的管理。

以上任命决定自发布之日起即开始执行。

包头市新源稀土高新材料有限公司

2012年3月5日

专栏8-2 新源公司的安全生产禁令

（1）生产厂区内十三个不准：①加强明火管理，防火、防爆区内不准吸烟；②生产区内不准带小孩进入；③禁火区不准无阻火器车辆行驶；④上班时间不准睡觉、干私活、离岗和干与生产无关的事；⑤班前班上不准喝酒；⑥不准使用汽油等挥发性强的可燃性液体擦洗设备、用具和衣物；⑦不按工厂规定穿戴劳动防护用品（包括工作服、工作鞋、工作帽等）者，不准进入生产岗位；⑧安全装置不齐全的设备不准使用；⑨不是自己分管的设备、工具，不准动用；⑩检修设备时，安全措施不落实，不准开始检修；⑪停机检修后的设备，未经彻底检查，不准启动；⑫不系安全带，不准登高作业；⑬脚手架、跳板不牢，不准登高作业。

（2）进入容器、设备的八个必须：①必须申请，并得批准；②必须进行安全隔离；③必须进行置换通风；④必须按时间要求进行气体分析；⑤必须穿戴规定的防护用具；⑥必须在容器外有人监护；⑦必须有抢救后备措施；⑧监护人员必须坚守岗位。

（3）防止违章动火的六大禁令：①没有获得动火批准，任何情况下严格禁止动火；②不与生产系统隔绝，严禁动火；③设备、管道、贮罐等不进行清洗、置换合格，严格禁止动火；④不消除周围易燃物，严禁动火；⑤不按时做动火分析，严禁动火；⑥检修设备未采取设备消防措施，严禁动火。

（4）操作工人六严格：①严格进行交接班；②严格进行巡回检查；③严格控制工艺指标；④严格执行操作规程；⑤严格遵守劳动纪律；⑥严格执行有关安全规定。

专栏 8-3 新源公司生产事故分级标准

Ⅰ级事故：一次造成重伤 11 人以上，或死亡 3 人以上，或者直接经济损失 100 万元以上的事故。

Ⅱ级事故：一次造成轻伤 11 人以上（含 11 人），或重伤 3~10人，或死亡 1~2 人，或者直接经济损失 30 万元以上 100 万元以下（含 100 万元）的事故。

Ⅲ级事故：一次造成轻伤 3~10 人，或重伤 1~2 人，或者直接经济损失 5 万元以上 30 万元以下（含 30 万元）的事故。

Ⅳ级事故：轻伤 1~2 人；或者直接经济损失 5 万元以下（含 5万元）的事故。

专栏 8-4　新源公司消防演练

第九章 环保与清洁生产

新源公司自成立以来一直以"高起点、高标准、严要求"为原则，以"节能、降耗、减污、增效"为宗旨，不断推进企业环保和清洁生产工作，在获得显著的环境效益的同时，也获得了显著的经济效益和社会效益。2005年新源公司被包头市环境等级评价系统测评为蓝色企业；2006年作为国家首批开展清洁生产的企业，通过了清洁生产验收；2006年开展了环境风险评价工作并通过验收；2012年2月通过了第二轮清洁生产审核；2012年3月通过国家环保部环保核查。因在环境保护方面的持续努力，2012年5月10日，环境保护部公布了第二批符合环保法律法规要求的稀土企业，新源公司名列其中（见图9-1）。

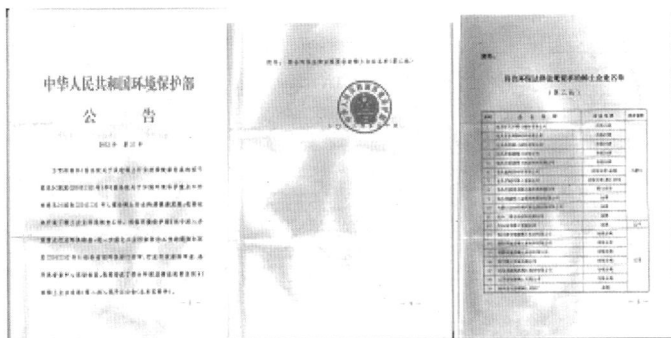

图9-1 环境保护部公布符合环保法律法规要求的稀土企业名单

第一节　国家环保制度执行情况

一、环境影响评价及"三同时"制度执行情况

新源公司自建厂至今建设项目为：年产 3000t 碳酸稀土和 3000t 稀土生产分离项目、皂化废水和碳铵沉淀稀土盐废水治理回收氯化铵项目和包头市新源稀土高新材料有限公司年产 3000t 稀土抛光材料项目。

年产 3000t 碳酸稀土和 3000t 稀土生产分离项目于 2001 年 10 月委托包头市环境科学研究院编制了环境影响报告书，2001 年 12 月 29 日包头市环保局以包环管字［2001］66 号文对该项目进行环评批复，2004 年 1 月 18 日包头市环保局对该项目进行环保竣工验收。

皂化废水和碳铵沉淀稀土盐废水治理回收氯化铵项目于 2004 年 12 月委托包头环境科学研究院编制环境影响评价报告表，2005 年 8 月 18 日包头市环保局对该项目进行环评批复，2005 年 8 月 18 日包头市环保局对该项目进行环保竣工验收。

包头市新源稀土高新材料有限公司年产 3000t 稀土抛光材料项目于 2011 年 4 月委托包钢环境保护研究所编制了环境影响报告书，2011 年 6 月 2 日内蒙古自治区环境保护厅以内环审［2011］150 号文对该项目进行环评批复（见图 9-2），目前项目厂房及生产设备已建成。

公司环境影响评价报告书的审批及竣工验收审批文件汇总见表 9-1。

二、公司环境质量及污染物排放执行情况

新源公司目前执行的环境质量标准和污染物排放标准见表 9-2。

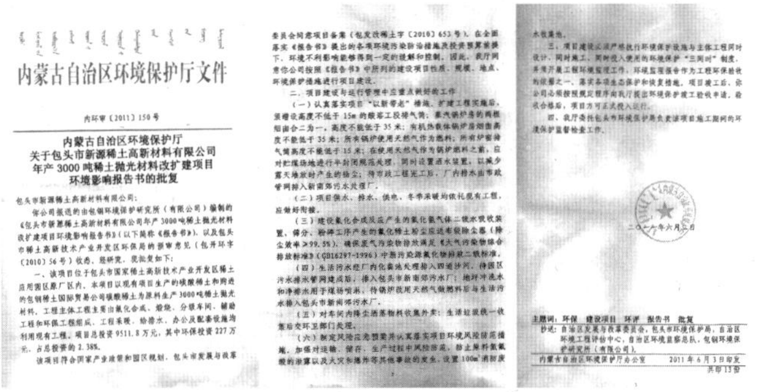
内蒙古自治区环境保护厅文件

内环审〔2011〕150号

内蒙古自治区环境保护厅
关于包头市新源稀土高新材料有限公司
年产3000吨稀土抛光材料改扩建项目
环境影响报告书的批复

包头市新源稀土高新材料有限公司：

你公司报送的由包钢环境保护研究所（有限公司）编制的《包头市新源稀土高新材料有限公司年产3000吨稀土抛光材料改扩建项目环境影响报告书》（以下简称《报告书》），以及包头市稀土高新技术产业开发区环保局的预审意见（包开环字〔2010〕56号）收悉。经研究，现批复如下：

一、该项目位于包头市国家稀土高新技术产业开发区稀土应用园区原厂区内。本项目以现有项目生产的碳酸稀土和购进的包钢稀土国际贸易公司碳酸稀土为原料生产3000吨稀土抛光材料。工程主体工程主要由氟化合成、煅烧、分级车间、辅助工程和环保工程组成，工程采暖、给排水、办公及配套设施均利用现有工程。项目总投资9511.8万元，其中环保投资227万元，占总投资的2.38%。

该项目符合国家产业政策和园区规划，包头市发展与改革委员会同意项目备案（包发改稀土字〔2010〕653号）。在全面落实《报告书》提出的各项环境污染防治措施及投资预算前提下，环境不利影响能够得到一定的缓解和控制。因此，我厅同意你公司按照《报告书》中所列的建设项目性质、规模、地点、环境保护措施进行项目建设。

二、项目建设与运行管理中应重点做好的工作

（一）认真落实项目"以新带老"措施。扩建工程实施后，须增设高度不低于15m的酸雾工段排气筒；蒸汽锅炉房的两根烟囱合二为一，高度不能低于35米；有机热载体锅炉房烟囱高度不能低于35米；所有锅炉使用天然气作为燃料；所有炉窑排气筒高度不能低于15米；在使用天然气作为锅炉燃料之前，应对贮煤场地进行半封闭规范处理，同时设置洒水装置，以减少露天堆放时产生的扬尘；待市政二程完工后，厂内排水由市政管网排入新南郊污水处理厂。

（二）项目供水、排水、供电、冬季采暖均依托现有工程，应做好衔接。

（三）建设氟化合成反应产生的氟化氢气体二级水吸收装置，筛分、粉碎工序产生的氟化稀土粉尘应送布袋除尘器（除尘效率≥99.5%），确保废气污染物排放满足《大气污染物综合排放标准》（GB16297-1996）中新污染源氟化物排放二级标准。

（四）生活污水经厂内化粪池处理排入四道沙河，待园区污水排水管网建成后，排入包头市新南郊污水厂；地坪冲洗水和净排水用于煤场喷淋，待锅炉改用天然气做燃料后与生活污水排入包头市新南郊污水厂。

（五）对车间内降尘洒落物料收集外卖；生活垃圾统一收集后交环卫部门处理。

（六）制定风险应急预案并认真落实项目环境风险防范措施，加强对运输、储存、生产过程中风险防范，防止原料氢氟酸的泄露以及火灾和爆炸等其他事故的发生，设置100m³消防废水收集池。

三、项目建设必须严格执行环境保护设施与主体工程同时设计、同时施工、同时投入使用的环境保护"三同时"制度，并须开展工程环境监理工作，环境监理报告作为工程环保验收的依据之一，落实各项生态保护和恢复措施。项目竣工后，你公司必须按照规定程序向我厅提出环境保护竣工验收申请，验收合格后，项目方可正式投入运行。

四、我厅委托包头市环境保护局负责该项目施工期间的环境保护监督检查工作。

二〇一一年六月二日

主题词：环保　建设项目　环评　报告书　批复

抄送：自治区发展与改革委员会，包头市环境保护局，自治区环境工程评估中心，自治区环境监察总队，包钢环境保护研究所（有限公司）。

内蒙古自治区环境保护厅办公室　　2011年6月3日印发

共印13份

图 9–2　自治区环保厅对新源公司稀土抛光材料项目环境影响报告书的批复

表 9–1　公司环保批准文件汇总

序号	环境影响评价报告书名称	编制单位	编制时间	环境影响评价		竣工环境保护验收单位
				审批单位	批准文号	
1	《年产3000t碳酸稀土和3000t稀土生产分离项目》	包头市环境科学研究院	2001年10月	包头市环保局	包环管字［2001］66号	包头市环保局
2	《皂化废水和碳铵沉淀稀土盐废水治理回收氯化铵项目》	包头市环境科学研究院	2004年12月	包头市环保局	无文号	包头市环保局
3	《包头市新源稀土高新材料有限公司年产3000t稀土抛光材料项目》	包钢环境保护研究所	2011年4月	内蒙古自治区环境保护厅	内环审［2011］150号	—

表 9–2　公司环境质量及污染物排放执行情况

环境质量执行标准			
环境空气	地表水	地下水	声环境
《环境空气质量标准》(GB3095–1996）二级标准	《地表水环境质量标准》(GB 3838–2002）Ⅴ类标准	《地下水质量标准》(GB/T 14848–93）Ⅲ类标准	《声环境质量标准》(GB3096–2008）3类区标准
污染物排放执行标准			
废气	废水	固废	噪声
《锅炉大气污染物排放标准》（GB13271–2001）二类区Ⅱ时段标准；《工业炉窑大气污染物排放标准》(GB9078–1996）表2、表4二级标准	《污水综合排放标准》（GB8978–1996）二级标准	《危险废物贮存污染控制标准》(GB18597–2001)；《一般工业固体废物贮存、处置场污染控制标准》（GB18599–2001）	《工业企业厂界环境噪声排放标准》（GB12348–2008）3类标准

三、企业排污缴费情况

新源公司于 2008 年、2009 年、2010 年及 2011 年（一季度）按照当地环保部门的要求依法缴纳了排污费，公司排污缴费得到有效执行。新源公司排污费缴费情况见表 9-3。

表 9-3　排污缴费情况统计

缴费年度		缴费通知编号	应缴排污费（元）	缴费凭证编号	实缴排污费（元）	收费机构
2008 年	第一季度	包头市环监费 [2008] 00569 号	12585	No.00206116	37755（其中包括 2007 年第四季度排污费）	地方财政
	第二季度	包头市环监费 [2008] 00570 号	12585			
	第三季度	包头市环监费 [2008] 00718 号	14481	No.00206146	14481	
	第四季度	包头市环监费 [2008] 00772 号	14481	No.00343025	14481	
2009 年	第一季度	包头市环监费 [2009] 00425 号	10227	No.9732032886	10227	
	第二季度	包头市环监费 [2009] 00464 号	10227	No.9732033563	10227	
	第三季度	包头市环监费 [2009] 00527 号	15807	No.9759223324	15807	
	第四季度	包头市环监费 [2009] 00616 号	26352	No.9759478765	87576	
2010 年	第一季度	包头市环监费 [2010] 00575 号	21561			
	第二季度	包头市环监费 [2010] 00658 号	19668			
	第三季度	包头市环监费 [2010] 00682 号	19995			
	第四季度	包头市环监费 [2010] 00774 号	19404	No.9759479821	41403	
2011 年	第一季度	包头市环监费 [2011] 00775 号	21999			

第二节 企业内部环保管理制度

一、环境管理机构与制度

1. 环境保护管理机构

公司成立了由总经理负责，分管生产副总、质检部、仓储部、行政部、经营部及生产运营部（高纯稀土车间前处理工段、配制工段、高纯稀土车间纯化工段、后处理高纯稀土车间沉淀工段、浓缩结晶工段、灼烧工段、环保车间和机修动力车间）负责人参加的环保管理小组，公司现有环保管理专、兼职人员9名。企业环保管理机构的职责是：

（1）贯彻执行国家及上级有关部门和地方政府规定的环保方针、政策、法律和法规，制定本公司环保管理制度，落实各部门的环保责任，并监督执行。

（2）负责建立和完善环境保护长效机制，并监督和检查环保规章制度的执行落实情况。

（3）监督检查生产线各项环境保护设施运转，组织环保人员的技术培训和学习。

（4）做好环保设施运行管理，确保"三废"达标排放，收集本厂的"三废"治理基础资料，建立本厂环境保护档案，进行环境统计工作，及时准确上报环境报表。

（5）认真执行建设项目环境影响评价制度和"三同时"制度，并对执行情况负责。监督项目建设过程中环境工程的实施情况，负责公司排污申报、污染物监测，依法缴纳排污费。

（6）负责本厂的除尘设施、废水处理系统及固废暂存场所等的日常管理工作。

（7）组织和推广实施清洁生产工作。

（8）领导和组织环境保护宣传活动，推广先进技术和管理经验，提高全体员工的环保意识。

2. 公司环境管理制度体系

（1）《企业环境保护管理制度》。

（2）《污水处理设施管理制度》。

（3）《环境保护统计工作管理制度》。

（4）《环境保护奖惩管理制度》。

（5）《紧急应急和预案管理规定》。

（6）《企业保护档案管理制度》。

（7）《清洁生产管理办法》。

二、企业环境保护管理制度

2008 年 1 月 16 日新源公司董事会通过《企业环境保护管理制度》，内容如下：

1. 总则

（1）公司环境保护工作坚持预防为主、防治结合、综合治理的原则；坚持推行清洁生产、实行生产全过程污染控制的原则；实行污染物达标排放和污染物总量控制的原则；坚持环境保护工作作为评选先进的必要条件，实行一票否决。

（2）环境保护工作的主要负责人，应对环境保护工作实施统一监督管理，行政一把手是环境保护第一责任人。

（3）配备与开展工作相适应的环保管理人员，掌握生产工艺技术及生产运行状况。

2. 环境监测工作

（1）每年根据公司环保工作的要求定期定时开展企业排污情况的监测工作。监测时如有超标情况，要按照程序文件要求及时通知相关部门，不得私自减少监测次数或停止监测。

（2）将排污监测情况纳入各生产部门的绩效考核中。

（3）质量管理部除开展常规监测外，要承担对突发性的污染事故的应急监测工作。

（4）外排污水和大气的监测外委进行。

3. 环境保护工作日常管理

（1）把环境保护工作纳入日常生产经营活动的全过程中，实现全过程、全天候、全员的环保管理，在布置、检查、总结、评比的同时，必须有环保工作内容。

（2）积极开展环境保护宣传教育活动，普及环保知识，提高全员的环保意识。

（3）完善环保各项基础资料。

（4）加强对外来施工单位施工作业的环境管理，承揽环保设施施工的单位，要持有上级或政府主管部门的施工许可证，在施工过程要防止产生污染，施工后要达到工完、料净、场地清，对有植被损坏情况的，施工单位要采取恢复措施。

（5）污染防治与"三废"资源综合利用：①对生产中产生的"三废"进行回收或处理，防止资源浪费和环境污染，对暂时不能利用而须转移给其他单位利用的"三废"，必须由公司安全环保责任人批准，严格执行逐级审批手续，防止污染转移造成污染事故。②开展节水减污活动，采取一水多用，循环使用，提高水的综合利用率。③在生产过程中，要加强检查，减少跑、冒、滴、漏现象。对检修中清洗出的污染物要妥善收集和处理，防止二次污染。对检修中拆卸的受污染的设备材料要进行处理，避免造成污染转移。④在生产中，由于突发性事件造成排污异常，要立即采取应急措施，防止污染扩大，并及时向公司安全环保责任人汇报，以便做好协调工作。⑤对于具有挥发性及产生异味的物品，要采取措施防止挥发性气体造成污染环境或产生气味，避免污染环境或气味扰民事件的发生。⑥凡在生产过程中，开停工、检修过程产生噪声和震动的部位，应采取消音、隔音、防震等措施，使噪声达标排放。

4. 建设项目的环境管理

（1）新、改、扩建和技术改造项目（以下简称建设项目），必须严格执行有关环境保护法律法规，严格执行"三同时"制度。

（2）建设项目应积极推行清洁生产，采用清洁生产工艺。

（3）凡由于设计原因，使建设项目排污不达标，设计单位除负设计责任外，还应免费负责修改设计，直至排污达标，并承担在此期间由于排污不达标造成的排污费和污染赔款，对由于施工质量造成生产装置污染处理不能正常运行，施工单位应免费限期进行整改，直至达到要求。在此期间，发生的环保费用由施工单位承担。

5. 环境保护设施的管理

（1）生产部要将环保设施的管理纳入设备的统一管理。

（2）环保设施需检修或临时抢修，要对其处理或产生的污染物制订应急处理方案，并上报公司批准，保证污染物得到有效处理和达标排放。

6. 环境污染事故的管理

（1）污染事故是由于作业者违反环保法规的行为以及意外因素的影响或不可抗拒的自然灾害等原因致使环境受到污染，人体健康受到危害，社会经济与人民财产受到损失，造成不良社会影响的污染事件，事故的处理按包头市环境保护管理办法中的有关规定执行。

（2）污染事故级别划分根据国家污染事故划分有关规定执行。

（3）凡发生污染事故后，必须立即采取应急处理措施，控制污染事态的发展，并立即上报公司安全环保部，开展事故调查等工作（最迟不得超过2小时），12小时内将事故报告或简报上报公司安全环保部，公司安全环保部按照有关事故处理规定分级负责，逐级上报，接受处理。

（4）凡外来施工的承包单位，在签订工程合同时，签订双方要明确环保要求及规定，施工队伍主管部门要监督检查，发生污染事故，一切后果由责任方承担。

7. 奖励与处罚

（1）公司将对下列人员给予表彰或奖励：①认真执行国家环境保护法

律、法规、方针、政策，在环境管理、污染防治、宣传教育工作中成绩显著者。②在环境管理、清洁生产、推广应用洁净技术、防治污染、综合利用工作中有重大贡献者。③在防止污染事故或对污染事故及时报告的有功人员。

（2）对违反环境保护法律、法规、管理条例的单位或个人，将上报公司监督检测中心及安全环保责任人处，并由其按照有关规定进行处罚。有下列行为之一的，公司将根据不同情节，给予警告、责令改正或者 100~1000 元罚款：①拒绝环保办公人员现场检查或者在被检查时弄虚作假的。②拒报或者谎报污染物排放情况的。③未对原有污染源进行治理，再建对环境有污染建设项目的。④在可能发生或者已经发生污染事故或突发性事件不及时上报公司环保处的。⑤凡有污染源单位，因自身管理不善造成污染事故，被上级主管部门处罚的。

8. 附则

（1）本制度如与国家法律、法规以及地方法律法规的规定不一致时，按上级规定执行。

（2）本制度由生产部负责解释。

三、环境保护统计工作管理制度

（1）严格按照《中华人民共和国统计法》开展环境保护统计工作。

（2）坚持实事求是，上报的统计数据要做到真实可靠。

（3）准确、及时、全面系统地搜集、整理和分析环境保护的统计资料，正确反映本单位对环保法规的执行情况。

（4）及时、准确地将环保情况提供给公司领导，为科学决策提供依据。

（5）按时完成上级环保部门及本单位安排的环保统计工作；每年对公司"三废"排放量进行一次考核。

（6）负责环保原始记录管理，并积累、整理环保方面统计数据资料，做好归档工作。

（7）以上内容纳入公司考核。

四、环境保护档案管理制度

（1）为加强环境保护档案管理，充分发挥环保档案在环境保护工作中的作用，根据《中华人民共和国档案法》及《环境保护档案管理暂行规定》，特制定本制度。

（2）环保档案主要指公司在环境管理监测、科研、宣传、教育等环境保护活动中直接形成的有保存价值的各种文字、图表、声像等不同形式的历史记录。

（3）环保档案工作是环境保护工作的重要组成部分，要将其纳入本单位的环保发展规划与年度计划中。

（4）为保证环保档案完整、准确、安全、有效地利用，要采用先进技术，逐步实现环保档案管理的现代化。

（5）档案工作人员要忠于职守，认真执行档案管理制度，钻研业务，严格遵守党和国家的保密规定，确保环保档案的完整与安全。

（6）借用环保档案者应负安全和保密责任，不得擅自转借，不得折叠、剪贴、抽取和拆散档案，严禁在环保档案上勾画、涂抹、填注、加字、改字等。

（7）归档的环境保护文件、材料要做到字迹工整、图像清晰、签字手续完备。

（8）科研课题、环保工程和其他任务等，承办单位应将所形成的环境保护文件、材料按本制度的要求整理归档。

（9）环保档案的保管期限分为永久、长期、短期三种。长期和短期的环保档案归环保处管理，永久性的归公司档案室保管，环保处保存永久档案的复印件。

（10）本制度由公司安全环保责任人负责执行，由公司环保委员会负责考核。

五、环境保护奖罚管理制度

（1）有下列情形之一者，除扣发责任单位当月奖金额的 10% 外，还将扣发责任单位主要领导当月奖金的 50%，罚款作为环保奖励基金：①环保设施操作者不按规定进行操作的；②擅自拆除或闲置环保设施的；③环保设施不能正常使用，使排污超标的；④环保设施停运造成污染和危害，未上报公司的；⑤环保工作开展不利，造成周围居民上访的；⑥生产过程与环保工作严重脱节，环保设施管理混乱的。

（2）因环境污染对周围居民造成一定经济损失的要进行合理赔偿，本着谁污染谁付款的原则，赔偿费用由造成污染的单位负责解决，同时扣发该单位主要领导当月奖金。

（3）环保统计报表每发现有一处错误，罚报表人 10 元。

（4）有下列情形之一的单位和个人给予表彰或奖励：①设施运行管理良好，无污染事故的；②对环保设施提出合理化建议和技术改造效果显著的。

（5）各单位要严格执行本规定，对执行不利的单位进行通报批评，同时对责任者罚款 100 元。

六、污水处理设施管理制度

（1）加强污水处理设施管理，巩固治理成果，特制定本制度。

（2）污水处理设施包括：导热油炉、蒸浓罐、低温蒸发塔等。

（3）有污水处理设施的单位必须做到以下 3 点：①经设施处理后的水质，必须达到国家或地方规定的排放标准，方可排放或循环使用。②设施必须配备专门操作人员，建立健全岗位责任制、操作规程等规章制度，操作人员必须按操作规程做好设施运行记录、监测结果记录。③污水处理设施有下列情况之一者，必须报公司环保处审查和批准：需暂停运转的；需拆除或闲置的；需更新改造的。

（4）污水处理设施因事故停止运转，要立即采取措施，停止废水排放，并及时上报公司。

（5）有下列行为之一者，视其情节轻重，对责任单位的主要领导进行批评，并写出书面检查：①操作者不按规定进行操作的；②擅自拆除或闲置处理设施的；③设施停运、造成污染和危害，未报公司的；④拒报或谎报污水处理设施情况的。

（6）公司内不许乱设排污口。

七、环保设施运行管理制度

（1）为强化环保设施运行管理，特制定本制度。

（2）本制度所称环保设施是指锅炉除尘设施、具有环保节能功能的工业窑炉、生产工艺粉尘处理设施、防止向大气中排放污染物设施。

（3）凡使用环保设施的单位必须做到：①建立健全岗位责任制、操作规程，做好运行记录；②出现故障应及时维修，杜绝"带病"运行，确保设备完好；③加强管理，调整好配风系统，防止滴、漏，保证设施正常运行；④除尘设施运行效果实行年检测试，要认真做好测试前的准备工作；⑤环保设施因发生故障不能运行的，要向公司安全环保责任人提交停机报告，报告中应说明环保设施故障、抢修措施、修复日期等；⑥公司安全环保责任人将按规定对重点环保单位进行监测，监测结果及时通报单位，并将监测结果记录存档，每年填好环境保护设施档案（单台）。

（4）对有下列情形之一者，进行奖励或处罚：①擅自拆除或闲置环保设施的；②有意造成设施不能正常使用，使排污严重超标的；③更新、改造环保设施，引进、安装不符合环保规定的技术设备，致使工程不能验收的；④严格遵守本制度，成绩突出的单位或个人给予表彰和奖励。

（5）本制度由公司生产部负责考核。

八、氨氮在线监测设备管理制度

根据国家环保部和内蒙古自治区环保厅关于污染源连续在线监测系统总体要求，新源公司于 2005 年 9 月 28 日开始安装了固定污染源废水自动监控系统（WWMS）。目前该系统正在公司各项制度保障下良好运转。

1. 在线监测设备岗位责任制

为确保公司在线仪器的正常运转，特做如下规定：

（1）在线监测仪表（设备）应由专人负责，建立设备台账。

（2）建立健全必要的规章制度。

（3）严格执行在线监测仪表（设备）操作规程。

（4）每日按规定对仪器进行巡检两次（9:30，16:00），进行日常维护保养，做好巡检记录和设备维护保养记录。如发现异常情况，严格按照设备故障预防与处置制度执行。

（5）负责记录仪器分析数据，及时上报。

（6）保证在线监测仪器（设备）的准确性，定期进行校准。

（7）按规定进行标准物质和易耗品的定期更换，以及废液收集处置。

（8）保持工作场所和仪器设备的清洁工作。

2. 在线监测设备定期校验制度

为了保证公司在线监测仪表（设备）正常使用，提高监测数据的准确性，特制定仪器定期校验制度，规定如下：

（1）定期由专业计量部门对在线监测仪表（设备）进行校准。

（2）每月至少进行一次实际比对实验，进行一次现场校验，可自动校准或手工校准。

（3）设备发生严重故障，经维修后在正常使用和运行之前必须对仪器进行一次校准和校验。

（4）校准和校验的结果必须满足相应的技术要求。

（5）进行相关校准和校验时，必须有专人负责监督，在测试期间保持相对稳定，做好测试记录和调整、维护记录。

3. 在线监测设备的操作制度

（1）准备工作：①确认监测房内工作温度湿度正常；②检查线路是否正常。

（2）操作步骤：①整体操作界面采用两级界面结构。主界面由各种功能图标按钮组成，单击相应按钮可进入下一级界面。②主界面按钮功能：a. 显示：自动测量时，显示实时数据的界面。无操作的情况下，经过一定时间自动返回到此界面下。b. 仪器：用于设置仪器的固有参数。如仪器时间、密码等。c. 检查：用于检查仪器各部件功能，用户不需要操作。d. 记录：用于查阅测试数据的历史记录。e. 线性关系：用于仪器调校时，输入调校数据。并可以观察调校曲线。f. 零点校准：用于设置零点校准和自动清洗的开关、周期等参数。g. 测量参数：用于设置测量模式、周期、取样等参数。③检查界面：此界面下的操作，用于检查测试仪器各部件工作情况。a. 取样检查：启动进样泵；b. 清洗检查：启动电磁阀和清洗泵；c. 氙灯检查：打开氙灯光源，氙灯状态栏显示；d. 零点校准：进行零点校准显示，同时检测输出信号，检测结果为零点校准结果在零点校准状态栏；e. 手动测量：进行手动测量；f. 操作方法：功能按钮和选择按钮为灰色，当选择或点击时变为红色。"取样检查"和"清洗检查"需要点击"停止"才能停止电机。"氙灯检查"、"零点校准"、"手动测量"功能完成时，自动停止记录。

（3）在线流量计数据读取：①定期校准在线流量计；②记录测量值。

4. 在线监测仪器使用管理制度

为保证公司在线监测仪器正常使用，提高监测数据的准确性，特制定仪器使用管理制度：

（1）日常监测：①进出水氨氮数值测定周期为 2 小时，每 2 小时测定一个数据并进行储存。②每 24 小时自动进行零点和量程校正并进行酸洗。③每 1 个月至少进行一次手动对比监测，根据测定结果对设备进行校准。

（2）数据统计：每天 9 点对前一天的数据进行统计，并计算平均值，记录最高值、最低值，每月 25 日进行月汇总。

在线流量计使用管理制度：

（1）日常监测：化验人员每日 9 点记录流量计上显示的累进流量数值。

（2）数据统计：每月 25 日对前一个月进出水流量进行统计，并做分析。

5.在线监测仪器维护保养制度

（1）日常维护保养。

①检查各管接头是否有渗漏现象；

②水样预处理系统是否堵塞致仪器取样异常；

③保持监测用房（监控箱）的清洁，保持设备的清洁，保证监测用房内的温度、湿度以满足仪器正常运行的需求。

（2）定期维护保养。

1）整体维护保养：①根据所设定的零点校准和清洗频率，定期检查清洗液，当清洗液不足时，应及时添加；②对电源控制器、供暖设备等辅助设备要进行经常性检查；③每周至少对整个系统（包括采样系统、分析仪器系统、数据存储/控制系统）的运行状态和主要参数进行一次检查，判断运行是否正常；④清扫仪器的灰尘、污垢，保持仪器清洁；⑤检查清洗酸、调零酸是否足够；⑥检查蠕动泵排水是否正常等。

2）设备维护保养：①对仪器分析系统，采样杯、废液桶、进样管路每月至少清洗一次；②比色池、测量室、电极等每月至少清洗一次；③对超声波流量计，每周至少检查一次高度是否发生变化；④检查标定液是否充分，每周更换一次；⑤对数据采集传输仪，要定期观察其运行情况，并检查连接处有无损坏，检查实时数据与现场数据是否相符，转换曲线是否适用；⑥每3个月至少进行一次手动对比监测，根据测定结果对仪器进行校准；⑦至少3个月对仪器进行一次零点、重复性和量程的手动校准。

6.在线监测设备运行、巡检制度

（1）在线仪表设备由专人进行定期巡检，保证设备完好和数据的准确性。

（2）巡检时间为日检、周检和月检。

（3）巡检内容：

1）系统辅助设备的工作状况及主要技术参数：①检查自来水供应、泵取水情况，内部管路是否畅通；②进出样水管是否清洁以及是否定期清洗过滤网；③确认各阀体、部件工作正常有效；④确认采样系统工作正常；⑤检查电路系统、通信系统是否正常；⑥检查各仪器标准溶液和试剂是否过期等。

2）在线检测仪的工作状况及主要技术参数：①检查进样及流程系统是否有漏液漏酸问题；②检查主控电路电子器件有无过热现象；③各管接头是否有渗漏现象；④添加清洗液；⑤清理收集废液，进行集中处理；⑥是否定期校准。

3）在线仪表环境检查：①监测房是否通风；②在线仪表（设备）保洁完成情况；③监测房内卫生；④检查管线内是否长有藻类。

7. 设备故障预防与处置制度

（1）设备故障预防制度。严格按照岗位职责及相关制度，做好设备的日常巡检、日常维护保养、定期校准和校验等工作，如实记录现场条件变化，并对其带来的影响作出判断，保证设备的正常运行。

（2）设备故障处置制度。

1）建立日常维护工作汇报制度，如发现重大事故或仪器严重故障，应立即向市环境监控中心进行报告，说明原因时段等情况，并递交人工监测报送数据的替代方案，获批准后实施。

2）故障处理的有关要求：①发现故障或接到故障通知，专业技术人员必须及时报告主管领导，并赴现场检查处理。②对于一些容易诊断的简单故障，如管路堵塞、线路接触不良、数据采集传输仪死机等，可携带工具或者备件到现场进行针对性维修。对不易诊断和维修的仪器故障，及时报告主管领导并联系厂家技术人员到场检修，记录其故障原因与事故状态；因维修、更换、停用、拆除等原因将影响自动监控设施正常运行，若48小时内无法排除的，应安装备用仪器，备用仪器或主要关键部件（如光源、分析单元）经调换后应根据国家有关技术规定对设施重新调试经检测比对合格后可投入运行。③若数据采集传输仪发生故障，必须在24小时内修复或更换，以保证已采集的数据不丢失。④设备经过维修后，在正常使用和运行之前必须确保维修内容全部完成，性能通过检测程序，按仪器使用规定对仪器进行校准检查。若监测仪器进行了更换，在正常使用和运行之前必须对设备进行一次比对实验和校准。⑤备有足够的备品备件，对其使用情况进行定期清点，并根据实际需要进行增购，以不断调整和补充各种备品备件的存储数量。⑥重大故障处理完毕后，记录在线监测仪表（设备）故障状况及处理情况。

8. 自动监测数据分析记录与统计制度

（1）在各个操作室内放有记录本，以方便当日巡视人员对数据的记录，记录分上午和下午两个时间段。

（2）水污染源在线监测数据的有效性判别及审核按照《水污染源在线监测系统数据有效性判别技术规范（试行）》（HJ/T356—2007）的要求进行。

（3）如数据有异常，应先查看在线水质监测仪表（设备）是否正常工作，然后再进入仪器的检查界面，对仪器进行调零校准。

（4）每月、每季度对所采集的数据进行汇总统计，以报表形式上报厂部及所需部门。

第三节 企业达标排放情况

一、公司排污节点分析

新源公司是以生产各种高纯稀土盐类、氧化物为主的稀土湿法冶炼企业，生产运营部由高纯稀土车间前处理工段、高纯稀土车间纯化工段、高纯稀土车间沉淀工段、浓缩结晶工段、灼烧工段、环保车间和机修动力车间等组成，现已形成稀土萃取分离年 3000 吨稀土氧化物生产能力。公司生产工艺流程及各系统排污节点分析如图 9-3 所示。

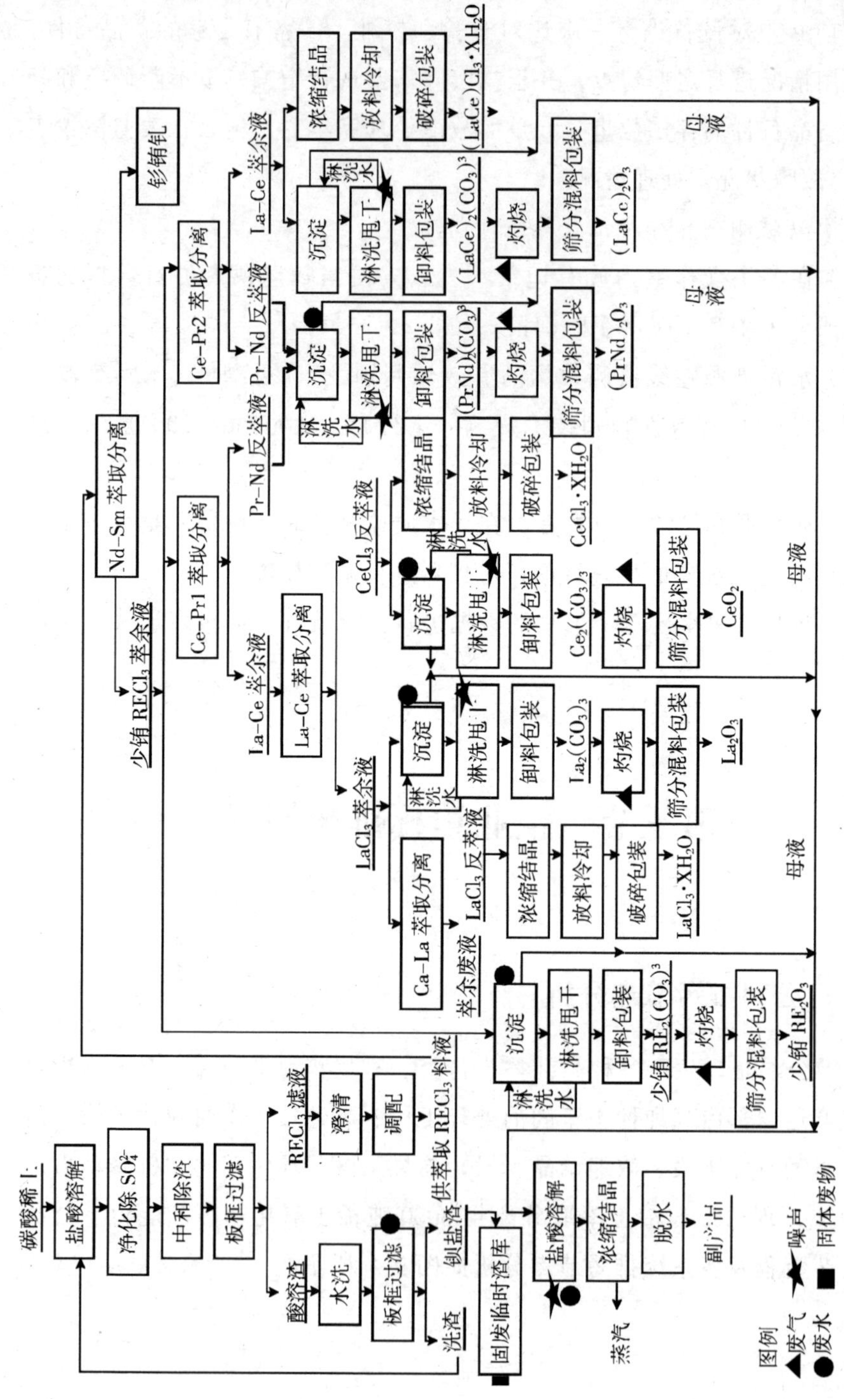

图 9-3　新源公司生产工艺流程与排污节点图

二、废气达标排放

公司废气排放源为高纯稀土车间前处理工段产生的盐酸雾、燃煤锅炉烟气、灼烧窑废气及煤场粉尘等。

（1）盐酸雾。高纯稀土车间前处理工段操作温度在 90℃ 以上进行生产，在投料过程中随着化学反应的进行会产生部分夹带盐酸的水蒸气，经16m 高排气筒排放。

（2）动力锅炉烟气。公司现有一座锅炉房，锅炉房设有 1 台 DZL6-1.25-AⅡ型 6t 燃煤蒸汽锅炉和 1 台 SZL4-1.25-AⅡ型 4t 燃煤蒸汽锅炉（一备一用），为公司生产车间供汽和冬季采暖。两台锅炉均采用陶瓷多管除尘器进行除尘，除尘器除尘效率可达到 80% 以上，经除尘后的废气通过35m 高烟囱排放。2010 年蒸汽锅炉年运行时间为 7920h，消耗煤量1132.5t。

（3）有机热载体锅炉烟气。公司环保车间热源采用 1 台 6t 燃煤有机热载体锅炉（导热油炉），锅炉烟气经陶瓷多管除尘器除尘后排放，除尘器除尘效率为 80% 以上。除尘后的烟气经 30m 高排气筒排放。2010 年导热油炉年运行时间为 7920h，消耗煤量 2642.5t。

（4）灼烧窑废气。生产车间灼烧工段设有三座梭式窑和一座回转窑，梭式窑和回转窑均采用天然气为燃料。废气经 12m 高排气筒排放。2010年天然气用量为 76.61 万 m^3/a。

（5）煤场粉尘。公司煤场位于厂区东南侧，占地面积 1032m^2，堆高1.8m，总储煤量 1000t，主要污染物煤粉尘。煤场四周现设有 2m 高挡煤墙，定期用锅炉排污水对其进行洒水抑尘。

公司废气污染物排放如表 9-4 所示。

表9-4 公司废气污染物排放表

监测时间	排放源	监测结果		标准限值 (mg/m³)	达标情况	执行标准
		污染物	排放浓度 (mg/m³)			
2010年12月	有机热载体炉	烟尘	173.13	200	达标	《锅炉大气污染物排放标准》（GB13271-2001）二类区Ⅱ时段标准
		SO₂	314.30	900	达标	
		NOx	215.53	—	达标	
2011年5月	4t燃煤蒸汽锅炉	SO₂	77.10	900	达标	
		NOx	470.60	—	达标	
	有机热载体炉	SO₂	605.60	900	达标	
		NOx	475.20	—	达标	
2011年6月	4t燃煤蒸汽锅炉	烟尘	189.74	200	达标	《工业炉窑大气污染物排放标准》（GB9078-1996）表2、表4二级标准
	有机热载体炉	烟尘	186.26	200	达标	
	梭式窑	烟尘	6.74	200	达标	
		SO₂	71.67	850	达标	
		NOx	33.33	—	达标	

资料来源：2010年和2011年污染物例行监测报告。

三、废水达标排放

1. 生产废水的排放与处理

公司生产废水有高纯稀土车间前处理工段产生酸溶渣洗涤水，萃取纯化时产生的皂化、分离废水，单一氯化稀土进行沉淀时产生的沉淀母液和洗涤废水，纯水制备过程中产生的浓水，浓缩结晶工段冷却循环水排污水，锅炉排污水及化验废水等。

其中，酸溶渣洗涤水和单一氯化稀土沉淀时产生的洗涤废水全部循环利用；纯水制备过程产生的浓水用于单一氯化稀土浓缩结晶工段，产生量约33t/d；化验废水中含有少量稀土，回用于高纯稀土车间前处理工段，产生量约3t/d；锅炉排污水用于煤场的抑尘，产生量约3.6t/d。萃取分离混合氯化稀土时产生的皂化、分离废水及单一氯化稀土进行沉淀时产生的沉淀母液排至环保车间进行处理，处理量约152.2t/d。

全厂水平衡见图9-4。

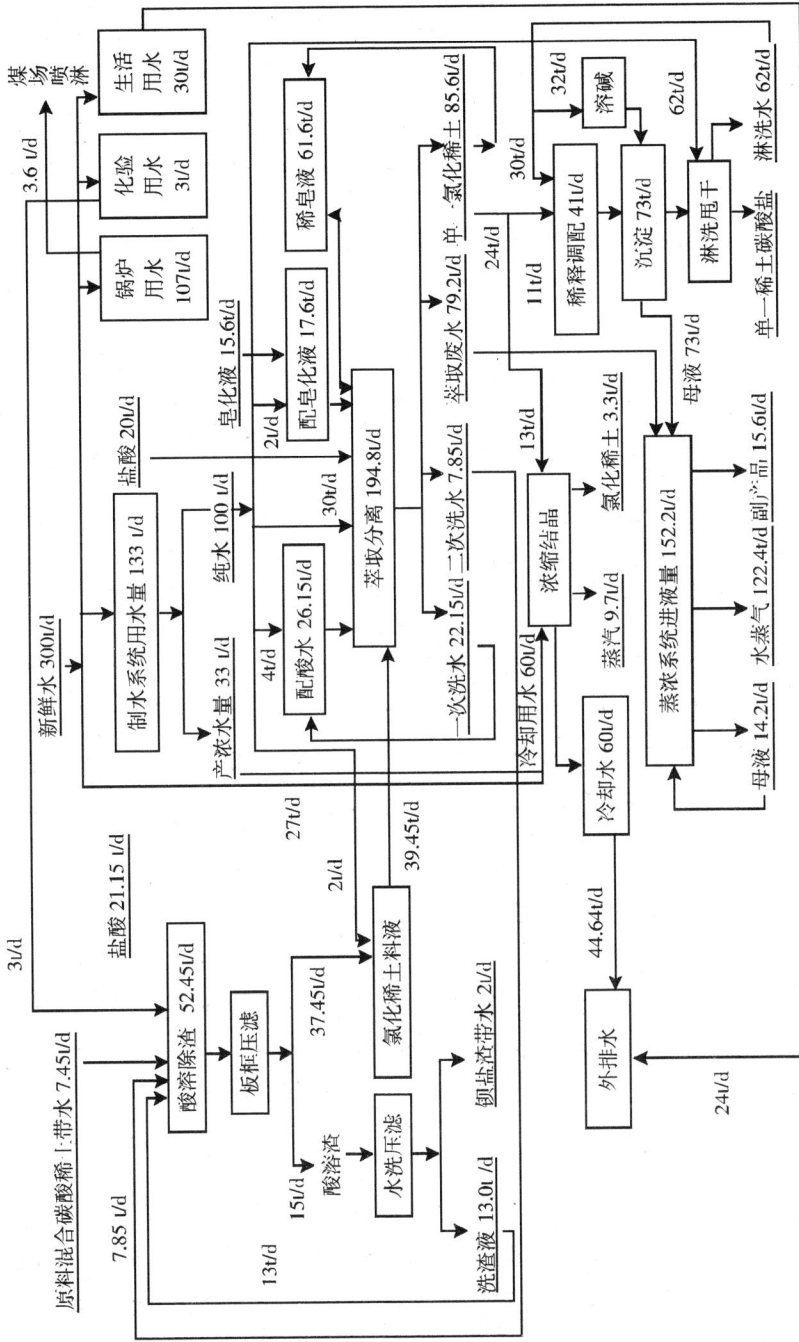

图 9-4　全厂水平衡

2. 生活污水处理的排放与处理

公司生活污水排放量约 24t/d，目前生活污水按照包头市政府及包头市环境保护局要求排入尾闾工程，待园区污水排水管网建成后排入包头市新南郊污水厂。

四、固体废弃物达标排放

公司固体废物主要包括炉灰渣、钡盐渣及生活垃圾。主要来源为公司的燃煤锅炉、高纯稀土车间前处理工段以及办公、操作区和职工食堂。

燃煤锅炉 2010 年灰渣产生量约 240t/a，炉渣交由个体户运至包头市红旗农场轻质建筑材料厂用于生产环保砖。

公司厂区办公、生活垃圾定期由公司专用车辆运至高新稀土开发区管委会指定的公共事业管理处垃圾转运站。

公司危险废物为高纯稀土车间前处理工段产生的钡盐渣。该钡盐渣定期运至包头市辐射环境管理处放射性废渣专用储库，交由包头市辐射环境管理处 1896 所渣库贮存。

公司固体废弃物排放情况见表 9-5。

表 9-5　公司一般工业固废及危险废物处理处置

名称	产生量 (t/a)		综合利用率 (%)	处置率 (%)	备注
炉渣	2009 年	160	100		由个体户运往包头市红旗农场轻质建筑材料厂，用作制环保砖
	2010 年	240	100		
	2011 年 1~6 月	105	100		
办公生活垃圾	2009 年	22		100	集中运往稀土高新园区公共事业管理处垃圾转运站
	2010 年	26		100	
	2011 年 1~6 月	10		100	
钡盐渣	2009 年	260		100	集中运往包头市辐射环境管理处 1896 所渣库贮存
	2010 年	332		100	
	2011 年 1~6 月	145		100	

第四节　企业环保投资与设施

一、近年来企业环保项目投资

近年来企业环保项目投资情况如表9-6所示。

表9-6　近年来新源公司环保投资情况

序号	环保设施名称	数量	金额（万元）	备注
1	低温蒸发塔	1套	50	正常运行
2	移动吸热装置	1套	55	正常运行
3	酸溶酸雾洗气塔	1套	8.5	正常运行
4	萃取槽体水封改造	5套	19	正常运行
5	萃取加装无动力风机	18台	2.08	正常运行
6	萃取废气喷淋吸收塔	2套	9	正常运行
7	沉淀废气喷淋吸收塔	2套	9	正常运行
8	动力锅炉水除尘系统	1套	6	正常运行
9	储渣库修缮		5.15	正常运行
10	锅炉烟囱更换	2套	11.3512	正常运行
11	修建煤场围墙、增设抑尘系统		6.332	正常运行
12	布袋除尘	5套	33	正常运行
13	移动吸尘装置	3套	6.601	正常运行
14	氟化喷淋吸收塔	1套	18.223	正常运行
15	罐体水封		3.524	正常运行
16	车间空气净化系统	2套	17.7	正常运行
17	分级机消音装置	2套	2.89	正常运行
18	空压机隔音房	1套	6.85	正常运行
合　计			270.2012	

除了在环保设施上加大投资力度外，新源公司还在科研方面加大了环境保护的研发和投入力度，代表性的成果是获得一项实用新型专利——"工业蒸发尾气回收利用装置"，并在公司中获得成功应用（见图9-5）。

图 9-5　新源公司在环保领域获得的专利证书

二、企业环保设施

新源公司现环保设施主要有：环保车间、陶瓷多管除尘设施及钡盐渣临时储存库。

1. 废水治理设施

公司废水处理设施为环保车间。环保车间的主要工艺设备见表 9-7。

表 9-7　环保车间主要设备汇总

序号	设备名称	数量	规格型号	总体积	备注
1	热载体炉	1 台	YLW-4200MA	—	
2	三氟泵	2 台	DN80	—	
3	立式泵	4 台	40×50	—	
4	循环泵	1 台	DN80	—	
5	板框压滤机	1 台	40m²	40m²	
6	物料结晶池	5 座	20m³	100m³	

续表

序号	设备名称	数量	规格型号	总体积	备注
7	废水蒸浓罐	18个	10m³（8个） 12m³（10个）	200m³	用于日常废水处理
8	废水高位计量罐	2个	50m³	100m³	用于日常废水接收
9	环保废水储池 （废水接收地池）	2个	70m³	140m³	用于日常废水接收
10	废水应急储罐	5个	35m³	175m³	用于事故废水储存
11	废水储池	4个	18m³	72m³	用于事故废水储存
12	废水储池	1个	64m³	64m³	用于事故废水储存

2.废气处理设施

（1）锅炉烟气。公司生产用蒸汽锅炉房有1台DZL6-1.25-AⅡ型6t燃煤蒸汽锅炉和1台SZL4-1.25-AⅡ型4t燃煤蒸汽锅炉（一备一用），两台锅炉均采用陶瓷多管除尘器进行除尘，除尘器除尘效率可达到80%以上。2010年蒸汽锅炉年运行时间为7920h，消耗煤量1132.5t。

（2）有机热载体锅炉烟气。环保车间热源采用1台6t燃煤有机热载体锅炉（导热油炉），锅炉烟气经陶瓷多管除尘器除尘后排空，除尘器除尘效率为80%以上。经除尘后的废气通过16m高烟囱排放。2010年导热油炉年运行时间为7920h，消耗煤量2642.5t。

3.固体废物治理设施及措施

公司一般工业固体废弃物主要为动力车间及环保车间锅炉炉渣和办公生活垃圾。2010年锅炉灰渣产生量约240吨/年，交由个体户运至包头市红旗农场轻质建筑材料厂用于生产环保砖。

新源公司环保设备如图9-6所示。

废气回收喷淋装置　　　　陶瓷多管除尘器

环保在线监测设备　　　　低温蒸发塔

图 9-6　新源公司环保设备

第五节　企业清洁生产及其效益

清洁生产是一种全新的发展战略，它借助各种相关理论和技术，在产品整个生命周期各个环节采取预防措施，通过将生产技术、生产过程、经营管理及产品等方面的物流、信息等要素有机结合起来，优化运行方式，从而实现最小的环境影响，最少的资源、能源使用，最佳的管理模式以及最优化的经济增长水平。

开展清洁生产可以大大减轻末端治理负担。末端治理作为目前控制污染的重要手段，为保护环境起到了较为重要的作用。然而，随着工业化发展进程的加速，末端治理这一污染控制模式的种种弊端逐渐显露出来。第一，末端治理设施投资大、运行费用高，企业成本增大、经济效益下降；第二，末端治理存在污染物转移等问题，不能彻底解决环境污染；第三，末端治理未涉及资源的有效利用，不能制止自然资源的浪费。而清洁生产从根本上摒弃了末端治理的弊端，它通过源头削减、全过程控制来减少或消除污染物的产生和排放。

开展清洁生产是提高企业市场竞争力的最佳途径，能实现经济、社会和环境效益的统一，提高企业市场竞争力，是企业的根本要求和最终归宿。开展清洁生产的本质在于实行污染预防和全过程控制，它将给企业带来不可估量的经济、环境和社会效益。新源公司先后于 2006 年、2011 年自愿开展了两轮清洁生产审核工作，均取得较好的环境效益、经济效益和社会效益。

2012 年 12 月 21 日，新源公司收到内蒙古自治区经济和信息化委员会关于企业清洁生产审核验收合格的通知，具体内容如图 9-7 所示。

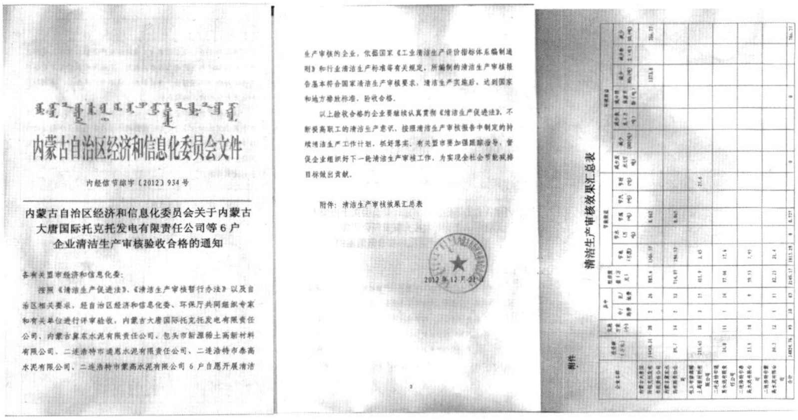
内蒙古自治区经济和信息化委员会文件

内经信节综字〔2012〕934号

内蒙古自治区经济和信息化委员会关于内蒙古大唐国际托克托发电有限责任公司等6户企业清洁生产审核验收合格的通知

各有关盟市经济和信息化委：

按照《清洁生产促进法》、《清洁生产审核暂行办法》以及自治区相关要求，经自治区经济和信息化委、环保厅共同组织专家和有关单位进行评审验收，内蒙古大唐国际托克托发电有限责任公司、内蒙古冀东水泥有限责任公司、包头市新源稀土高新材料有限公司、二连浩特市通惠水泥有限责任公司、二连浩特市泰高水泥有限公司、二连浩特市蒙高水泥有限公司6户自愿开展清洁生产审核的企业，依据国家《工业清洁生产评价指标体系编制通则》和行业清洁生产标准等有关规定，所编制的清洁生产审核报告基本符合国家清洁生产审核要求，清洁生产实施后，达到国家和地方排放标准，验收合格。

以上验收合格的企业要继续认真贯彻《清洁生产促进法》，不断提高职工的清洁生产意识，按照清洁生产审核报告中制定的持续清洁生产工作计划，抓好落实，有关盟市要加强跟踪指导，督促企业组织好下一轮清洁生产审核工作，为实现全社会节能减排目标做出贡献。

附件：清洁生产审核效果汇总表

2012年12月21日

附件

清洁生产审核效果汇总表

图 9-7　自治区经信委关于清洁生产审核验收合格的通知

一、第一轮清洁生产开展情况

2006 年 2 月新源公司委托包头市环境科学研究院开展清洁生产审核工作，第一轮清洁生产审核重点确定为高纯稀土车间纯化工段，2007 年 2 月该审核报告通过了内蒙古自治区经济委员会和内蒙古自治区环保局联合验收。

　　在开展第一轮清洁生产时，公司通过前期的评估工作和大量细致的清洁生产宣传教育，广大员工对清洁生产有了较为深入的理解，特别是对过去身边一些熟视无睹的不符合清洁生产的现象有了重新认识，在此基础上，审核工作领导小组和工作小组开展了车间全体员工合理化建议活动，制定公布了有关奖励措施；编印了合理化建议表，自下而上、自上而下地在全公司特别是在一线工人和工艺技术人员中开展了每人提一项清洁生产合理化建议的活动，共计回收建议表149份，经过归纳分类整理，合理提出17项方案。清洁生产小组对所提交上来的清洁生产方案分别按照原辅材料和能源替代、技术工艺改造、设备维护和更新、工程优化控制、产品更换或改进、废物回收利用和循环使用、加强管理、员工素质的提高以及积极性的激励八个方面进行汇总并通过列表形式进行说明。

　　对于17个方案，审核工作小组组织车间领导、工程技术人员和环保人员进行集中讨论，从技术可行性、环境效果、经济效果、实施的难易程度以及对生产和产品的影响等方面，结合车间的实际情况，进行了简易筛选。将这些方案按难易程度分为无/低费用方案、中/高费用方案和难度大的方案。有14项属于无/低费用方案，要求能全部实施；有3项属于中/高费用方案，要求按一定计划全部实施。对于上述方案中，已有多项在边审边改时实施，已取得了较好的经济效益和环境效益。

　　通过第一轮清洁生产工作的开展，企业实现对含氨氮废水全部进行回收，年可回收氯化铵5760吨，年新增产值288万元；年节用水8.732万吨，节约成本25.92万元，年节约率为58%；年减少燃煤量0.9万吨，年节约用盐酸298吨，皂化剂5489吨，节约成本34.47万元，年节约电费9.241万元，节约率为6%，更换皂化剂后年节约采购资金250万元。为企业年实现净利润450.182万元的经济效益，同时带来了巨大的环境效益和社会效益，真正地贯彻了节能、降耗、减污、增效的生产方针。

二、第二轮清洁生产开展情况

1. 清洁生产水平现状

新源公司所属行业为稀土湿法冶炼业,目前该行业尚无行业清洁生产标准和行业清洁生产指标体系。经清洁生产审核小组和审核咨询机构共同商议后确定,将第二轮清洁生产审核基准年——2010年各项能源单位产品指标及排污强度作为新一轮清洁生产水平现状值,依据该指标对其清洁生产审核后的各项指标进行评价。新源公司2010年各项单位产品能源指标及单位产品排污情况见表9-8。

表9-8 公司清洁生产水平现状(2010年)

序号	能源消耗名称		2010年	
			总耗	单耗
1	水(t)		47513	23.59
2	电(kW·h)		2658481	1320
3	天然气(m³)		766125	380.40
4	煤(t)		3775	1.87
单位产品排污强度	废气污染物	SO₂	排放量(t)	10.9
			吨产品产污强度(t/t)	0.0054
		烟尘	排放量(t)	9.45
			吨产品产污强度(t/t)	0.0047
		NOₓ	排放量(t)	19.6
			吨产品产污强度(t/t)	0.0097
备注:2010年产品产量2014t				

注:公司生产废水不外排。

2. 清洁生产重点与目标

新源公司生产运营部由高纯稀土车间前处理工段、配制工段、高纯稀土车间纯化工段、后处理高纯稀土车间沉淀工段、浓缩结晶工段、灼烧工段、环保车间和机修动力车间等组成。因2006年公司已对高纯稀土车间纯化工段进行了清洁生产审核,因此本轮清洁生产工作重点的确定暂不考虑纯化工段,重点是灼烧工段和环保车间。

根据本轮清洁生产审核重点的具体情况以及对全厂的现场调研及分

析，提出了本次清洁生产确定的两个目标，如表 9-9 所示。

表 9-9　第二轮清洁生产目标

序号	项目	现状	措施	阶段目标 1 (2011 年 6 月)	阶段目标 2 (到 2012 年 12 月)
1	降低燃料气单耗	380.4m³/t	灼烧工段设备更新	吨产品耗气量降低 5%，即 361.38 m³/t	吨产品耗气量降低 8%，即 349.97 m³/t
2	减少单位产品耗电量	1320 kW·h /t	用电设施优化	吨产品电耗降低 3%，即 1280.4 kW·h /t，	吨产品电耗降低 5%，即 1254 kW·h /t

3. 清洁生产方案

2010 年 12 月委托内蒙古自治区环境科学研究院开展了第二轮清洁生产审核工作，此轮清洁生产审核按计划于 2011 年 6 月如期完成，达到了预期效果。主要成果是：共实施 18 项清洁生产方案，其中无/低费方案 15 项、中/高费方案 3 项，共投入资金 215.665 万元，具有显著的环境能源效益。并且在经济效益上也是显著的，通过清洁生产审核，可产生经济效益 411.9 万元，是原始投入的近两倍。其中，无/低费方案实施后创经济效益 361.2 万元，中/高费方案实施后产生经济效益 50.7 万元，具体方案及其综合效益如表 9-10 所示。

4. 实施效果

通过本轮清洁生产审核以及审核所取得的成果可以看出，新源公司不但取得了良好的环境效益、经济效益及社会效益，而且提升了企业形象。与此同时，公司还建立了稳固的清洁生产组织机构和有效的清洁生产管理制度，培养了一批清洁生产审核骨干，为公司持续清洁生产提供了人力资源保障，为公司今后的持续清洁生产奠定了坚实的基础。

（1）技术工艺装备的创新和改造升级方面。本轮清洁生产完成了无匣钵氧化物灼烧的行业首创项目，项目实施前，灼烧氧化物是将物料装入匣钵中，再通过多层摆放在窑车内，推入窑内灼烧，物料在装出窑时会有不同程度的损失，天然气的消耗量高，员工的劳动强度大。利用回转窑灼烧氧化物项目，是通过用天然气灼烧不锈钢回转窑生产稀土氧化物。不仅节

表 9-10 第二轮清洁生产实施方案及经济环境效益

方案类型	方案编号	方案名称	方案简介	投资类型	投资额（万元）	环境能源效益	预期经济效益（万元）	备注
原辅材料和能源	F1	更换车间照明灯	车间 33 盏照明灯由原来 100W 的白炽灯照明改为 40W 的节能灯照明	无/低费	0.0449	年节约用电 8554 kW·h。即（33 个×0.1 kW·h×12 小时/天×30 天×12 月/年）－（33 个×0.04 kW·h×12 小时/天×30 天×12 月/年）=8554 kW·h	0.38	沉淀工段
技术改造	F2	碳铵除杂	以前，沉淀工段用固体碳铵行进沉淀稀土物料，这样碳铵产品中许多机械杂质会随着沉淀过程引入产品中影响产品质量，公司通过将碳铵饮用洗水溶解，用经板框过滤后，去除了机械杂质。	无/低费	8.2	提高了产品质量	按年产 1500 吨的产品计算，吨产品销售价每提升 1000 元，就可增加效益 150 万元	沉淀工段
技术改造	F3	沉淀工段离心机机防腐工程	离心机为不锈钢材质，底座为铸铁材质，随着使用年限的增加，外皮会有腐蚀脱落现象。现将离心机进行全涂装或玻璃钢防腐，可延长离心机的使用寿命，还控制了一些杂质不引入产品中，确保了产品质量	无/低费	0.3	增加设备使用寿命，同时降低机械杂质引人，提高了产品质量	降低了设备的折旧，折旧费为 4 万元	沉淀 I 段
技术改造	F4	配酸工艺优化	配置岗将高浓度的酸配置成低浓度酸，流通过配酸罐打循环进行调配。原来用 4 台 3kW 循环泵，每台泵目运行 6 小时以下。现停用 4 台循环泵，改用 4 套流量计动态配酸模式	无/低费	0.96	降低了电力消耗，节约用电 25920 kW·h/年，减少了配酸工序的酸雾污染。3kW×4 台×6 小时/天×30 天×12 月/年=25920 kW·h	0.22	萃取纯化工段

续表

方案类型	方案编号	方案名称	方案简介	投资类型	投资额(万元)	环境能源效益	预期经济效益(万元)	备注
技术改造	F5	高纯稀土前处理工段进行工艺优化	高纯稀土前处理工段经板框压滤后的钡盐点成，从板框卸下后装入废旧包装袋中，洗沉时再吊装倒回渣滤罐中未完全滤干，由于板有部分夹带的稀土物料的流失，也污染了车间内的环境。现在对高纯稀土前处理工段洗渣过程中的固体板渣输送，改为液体输送	无/低费	8	降低了工人劳动强度，改革了现场工作环境，提高了洗渣效率	稀土回收率提高0.2%，根据全年碳酸稀土量折年回收12t×20250=24.3万元	高纯稀土前处理工段
技术改造	F6	盐酸储罐封闭改造工程	盐酸储罐原先采用的是浮漂液位计，罐顶部开孔，会有酸雾产生，通过对盐酸储罐进行加装水封和收装置，达到封闭的目的	无/低费	0.8	实现了酸雾回收，车间纯碱16.6t，减少了环境污染。16.6吨×450元=7470元	0.7	机修动力车间
技术改造	F7	沉淀废水增设过滤装置	沉淀后排出的废水原来是直接排入车间的废水地池，再转入环保车间，废水中夹带入少量稀土物料也随之进入沉淀碳铵发水中增加现通过对沉淀碳铵发水中所含板框压滤装置，将废水中碳酸稀土进行回收	无/低费	5	根据产品年生产量计可回收物料3.6吨×333500元=120.06万元提高产品回收率0.3%	120	沉淀工段
技术改造	F8	沉淀工段利用板式换热器加热	沉淀冈通过将原先的锅炉蒸汽直接加热改为用板式换热器间接加热，这样减少了蒸汽直接加热时夹带的部分非稀土杂质带入了产品中，提高了产品品质	无/低费	2	年节约蒸汽折5000人卡煤142吨，减少了蒸汽直接加热时引入的机械杂质，提高了的冷凝水品质，回收的冷凝水作为软水继续供蒸汽锅炉使用	8	沉淀工段

续表

方案类型	方案编号	方案名称	方案简介	投资类型	投资额(万元)	环境能源效益	预期经济效益(万元)	备注
技术改造	F9	蒸汽供气管线优化	原先生产用汽和生活用汽共用一套管线，现通过对蒸汽供气主管线进行优化，将生产用气主管线和供暖用气管线分开	无/低费	3	年节约蒸汽折5000人·卡煤142吨。减少了不必要的蒸汽浪费，提高了蒸汽利用率	8	机修动力车间
过程控制	F10	碳沉车间甩干系统安装水表	沉淀工段碳洗水系统加装水表计量，取缔了甩干操作：凭经验计量。实现对用水量准确计量	无/低费	0.06	年节约用水量3125吨。便于优化与核指标，实现约用水	0.5	沉淀工段
过程控制	F11	灼烧工段安装天然气表	对氧化物灼烧所用天然气装表计量，以便对用水耗指标进行考核	无/低费	1.8	年节约燃气36000m³。便于对车间单耗指标的考核	7.2	灼烧工段
废弃物回收	F12	酸洛废气回收	原先酸洛用酸和溶料过风中释放出的酸雾直接通过引风排出室外，现对高纯稀土前处理工段加装喷淋处理设施之后，回收稀盐酸	无/低费	8.5	回收了稀盐酸，年回收纯酸11t，气排放，年约降耗，减少了环境污染。11吨×450元=4950元	0.5	高纯稀土前处理工段
废弃物回收	F13	包装袋回收	原先上道工序的产品转到下道工序，所包装下的包装袋直接废弃，不做循环使用。现对过程中产品包装，均采用单一对一对产品的包装	无/低费	—	降低了生产成本。回用包装袋44766条，折76103元	8	沉淀、灼烧、环保
生产管理	F14	开展看板管理工作	对车间生产动态进行看板管理公示，以便职工对自我环保工作评价	无/低费	—	—	—	行政部

续表

方案类型	方案编号	方案名称	方案简介	投资类型	投资额(万元)	环境能源效益	预期经济效益(万元)	备注
技术改造	F15	灼烧工序增设移动除尘设备	灼烧工序出料过程通过加装移动除尘设备，避免了过去装出窑时的物料粉尘无组织排放对环境的污染，使产品粉尘得到有效回收	无/低费	2	移动除尘装置日可回收氧化物 12kg，年回收量任 4.2 吨×7 万元=29.4 万元。提高丁稀 1:回收率 1%，改善丁职 1 操作环境	29.4	灼烧车间
技术改造	F16	移动吸热装置	对蒸汽过程中排出的蒸汽直接通过排气筒回收装置改为采用移动吸热源的回收利用	中/高费	55	实现蒸汽热源回收利用，可减少燃煤用量约 220t/a。口吸水温达 80℃的水 60 方，根据热值换算折 5000 大卡煤折约 0.6 吨/天，年节煤约 220 吨	11.4	环保车间
技术改造	F17	低温蒸发塔装置	原先低浓度氯化铵废水与高浓度氯化铵废水混合排入环保车间。现对低浓度氯化废水，采用低温蒸发塔处理从而降低废水处理费用	中/高费	50	低温蒸发塔年处理浓度 80g/L 废水 19025 吨，折成浓度 120g/L 废水 1522 吨，折合氯化铵 202 吨，处理吨废水成本 800 元降低吨氯化铵处理费用	16.2	环保车间
技术改造	F18	利用回转窑灼烧氧化物	之前生产使用梭式窑，消耗匣钵，吨产品耗气较大。现增设一台回转窑灼烧氧化物，不仅可直接在窑体做料不用匣钵装出料，同时还可节约吨天然气化物天然气消耗量	中/高费	70	年节省了匣钵 4200 个，吨氧化物天然气消耗量节约 80m³/t，降低了员工劳动强度。节约匣钵 5 个/吨，年可减少匣钵 4200 个×23=96000 元。节约燃气，年可减少氧化物 80 立方米×840 吨/年×2 元/立方米=134400 元	23.1	灼烧车间
合 计				—	215.665	—	411.9	—

第三节　企业绿色化

党的十八大提出"大力推进生态文明建设",提出建设美丽中国的目标;中共十八届三中全会通过的《中共中央关于全面深化改革若干重大问题的决定》则提出"加快生态文明制度建设";这些都约束企业必须更加注重环境保护,更加注重清洁生产、低碳发展、绿色发展。新源企业作为一个负责任的稀土新材料研发生产企业,有义务、有能力响应国家对企业绿色发展的要求。

"十二五"时期伊始,我国发布的第一个国家污染物排放标准是《稀土工业污染物排放标准》,可见国家对稀土工业环境保护工作的重视。作为稀土企业,要想在激烈竞争的市场环境下生存下去,就必须响应国家政策的新要求,加强企业节能环保和清洁生产工作,走绿色化发展之路。

一、新建项目将更加重视节能减排和环境保护

根据《包头市新源稀土高新材料有限公司年产 3000 吨稀土催化材料项目可行性研究报告》,稀土催化材料项目将更加注重节能减排和环境保护,具体措施是:

1. 节能措施

(1)建筑物节能。土建方案中注意房屋的结构、朝向,保证采光性能。尽可能采用新型节能建筑材料,充分体现节能性。

(2)节约电力,提高电力利用水平。①项目生产线采用先进的节能设备,较传统的生产流水线有显著的节能降耗效果和很好的经济效益。②采用静电电容补偿屏设备,较大电机配备 QCK 型磁控式异步电动机软起动器,有利于安全用电,节约能源。③选用 Y 系统电动机和节能变压器以及其他电器节能设备。变配电室设在负荷集中处,并合理布置车间的动力

配电箱，减少电力损失。配电室及车间工段配电箱采用电力电缆敷设，减少线路电耗。④电气设备主要采用节能型，提高功率因数。普遍采用节能电器灯具及变频调速控制，以达到节能目的。

（3）通过优化工艺路线和工艺布局节能。①选用高效率、低能耗的生产设备，提高产品产出率。②按照工序布置车间工段，按工艺流程布设备，不出现逆流程的设备布置现象，以减少来回往返的电耗。③从工艺设计上，采用新工艺、新技术，工艺管道布置合理，减少输送能量。

（4）强化节能管理。①工程项目建成投产后，工厂要加强对设备和管道的管理，尽量减少和杜绝水、气的跑冒现象。②工厂要加强生产与技术管理，开展全面质量管理工作，提高工厂管理水平和工人的技术素质，提高产品率，降低各种消耗，这些亦是节能的重要方面。

2. 节水措施

（1）生产用水在部分环节拟采取循环水，以便节约水资源。

（2）采用先进的技术和设备，提高能源利用率，降低能源消耗。

（3）卫生洁具均采用节水型卫生洁具。

3. 减少排放

（1）水污染源、污染物控制方案。新工程产生的少量废水排入工厂污水处理车间集中处理。生活污水和本厂现有生活废水合并，经化粪池处理后，进入下水管网排放。

（2）设备噪声控制方案。设备噪声主要来自电机、水泵、鼓风机，噪声控制措施如下：①设备选型尽可能采用低噪声风机、低噪声水泵和电机；②鼓风机吸风口、送风口安装消声器。采取上述措施后，可保证厂界噪声符合国家标准。

（3）固体废弃物控制方案。固体废弃物主要是锅炉燃煤灰渣，属一般废渣。不含放射性及其他有毒有害物质，送渣场堆存，减少场地占有和对环境的影响。

二、持续改进清洁生产

清洁生产是一个系统工程，它通过工艺改造、设备更新、废弃物回收利用等途径，实现"节能、降耗、减污、增效"的目的，从而降低生产成本，提高企业的综合效益，促使企业提高管理水平、环境意识、参与意识、技术水平、职业道德等方面的素质。通过清洁生产还可以有效地树立企业良好形象，改善操作员工的劳动环境和操作条件，减轻生产过程对员工健康的影响，增强社会对企业的认可程度，提高企业的市场竞争力。

新源公司先后于 2006 年、2011 年自愿开展了两轮清洁生产审核工作，均取得较好的环境效益、经济效益和社会效益。未来，新源公司将在上述两轮清洁生产审核工作基础上，形成持续改进的清洁生产制度保证，制度化推进企业清洁生产工作。

1. 完善清洁生产组织

为了实现公司的可持续发展，巩固已取得的清洁生产效果，使清洁生产工作持续开展下去，公司结合两轮清洁生产审核工作，完善了已建立的清洁生产组织机构。

清洁生产领导小组组长由董事长兼总经理冀代雨先生担任审核小组组长，小组其他成员也均由公司的技术及管理部门负责人组成，见表 10-3。

清洁生产领导小组任务：

（1）组织协调并监督实施本轮清洁生产审核提出的清洁生产方案；

（2）经常性地组织对企业职工的清洁生产教育和培训；

（3）确定下一轮清洁生产审核重点，并启动新的清洁生产审核；

（4）负责协调清洁生产活动的日常管理。

表 10-3　新源公司清洁生产审核领导小组成员

姓　名	所属部门	审核组职务
冀代雨	董事长兼总经理	组长
冀代明	副总经理	副组长
鲁继涛	副总经理	副组长

姓 名	所属部门	审核组职务
郭志光	工程师	成员
刘永胜	生产运营部部长	成员
郝智杰	生产运营部副部长	成员
吴春玲	财务部部长	成员

公司清洁生产领导小组下设清洁生产审核工作小组，由公司生产副经理鲁继涛担任审核小组组长，小组其他成员也均由公司的技术及管理部门负责人组成，并明确各自的工作内容。公司清洁生产审核小组组织机构见表 10-4。

表 10-4　清洁生产审核小组组织机构

姓名	分工	所属部门	职责
鲁继涛	组长	副总经理	具体负责组织协调各阶段工作，组织方案的产生、筛选、可行性分析、推荐等过程。负责组织制定、修订、完善清洁生产审核相关制度及规程
郭志光	副组长	工程师	负责审核有关技术资料，组织方案的产生、筛选、评估和推荐
高根利	副组长	公司书记	具体负责物料、水平衡及清洁生产具体改进工作的实施。
郝智杰	副组长	生产运营部副部长	具体负责清洁生产工作的组织宣传、培训，编写审核报告
刘永胜	副组长	生产运营部部长	具体全面负责生产系统清洁生产工作的组织实施
李渊洲	成员	高纯稀土车间纯化工段主任	具体负责高纯稀土车间纯化工段清洁生产方案的提出、实施，积极开展本车间清洁生产的宣传
朱进军	成员	碳沉车间主任	具体负责后处理高纯稀土车间沉淀工段清洁生产方案的提出、实施，积极开展本车间清洁生产的宣传
梁太崇	成员	灼烧、环保车间主任	具体负责灼烧工段及环保车间清洁生产方案的提出、实施，积极开展本车间清洁生产的宣传
裴淑芳	成员	质检部、生产运营部文员	负责按工作计划催办各有关工作及审核工作中相关资料收集、存档、打印、文秘等工作
李婷	成员	质检部化验室主任	负责提供方案所需要的分析监测数据
吴春玲	成员	财务部部长	负责审核工作中相关财务核算工作，计算清洁生产审计的投入和收益，并详细单独列账

清洁生产审核小组任务：

（1）在清洁生产领导小组的领导下，负责公司清洁生产审核工作的具约了匣钵的用量，降低了天然气的耗量，还有效地降低了生产成本，减少了废弃物产生，体现了节约降耗减排。本项目投资 70 万元，节约燃料天然气 80m³/t，年节约匣钵 4200 个，实现经济效益 23.1 万元，同时产生了较好的环境效益。

沉淀离心机防腐，离心机为不锈钢材质，底座为铸铁材质，随着使用年限的增加，外皮会有腐蚀脱落现象。投资 0.3 万元，将离心机进行全涂塑或玻璃钢防腐，可延长离心机的使用寿命，还控制了一些杂质不引入产品中，提高了产品质量及附加值。提高产品质量，产生经济效益 4 万元，可谓是投资少，回报高。

高纯稀土车间前处理工段经板框压滤后的钡盐渣，从板框卸下后装入废旧包装袋中，洗渣时再吊装倒洗渣罐中洗涤，由于板渣压滤过程中未完全滤干，会有部分夹带的稀土物料流失，也污染了车间的环境。公司投资 8 万元对高纯稀土车间前处理工段洗渣过程中的固体板渣输送，改为液体输送。降低了工人劳动强度，改善了现场工作环境，提高了洗渣收率，产生了经济效益 24.3 万元。

沉淀后排出的废水原来是直接排入车间废水地池，再转入环保车间，废水中夹带的少量稀土物料也随之进入环保车间。现通过对沉淀废水增加板框压滤装置，将废水中所含碳酸稀土进行回收。投资 5 万元，提高产品回收率 0.3%，产生经济效益 120 万元。

（2）资源高效利用方面。本轮清洁生产还实施了行业首创的资源综合利用项目，环保蒸发尾气回收综合利用项目。项目投资 55 万元采用移动吸热回收装置对废水蒸浓过程所排放的蒸汽进行热源回收再利用，回收的热能通过热交换方式可以为沉淀工序提供 80℃左右的工艺热水，节省了锅炉蒸汽的消耗，节约燃料用量 220 吨/年，减少了污染物排放。年增加经济效益 11.4 万元。

（3）原材料优化调整方面。碳铵除杂，以前沉淀工段用固体沉淀剂直接沉淀稀土物料，这样沉淀剂产品中许多机械杂质会随着沉淀过程引入产品中影响产品质量。公司通过将沉淀剂用洗水溶解，再经板框过滤后，去除了机械杂质。投资 8.2 万元，提高产品质量，产生经济效益 150 万元。

配置岗将高浓度的酸配置成低浓度酸，需通过配酸罐的循环进行调配。原来用 4 台 3kW 循环泵，每台泵日运行时间 6 小时以上。现停用 4 台循环泵，改用 4 套流量计动态配酸模式，降低了电力消耗，节约用电 25920 千瓦时/年，减少了配酸工序的酸雾污染，产生经济效益 0.22 万元。

高纯稀土车间前处理工段用酸和溶料过程中释放出的酸雾直接通过引风排出室外，对空气环境造成了污染，现投资 8.5 万元对高纯稀土车间前处理工段加装喷淋处理设施之后，减少了酸气的排放，年回收纯酸 11 吨。节约降耗，减少环境污染。

专栏 9-1　稀土企业通过环保核查的主要条件

2011 年 4 月 6 日，环境保护部办公厅发布《关于开展稀土企业环保核查工作的通知》（环办函［2011］362 号），通知指出，为贯彻落实科学发展观，维护生态环境安全，保障人民群众身体健康，推进重点行业发展方式转变，环保部决定开展稀土矿采选、冶炼分离企业（以下简称"稀土企业"）环保核查工作，并依据核查结果发布符合环保要求的稀土企业名单。其中规定对于稀土企业通过环保核查的主要条件是：

（一）依法执行了建设项目（包括新、改、扩建项目）环评审批和环保设施竣工验收制度

1. 环境影响评价文件取得有审批权的环保行政主管部门批复。

2. 稀土矿采选、冶炼项目竣工后，取得有审批权的环保行政主管部门的竣工环保验收批复。

3. 未履行建设项目环境影响评价审批的稀土企业应依法补办环境影响评价手续，申请办理竣工环境保护验收，并取得有审批权的环保行政主管部门书面批复。

（二）污染物排放达到总量控制要求

1. 企业排污量符合所在地环保行政主管部门分配给该企业的总量

控制指标要求。

2.完成主要污染物总量减排任务。

（三）达标排放

1.过去一年废水、废气等各项污染物排放达到《污水综合排放标准》（GB8978-1996）、《城镇污水处理厂污染物排放标准》（GB18918-2002）、《大气污染物综合排放标准》（GB16297-1996）、《工业炉窑大气污染物排放标准》（GB9078-1996）等国家或地方污染物排放标准要求。根据《稀土工业污染物排放标准》（GB26451-2011）规定，新建和现有稀土企业分别自2011年10月1日和2012年1月1日起执行新标准。

2.监测项目按照环境影响报告书和各级环保部门指定的指标监测。

3.废水、废气每季度至少监测一次，同时提供近三个月内由省级或地市级环境监测站出具的监测报告。

4.附近居民无关于环境问题投诉，或投诉问题已得到解决。

（四）排污申报、排污许可证等手续完备，按期足额缴纳排污费

（五）近三年未发生重大环境污染事故或重大生态破坏事件

遵守国家和地方相关法律、法规和政策，近三年未发生重大及以上环境污染事故或重大生态破坏事件。

（六）实施清洁生产审核并通过评估验收

1.按照《清洁生产促进法》和环境保护部的要求实施了清洁生产审核，并通过了清洁生产评估验收，且每两年滚动实施一轮清洁生产审核。

2.清洁生产水平（说明产污强度等情况）。

（七）环境管理制度及环境风险预案落实情况

1.制定了有效的企业环境管理制度并有序运转。

2.按规定制订了企业环境风险应急预案并定期演练。

（八）危险废物、一般工业固体废物以环境无害化方式利用或处置

1. 稀土企业产生的废弃物属于危险废物的，应依法进行无害化处置。需要转移的，应按《危险废物转移联单管理办法》有关规定执行。

2. 自行处置或利用危险废物的，其专用设施需根据《固体废物污染环境防治法》第十四条的规定，进行环境影响评价。委托他人代为处置的，须提供处置单位资质证书。

3. 一般工业固体废物自行处置或综合利用的，应当提供最终排放去向说明或与综合利用单位的合同。

4. 放射性粉尘得到安全处置。

资料来源：环境保护部办公厅：《关于开展稀土企业环保核查工作的通知》，2011年4月6日。

第十章　企业发展展望

第一节　企业未来发展方向

新源稀土公司未来的发展方向是成为稀土行业的一个"优秀企业"，成为"管理先进、装备自动、产品柔性、服务纵深"的耐旱型企业。

2011 年 6 月 18 日，工信部等四部门颁布最新的《中小企业划型标准规定》，新规定将中小企业划分为中型、小型、微型三种类型，具体标准根据企业从业人员、营业收入、资产总额等指标，结合行业特点制定。其中，工业企业划型标准是：从业人员 1000 人以下或营业收入 40000 万元以下的为中小微型企业。从业人员 300 人及以上，且营业收入 2000 万元及以上的为中型企业；从业人员 20 人及以上，且营业收入 300 万元及以上的为小型企业；从业人员 20 人以下或营业收入 300 万元以下的为微型企业。按照这个规定，新源稀土公司为小型企业。根据我们与冀代雨董事长兼总经理的访谈，新源稀土公司的未来发展方向不是片面追求在规模上做大，而是要先做精、做专、做强，成为一个"优秀的小企业"，在此基础上，再做成大企业。

冀总提出的做"优秀的小企业"，具体而言是：坚持在稀土新材料和高端应用领域的发展，做专、做深抛光粉新材料项目，开拓稀土催化新材料的研发生产，最终成为稀土新材料领域的"小巨人"和"隐形冠军"。

而为了实现这个总目标，包括以下 4 个方面的工作：

——成为稀土产品细分市场的"隐形冠军"；

——坚决克服"脱实向虚"的不良倾向；

——培养发展具有"实体经济"品格的"新源企业文化"；

——响应国家经济社会转型和稀土产业发展的需要，企业实现专精化、信息化和绿色化。

冀总的"做优秀的小企业"实际上是针对当前很多企业"脱实向虚"的不良倾向而提出的。曾几何时，很多企业脱离实体经济领域，纷纷涌入楼市、股市、艺术品、黄金、外汇等传统投机市场，甚至涌入农产品、矿权等新型投机领域，于是出现了"蒜你狠"、"豆你玩"、"姜你军"、"糖高宗"等农副产品价格的大幅上涨，不断推高通货膨胀。在国际金融危机的大背景下，国内经济增长放缓，大量中小企业家对工业等实体经济的发展前景产生顾虑，同时，房地产等投资品的价格上涨再次抬头，中小企业对实体经济投资动力不足，大量企业家对发展实体经济的中长期信心受到挫折。但是，历史的经验和教训告诉我们，只有发展实体经济，社会的基础才会扎实，经济发展的动力才会强劲。在国际金融危机中，凡是实体经济厚实、坚固的国家（如德国、日本）受冲击和影响的程度相对比较轻，实体经济弱的国家（如希腊、西班牙）受冲击和影响的程度相对较重。我国是制造业大国，但还不是制造业强国，坚定不移推进以制造业为主体的实体经济发展是我们赖以在国际竞争中站稳脚跟的基础。新源稀土公司将挺身而出，始终坚持在稀土行业新材料和高端应用领域的发展，不断做专、做深、做精，为把我国早日建成工业强国、成为世界制造业高地做出一份应有的贡献。

沿着稀土新材料和高端应用领域不断做专、做深、做精，需要有坚持发展"实体经济"的企业家情怀和企业文化。新源稀土公司今后将努力借鉴德国制造业企业文化，不断把经过草原文化、军旅文化和稀土产业文化洗礼、耦合而成的新源企业文化进一步锤炼成具有"实体经济"品格的"新源企业文化"。

在新形势下，新源企业不再单纯把企业规模搞上去当作唯一目标，而是更加注重企业发展的质量和效益，通过专注稀土行业抛光粉——高纯、超细 LCD 级稀土抛光材料研发生产和催化材料领域的发展，成为该细分市场的"隐形冠军"，企业将发展成为世界制造业制高点上的"小巨人企业"。经过 10 多年专注高纯稀土和稀土抛光粉的研发和生产，新源公司在该行业成为"隐形冠军"和"小型巨人"已初具雏形，本书附录部分的产品目录中反映出该公司产品品质达到世界一流的水平。

专栏 10-1 德国制造业的文化借鉴

"德国制造"具备了如下四个基本特征：耐用、可靠、安全、精密。这些可触摸的特征，是德国文化在物质层面的外显，而隐含其后的，则是"德国制造"独特的精神文化。在制造业领域，彰显六大行业文化。

——专注精神：在德国，"专注"是其"理性严谨"民族性格的行为方式。德国制造业者，"小事大做，小企大业"，不求规模大，但求实力强。它们几十年、几百年专注一项产品领域，力图做到最强，并成就大业。此所谓"大业"特指——"大事业"，在业内有地位、受尊敬。这些大业者，有些今天仍是中小企业。"大"并不是目的，而是"强"的自然结果。这恰恰印证了老子的哲学："天下大事必作于细……圣人终不为大，故能成其大。"

——标准主义：标准主义在德国企业的具体表现首先是"标准为尊"。在德国制造的过程中，"标准"就是法律。尊重标准、遵守标准，就像戴安全带和遵守红绿灯一样自然。其次是"标准为先"，即在具体的生产制造之前，先立标准。奔驰公司通过实施"标准为先"的质量文化，实现"零缺陷"目标。

——精确主义：对于标准的依赖、追求和坚守，必然导致对于精确的追求。而对于精确的追求，必然反过来提高标准的精度。德国人的精确主义，必然会带入其制造业。精确主义直接给德国制造带来了精密的特性。

——完美主义：在专注精神、标准主义、精确主义的递进发展中，必然产生完美主义。这四个文化要素具有明显的递进包含逻辑关联。"完美主义"，是"专注精神、标准主义、精确主义"的综合表现；而"完美至臻"则是德国制造的根本特征。追求完美的工作行为表现是"一丝不苟、做事彻底"，也就是"认真"。必须指出的是，德式认真，比起日式认真，其背后蕴涵着深刻的美学情怀。

——秩序（程序）主义："标准主义"的时间维度表现是"程序主义"，其空间表现则是"秩序主义"。秩序主义在具体工作中则主要表现为流程主义。秩序主义的空间表现，则是物品放置的条理性。无论是家庭中的杯子、碟子，还是领带、衬衣，乃至工作场所的文件、工具等物品，都摆放井然有序；否则便找不到东西。所以，加上德国人的洁癖，在德国企业无需推行 5S（整理、整顿、清扫、清洁、素养），一切都在自觉之中。

——厚实精神：以上"专注主义"、"标准主义"、"精确主义"、"完美主义"、"秩序主义"，是德国制造业文化的"工具理性"层面。而"德国制造"的坚固耐用，还有其深刻的"价值理性"基础，可用中文的"厚道实在"表达，简称"厚实精神"。这使得"德国制造"在设计和材料使用上，实实在在地考虑用户利益，注重内在质量，胜过外观和华而不实的功能。德国汽车的安全系数和耐用性，明显超过一些竞争对手。

资料来源：葛树荣、陈俊飞：《德国制造业的文化启示》，《企业文明》2011 年第 8 期。

专栏 10-2 "隐形冠军"典范：日本中小企业 YKK 公司的成功经验

YKK 成功的基础：质量。拉链虽然只是小小的成衣配件，占整件成衣总值仅 2%，但是拉链的好坏却对整件成衣的使用与价值造成重大影响。日本 YKK 公司因此采取从原料至成品皆完全以高科技方式自行生产，以保持对拉链的质量控制，这是追求质量战略的彻底表现。

YKK 的核心能力：自制设备。从 1953 年研制出第一台生产设备后，通过长年研制和改进，逐渐成为全球最好的拉链加工设备。市场上的拉链设备供应商都是生产多种设备的，不可能像 YKK 一样专攻拉链设备。YKK 自制的设备一律不出售。这样，一是形成最牢固的竞争壁垒；二是成为市场扩张的利器；三是新产品开发的沃土。YKK 不断开发出许多新产品，关键因素是其研制设备的能力。这种能力最终成为 YKK 的核心能力：一是它是长期利润的源泉（扩大市场和新产品）；二是难以仿制；三是提供给客户更高的价值（质量）。YKK 靠自己生产设备，使企业保持了优质低成本的优势，形成规模经济的成本领先。为扩大已有的成本与质量优势，YKK 甚至将生产拉链的合金、合成树脂、纤维类等材料都纳入自己的生产体系，形成垂直结合的竞争优势。

YKK 持续发展动力：不断创新。不断推出新的产品是 YKK 的一个基本特点。1950 年后期以来，全球开发的拉链新产品中大多数是 YKK 的创造，而且在全世界很多国家申请了专利。在中国与拉链有关的 670 项专利中，发明专利 198 个，YKK 就占了 146 项，占 74%；外观专利中 YKK 也占了总数的 45%。

YKK 的成长战略：利基市场。即以一个独特的细分市场为目标，在全球范围内展开竞争。拉链产品范围狭窄，是许多终端产品需要的配件产品；市场规模与其终端产品比较相对较小，但全球市场规模又足够大，完全可以支持一个跨国公司的成长；技术变革方面，绝大多数是 YKK 公司引发的；市场竞争程度，由于 YKK 公司起步早，创新力度大，产品价格低，基本没有面临严重的竞争。还由于产品小，比 YKK 实力强大的公司不会进入这个市场，而实力低于 YKK 的公司又难以与其竞争。

资料来源：根据 http://stock.stockstar.com/SS2007020130544032.shtml 提供的资料整理。

第二节　企业专精化

新源公司现在已形成独特的稀土原料→稀土冶炼分离→稀土新材料生产相对完整的稀土产业链条，即形成了从混合碳酸稀土→稀土分离→稀土氧化物（单一、高纯）→稀土高端抛光材料生产体系。从我国稀土产业发展趋势看，作为产业链的下游稀土新材料以及稀土终端应用将显示出越来越诱人的发展前景，但是，对稀土产业链下游的开发，需要有脚踏实地的实业家精神支撑，需要有孜孜不倦的自主创新能力支持，需要有对未来产业发展方向的科学研判。而新源稀土公司无论在项目选择、管理提高和技术创新上均做好了大量的前期准备，将在进一步"做专做精"稀土新材料这篇大文章上谋求大发展。当务之急，一是做专、做深、做精稀土抛光材料，推进高纯、超细 LCD 级稀土抛光材料项目建设；二是加快推进稀土催化材料项目建设，从广度上和深度上进一步拓展新源稀土在稀土新材料上的发展空间。稀土新材料家族及其应用领域如图 10-1 所示。

一、高纯超细 LCD 级稀土抛光材料项目研发和生产

近年来，以液晶显示器（LCD）和等离子体显示器（PDP）为代表的平板显示技术已打破了阴极射线管（CRT）一统天下的局面，市场对计算机用和电视机用大屏幕液晶显示器面板的需求都呈现高速增长。LCD 玻璃

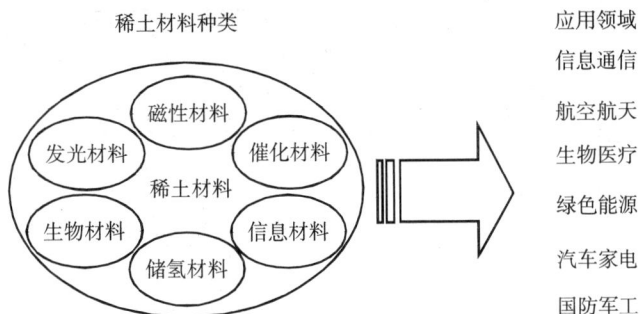

图 10-1 稀土新材料家族及其应用领域

面板抛光材料是近年来稀土抛光材料的主要增长点，笔记本电脑、液晶电视、手机、数码相机、数码摄像机、MP3 等电子产品的普及使得该类稀土抛光材料的需求不断增加，每年的需求量已超过 20000 吨，并继续快速增长。另外，用于光通信元件、光掩膜、光储存介质（如玻璃磁盘）的稀土抛光材料的增长也较为迅速，将成为最近几年的另一个市场增长点。今后市场对抛光材料的需求仍将不断递增。新源公司为适应市场需求，将对年产 3000 吨抛光材料项目进行技术升级改造，全面提升抛光材料物理性能及应用性能，使制备的高端液晶抛光材料达到国际水平，为稀土产业调整升级做出贡献。

新源公司正在开发的高纯、超细 LCD 级稀土抛光材料生产线，符合国家产业政策和环保要求，是稀土产业的终端应用产品，工艺和技术装备处于同行业领先水平，其应用领域广泛，产品性能稳定，有初始切削力高、寿命长、抛光表面质量好等优点。

该项目生产工艺：抛光材料以稀土镧铈作为原料，经过对原料的纯化，去除非稀土杂质，再添加如氟等元素，制成一定晶型结构的前驱体，经过灼烧，形成一定硬度、粒度和结构的氧化物，再经过研磨分级及添加剂制成最终产品。项目独创的前驱体制作工艺和晶型控制技术，特有的研磨、分级技术，精确的粒度控制技术，洁净的生产环境，优质的售后服务，能使广大抛光粉用户得到满意的产品和服务。

高纯超细 LCD 级稀土抛光材料项目技术路线如图 10-2 所示。

```
                                          ┌──────────┐
                                          │   酸溶   │      ┌────────────┐
                                          ├──────────┤      │ 混合碳酸稀土 │
                                          │混合氯化稀土料液│      └────────────┘
                                          └──────────┘
┌──────────┐   ┌──────────┐       ┌──────────────────────┐
│ 碳酸镧铈  │   │   酸溶   │       │      萃取分离         │
│ 碳酸镧   │   ├──────────┤       ├──────────────────────┤
│ 碳酸铈   │→  │   净化   │       │Ce/Pr 分离净化 ← Nd/Sm 分离│
│少钕碳酸镧铈│   └──────────┘       └──────────────────────┘
└──────────┘
```

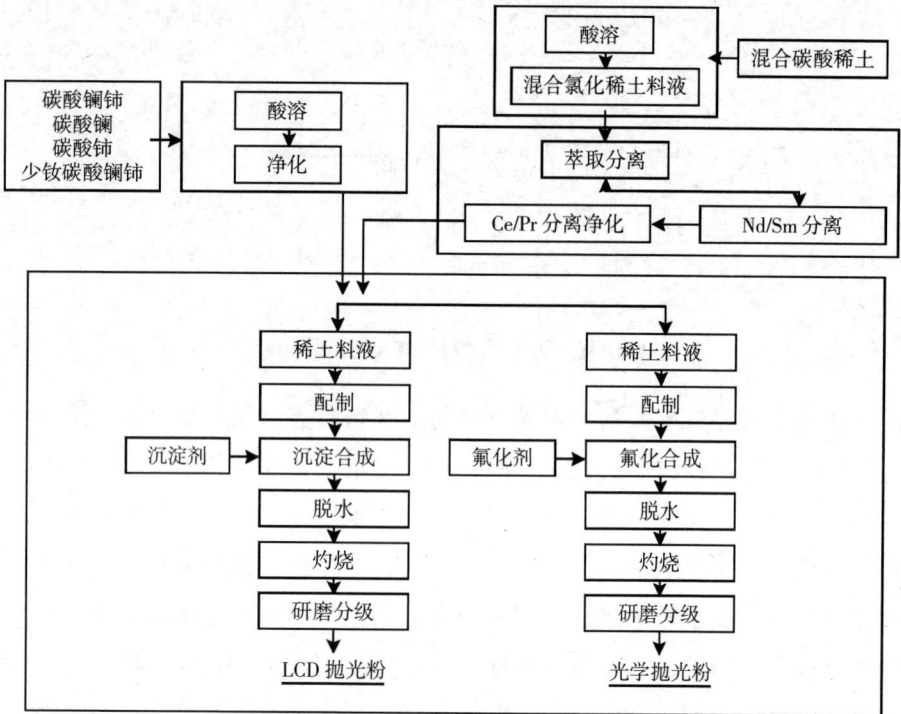

图 10–2　高纯超细 LCD 级稀土抛光材料项目技术路线

该项目的主要改进特征是：①镧铈原料、沉淀剂纯化工艺改进：控制稀土纯度到 99.995%，尤其对非稀土中的 Ca、Mg、Na、Mn、Fe、Si、Zn、S 等的控制。增加萃取纯化、化学提纯和精密过滤。②同步氟化沉淀工艺改进：降低团聚和胶体粒子的产生，增强颗粒的一致性和稳定性，调整工艺参数，采用集散控制系统 DCS 控制。③前驱体粒度及分布控制工艺改进：通过控制浓度、温度、时间、pH 值、搅拌强度、陈化时间，使得前驱体的粒径控制。在合适的范围，粒度分布满足 $D100 \leqslant 3D50$，使后期粒度控制更加容易。采用集散控制系统 DCS 控制。④晶型和硬度控制工艺改进：通过沉淀工艺配料和灼烧温度、时间、物料状态来控制晶型和硬度是非常关键的工艺，确保液晶抛光材料在使用时无 1 微米以上划伤，保持切削力不降低。增加检测手段和计量器具。⑤精密分级：抛光材料控制异物和大颗粒是非常重要的，因此，精密分级技术的应用使得这个问题得到解决，增加先进精密分级装备及控制手段，确保液晶抛光材料 D50=0.7～1μm，（D90－D10）/（2D50）<1，D100≤3D50。

该项目产品抛光性能达到国际、国内先进水平，与主要竞争对手同类产品相比具有明显的产品质量优势（见表10-1）。最终产品规格齐全，粒度分布窄，悬浮性好，可生产高端 LCD 级、LCD/光学级、高端光学级、普通光学级四大类别 15 个牌号的系列产品，主要用于液晶显示屏、LCD 模块、ITO 导电玻璃、高清晰度电视屏、光掩膜、TFT 玻璃基板的抛光以及眼镜片、手机玻璃、表玻璃、工艺玻璃及饰品的抛光。

表 10-1　新源公司抛光材料与主要竞争对手同类产品的比较

	优势对比	
	竞争对手	新源公司
光学纯度	关键的化学指标，如 Ca、Si、Fe 等大于 100ppm	关键的化学指标，如 Ca、Si、Fe 等小于 100ppm
物理纯度	抛光材料中的大颗粒大于 50ppm，会有大量大于 1ppm 杂质和异物	抛光材料中的大颗粒小于 3ppm，杂质和异物颗粒小于 1ppm
应用性能	相同的切削力，划伤较大；相同的表面质量使用寿命较短	相同的切削力，划伤较小；相同的表面质量使用寿命较长
物理指标	粒度分布宽：3D50<D100	粒度分布窄：3D50>D100

二、稀土催化材料项目研发和生产

稀土催化材料——氧化铈催化材料在国外的研究已经有 30 多年的历史，但在初期只是做助催化材料使用，只是近十几年，随着工业的迅速发展和催化要求的提高，各国政府对催化污染的监控要求和保护环境的法规要求越来越高，美、日、德等国对稀土催化材料进行了大量研究，引起了人们的普遍关注。

轻稀土元素由于具有未充满的 4f 原子轨道和镧系收缩等特征，表现出独特的催化性能，使其在机动车尾气净化、石油化工、合成高分子、催化燃烧、燃料电池、室内空气净化及水处理等领域成为不可缺少的核心材料。据预测，到 2015 年，全国各种稀土催化材料将消耗稀土 2 万吨左右。

新源公司在拥有稀土原料和工艺、技术等方面均有显著的优势。根据新源公司发展规划，新源公司稀土催化材料产品规模为年产3000吨，供应国内外用户。

新源公司开发生产稀土催化材料领域具有企业发展、产业发展和地区经济发展多重意义。新源公司结合国内外先进的工艺技术，充分利用公司的生产优势，产品生产成本低，开发具有高技术含量、高附加值的稀土催化材料，与国外同类产品竞争具有明显的质量和价格优势，这对于提升企业在产业链中地位、提高企业经济效益具有重要意义。目前，国内稀土产业虽然已经形成一定规模，但基本属于原料型工业，其产品能耗高，污染多，"三废"治理难度大，生产劳动力密集，人均经济效率低下，技术含量低，稀土深加工产品严重匮乏，把轻稀土延伸生产至终端产品（特别是北方的轻稀土），对于把包头的稀土资源优势转化为经济优势，有着十分重要的意义。

根据公司规划，稀土催化材料项目建设内容包括：①生产设施：合成车间、干燥车间、造粒车间。②生产辅助设施：与生产车间配套的管道运输，给水排水、电力及电信、纯水设备、质检中心，在线分析，原料及辅助材料仓库等。项目总投资9800万元，其中，建设投资7500万元，流动资金2300万元。在资金筹措方面，公司拟自筹8300万元，银行贷款1000万元，由于该项目建设符合我国稀土产业发展规划和产业政策，因此可申请财政专项补助资金500万元。

目前，新源公司以自己的科研小组，结合产、学、研合作，开发研制了稀土催化材料用于汽车尾气和石油催化裂化的催化，取得了显著的成果，并进行了上线催化试验，符合用户使用要求。该工艺过程简述如下：

第一步，氯化镧铈、氯化铈溶解，按比例加入高岭土和沉淀剂合成。

第二步，将合成体进行流化干燥。

第三步，对干燥物进行造粒处理。

第四步，进行筛分、质检后，进行成品包装。为减少损失，对粒度和性能不达标的产品进行二次处理、回收。

项目主要以氯化镧铈、氯化铈为原料，采用公司自有技术和经验依托中石化和广晟有色多年的合作优势，项目技术成熟、设备先进，属稀土深加工项目。从环保角度看，工艺过程产生的污染物相对较少，并进行了回收处理，对环境的影响较轻，是可行的。

据测算，该项目建设具有良好的经济效益和社会效益，项目投资回收期为4.2年，内部收益率高达32.6%，同时，可新增就业人员80人（见表10-2）。

表10-2　项目投资后经济效益测算

序号	项目	数据	备注
1	年产稀土催化材料（吨）	3000	
2	人员总数（人）	80	
3	建（构）筑物面积（平方米）	3000	改造原有
4	总投资（万元）	9800	
	其中：建设投资	7500	
	流动资金	2300	
5	年销售收入（万元）	42735	正常年
6	年利润总额（万元）	3063	年平均
7	总投资收益率（%）	31.25	年平均
8	资本金净利润率（%）	26.1	年平均
9	盈亏平衡点（%）	32.59	正常年
10	投资回收期（年）	4.2	税后
11	内部收益率（%）	32.6	税后

专栏10-3　中国工业化从"平推式"向"立体式"转变

中国社会科学院学部委员、工业经济研究所所长金碚认为，当前中国工业转型升级非常艰难，须从过去"平推式"工业化转向"立体式"工业化，也就是各个领域向着绿色化、精致化、高端化、信息化和服务化的产业制高点攀登，形成各产业向上发展的差异化竞争态势，从单纯追求规模扩张转向通过技术创新实现产业深化。做实业的企业家们应该有一个立体工业化的思维方式，向各个产业的高端去攀登，只有这样才有可能使中国成为真正的工业强国，才能够真正使得中国的实体经济具有国际竞争力。

作为一个后发工业化国家，中国 60 多年的工业发展基本上是沿着发达国家工业和技术路线实现产业扩散的，具有显著的创新性模仿特征。目前，就各产业所达到的技术水平而言，这一过程还没有结束，即引进技术仍然具有重要意义。从这一意义上说，中国产业发展 60 多年的技术战略特征是"平推式"的，即以开阔推进的方式进入各产业领域，尽管也有崎岖不平和艰难险阻，但基本上是走前人走过的路，在产业中低端迅速扩大生产规模。而从现在开始，中国工业化将向"立体式工业化"阶段转变，越来越具有"爬坡"和"登山"的性质，即在每一个产业中都必须向上走。否则，庞大的产业大军将拥挤在低洼地中，并处于眼界短浅和缺乏控制力的境地。

从整个国民经济发展角度出发，所谓立体工业化，不仅表现为工业自身实现绿色化、精致化、高端化、信息化和服务化，全方位向上走，而且表现为新型工业化、农业现代化和现代服务业发展的相互结合和有机融合。立体工业化推动农业和服务业立体化，形成全面立体化的实体经济结构。这样，未来的产业发展就不再主要依靠可以大规模平面推进并迅速形成生产规模的产业领域，而是必须以创新精神向着各个产业高地攀登，即产业发展的技术路线指向从"平推型"变为"上推型"。此时，三次产业结构变化也不是简单的此消彼长，而是工业、农业、服务业的相互渗透、合力创新，形成新的产业增长空间。尤其是发展战略性新兴产业，更要坚持立体工业化的方向，绝不能再陷入平推铺摊的传统路径。

资料来源：根据金碚：《在经济发展大趋势下把握经济形势》，《人民日报》2012 年 10 月 9 日和《"平推型工业化"需发展为"立体型工业化"》，《工人日报》2012 年 11 月 12 日等改编而成。

第三节　企业绿色化

党的十八大提出"大力推进生态文明建设",提出建设美丽中国的目标;中共十八届三中全会通过的《中共中央关于全面深化改革若干重大问题的决定》则提出"加快生态文明制度建设";这些都约束企业必须更加注重环境保护,更加注重清洁生产、低碳发展、绿色发展。新源企业作为一个负责任的稀土新材料研发生产企业,有义务、有能力响应国家对企业绿色发展的要求。

"十二五"时期伊始,我国发布的第一个国家污染物排放标准是《稀土工业污染物排放标准》,可见国家对稀土工业环境保护工作的重视。作为稀土企业,要想在激烈竞争的市场环境下生存下去,就必须响应国家政策的新要求,加强企业节能环保和清洁生产工作,走绿色化发展之路。

一、新建项目将更加重视节能减排和环境保护

根据《包头市新源稀土高新材料有限公司年产 3000 吨稀土催化材料项目可行性研究报告》,稀土催化材料项目将更加注重节能减排和环境保护,具体措施是:

1. 节能措施

(1)建筑物节能。土建方案中注意房屋的结构、朝向,保证采光性能。尽可能采用新型节能建筑材料,充分体现节能性。

(2)节约电力,提高电力利用水平。①项目生产线采用先进的节能设备,较传统的生产流水线有显著的节能降耗效果和很好的经济效益。②采用静电电容补偿屏设备,较大电机配备 QCK 型磁控式异步电动机软起动器,有利于安全用电,节约能源。③选用 Y 系统电动机和节能变压器以及其他电器节能设备。变配电室设在负荷集中处,并合理布置车间的动力

配电箱，减少电力损失。配电室及车间工段配电箱采用电力电缆敷设，减少线路电耗。④电气设备主要采用节能型，提高功率因数。普遍采用节能电器灯具及变频调速控制，以达到节能目的。

（3）通过优化工艺路线和工艺布局节能。①选用高效率、低能耗的生产设备，提高产品产出率。②按照工序布置车间工段，按工艺流程布设备，不出现逆流程的设备布置现象，以减少来回往返的电耗。③从工艺设计上，采用新工艺、新技术，工艺管道布置合理，减少输送能量。

（4）强化节能管理。①工程项目建成投产后，工厂要加强对设备和管道的管理，尽量减少和杜绝水、气的跑冒现象。②工厂要加强生产与技术管理，开展全面质量管理工作，提高工厂管理水平和工人的技术素质，提高产品率，降低各种消耗，这些亦是节能的重要方面。

2. 节水措施

（1）生产用水在部分环节拟采取循环水，以便节约水资源。

（2）采用先进的技术和设备，提高能源利用率，降低能源消耗。

（3）卫生洁具均采用节水型卫生洁具。

3. 减少排放

（1）水污染源、污染物控制方案。新工程产生的少量废水排入工厂污水处理车间集中处理。生活污水和本厂现有生活废水合并，经化粪池处理后，进入下水管网排放。

（2）设备噪声控制方案。设备噪声主要来自电机、水泵、鼓风机，噪声控制措施如下：①设备选型尽可能采用低噪声风机、低噪声水泵和电机；②鼓风机吸风口、送风口安装消声器。采取上述措施后，可保证厂界噪声符合国家标准。

（3）固体废弃物控制方案。固体废弃物主要是锅炉燃煤灰渣，属一般废渣。不含放射性及其他有毒有害物质，送渣场堆存，减少场地占有和对环境的影响。

二、持续改进清洁生产

清洁生产是一个系统工程，它通过工艺改造、设备更新、废弃物回收利用等途径，实现"节能、降耗、减污、增效"的目的，从而降低生产成本，提高企业的综合效益，促使企业提高管理水平、环境意识、参与意识、技术水平、职业道德等方面的素质。通过清洁生产还可以有效地树立企业良好形象，改善操作员工的劳动环境和操作条件，减轻生产过程对员工健康的影响，增强社会对企业的认可程度，提高企业的市场竞争力。

新源公司先后于 2006 年、2011 年自愿开展了两轮清洁生产审核工作，均取得较好的环境效益、经济效益和社会效益。未来，新源公司将在上述两轮清洁生产审核工作基础上，形成持续改进的清洁生产制度保证，制度化推进企业清洁生产工作。

1. 完善清洁生产组织

为了实现公司的可持续发展，巩固已取得的清洁生产效果，使清洁生产工作持续开展下去，公司结合两轮清洁生产审核工作，完善了已建立的清洁生产组织机构。

清洁生产领导小组组长由董事长兼总经理冀代雨先生担任审核小组组长，小组其他成员也均由公司的技术及管理部门负责人组成，见表 10-3。

清洁生产领导小组任务：

（1）组织协调并监督实施本轮清洁生产审核提出的清洁生产方案；

（2）经常性地组织对企业职工的清洁生产教育和培训；

（3）确定下一轮清洁生产审核重点，并启动新的清洁生产审核；

（4）负责协调清洁生产活动的日常管理。

表 10-3　新源公司清洁生产审核领导小组成员

姓　名	所属部门	审核组职务
冀代雨	董事长兼总经理	组长
冀代明	副总经理	副组长
鲁继涛	副总经理	副组长

姓 名	所属部门	审核组职务
郭志光	工程师	成员
刘永胜	生产运营部部长	成员
郝智杰	生产运营部副部长	成员
吴春玲	财务部部长	成员

公司清洁生产领导小组下设清洁生产审核工作小组，由公司生产副经理鲁继涛担任审核小组组长，小组其他成员也均由公司的技术及管理部门负责人组成，并明确各自的工作内容。公司清洁生产审核小组组织机构见表 10-4。

表 10-4　清洁生产审核小组组织机构

姓名	分工	所属部门	职责
鲁继涛	组长	副总经理	具体负责组织协调各阶段工作，组织方案的产生、筛选、可行性分析、推荐等过程。负责组织制定、修订、完善清洁生产审核相关制度及规程
郭志光	副组长	工程师	负责审核有关技术资料，组织方案的产生、筛选、评估和推荐
高根利	副组长	公司书记	具体负责物料、水平衡及清洁生产具体改进工作的实施。
郝智杰	副组长	生产运营部副部长	具体负责清洁生产工作的组织宣传、培训，编写审核报告
刘永胜	副组长	生产运营部部长	具体全面负责生产系统清洁生产工作的组织实施
李渊洲	成员	高纯稀土车间纯化工段主任	具体负责高纯稀土车间纯化工段清洁生产方案的提出、实施，积极开展本车间清洁生产的宣传
朱进军	成员	碳沉车间主任	具体负责后处理高纯稀土车间沉淀工段清洁生产方案的提出、实施，积极开展本车间清洁生产的宣传
梁太崇	成员	灼烧、环保车间主任	具体负责灼烧工段及环保车间清洁生产方案的提出、实施，积极开展本车间清洁生产的宣传
裴淑芳	成员	质检部、生产运营部文员	负责按工作计划催办各有关工作及审核工作中相关资料收集、存档、打印、文秘等工作
李婷	成员	质检部化验室主任	负责提供方案所需要的分析监测数据
吴春玲	成员	财务部部长	负责审核工作中相关财务核算工作，计算清洁生产审计的投入和收益，并详细单独列账

清洁生产审核小组任务：

（1）在清洁生产领导小组的领导下，负责公司清洁生产审核工作的具体指导、协调和实施；

（2）组织协调并监督实施清洁生产方案；

（3）负责监督、检查清洁生产方案的实施情况；

（4）负责清洁生产审核资料的搜集汇总，为清洁生产工作的考核提供依据；

（5）负责对公司员工进行清洁生产知识的宣传教育和培训工作；

（6）负责撰写清洁生产审核报告；

（7）负责清洁生产活动的日常管理；

（8）选择下一轮清洁生产审核重点，并启动新的清洁生产审核。

2. 建立完善清洁生产管理制度

为促进公司清洁生产审核工作的有序进行、巩固清洁生产审核的成果、积极响应和落实国家节能减排要求、提高资源利用效率、减少和避免污染物的产生、保护和改善环境、促进公司的可持续发展，在公司内部组建清洁生产领导小组，并制定了《包头市新源稀土高新材料有限公司清洁生产管理办法》。

3. 持续清洁生产计划

清洁生产并非一朝一夕能够完成，它是一项长期而艰巨的工作，是一个持续不断的过程。公司自开展两轮清洁生产审核工作以来一直注重持续清洁生产工作，一方面巩固已取得的清洁生产成绩，另一方面按照公司的持续清洁生产审核计划，将积极主动启动下一轮清洁生产审核工作。具体工作计划如下：

（1）对企业员工进行培训，讲解清洁生产审核的方法、技巧，了解清洁生产背景及发展趋势，提高员工对清洁生产审核的认识，并结合已取得的清洁生产成果，培养职工发现问题、分析问题、解决问题的能力。

（2）对已建立的清洁生产领导小组及工作小组进行适当调整，制定该轮清洁生产审核计划。

（3）根据前一轮清洁生产审核过程中存在的问题及可能存在的清洁生产审核机会，确定新一轮清洁生产审核重点，并提出新的清洁生产目标。

（4）产生方案，分析筛选方案，组织方案的实施。

（5）对方案实施效果进行汇总，分析方案对企业经济、环境产生的影响。

（6）总结该轮清洁生产审核工作，制定下一轮清洁生产审核计划。

三、重视发挥在线监测中心的作用

为了保证在线监测仪器正常使用，提高监测数据的准确性，新源公司制定了关于在线监测中心的管理制度。相关员工每天9点对氨氮在线监测仪器前一天的数据进行统计，并计算平均值，记录最高值、最低值，每月25日进行月汇总。在平时需要员工进出水氨氮数值测定周期为2小时，每2小时测定一个数据并进行储存。而且每24小时自动进行零点和量程校正并进行酸洗。每1个月至少进行一次手动对比监测，根据测定结果对设备进行校准。

对于在线流量计使用管理，则要求化验人员每日9点记录流量计上显示的累进流量数值。而且每月25日对前一个月进出水流量进行统计，并做分析。在日常的维护保养过程中，检查各管接头是否有渗漏现象，水样预处理系统是否堵塞致仪器取样异常，以及保持监测用房（监控箱）的清洁，保持设备的清洁，保证监测用房内的温度、湿度以满足仪器正常运行的需求。同时还要求进行定期维护保养。主要分为整体维护保养和设备维护保养。整体维护保养，要求根据所设定的零点校准和清洗频率，定期检查清洗液，当清洗液不足时，应及时添加。对电源控制器、供暖设备等辅助设备要进行经常性检查。每周至少对整个系统（包括采样系统、分析仪器系统、数据存储/控制系统）的运行状态和主要参数进行一次检查，判断运行是否正常。清扫仪器的灰尘、污垢，保持仪器清洁。检查清洗酸、调零酸是否足够以及检查蠕动泵排水是否正常等工作。

设备维护保养包括仪器分析系统，采样杯、废液桶、进样管路每月至少清洗一次。比色池、测量室、电极等每月至少清洗一次。对超声波流量计，每周至少检查一次高度是否发生变化。检查标定液是否充分，每周更换一次。对数据采集传输仪，要定期观察其运行情况，并检查连接处有无损坏，检查实时数据与现场数据是否相符，转换曲线是否适用。每 3 个月至少进行一次手动对比监测，根据测定结果对仪器进行校准。至少 3 个月对仪器进行一次零点、重复性和量程的手动校准等重点工作。

专栏 10-4　环保部、国家质检总局发布《稀土工业污染物排放标准》

2011 年 1 月 24 日，环境保护部、国家质检总局联合发布《稀土工业污染物排放标准》（GB26451-2011），自 2011 年 10 月 1 日起实施，这是"十二五"期间我国发布的第一个国家污染物排放标准。

稀土是不可再生的重要战略资源，在国民经济各部门中的应用日益广泛。目前，我国的稀土储量占全球 36%，产量则占世界 97%。由于过度开发，我国的稀土资源储量下降迅速，稀土生产过程中的环境污染问题日益突出。以氨氮为例，稀土行业每年产生的废水量达 2000 多万吨，其中氨氮含量 300~5000mg/L，超出国家排放标准十几倍至上百倍。由于没有针对稀土工业特点的污染物排放标准，长期以来，稀土工业企业污染物排放管理和建设项目的环境影响评价、设计和竣工验收等，只能执行综合类污染物排放标准，稀土行业生产过程中排放的特征污染物始终未能得到有效控制。此次发布的《稀土工业污染物排放标准》根据稀土工业企业生产工艺、生产装备的特点和原辅材料的成分，以稀土工业企业生产中排放的主要污染物作为控制项目，对稀土行业废水、废气和放射性物质的排放控制等方面都作了明确规定。为防止企业稀释排放，标准中还规定了单位产品基准排水量和单位产品基准排气量。标准适用于我国境内从事稀土矿山开采至稀土金属、合金生产的各种规模特征生产工艺和装置的水、废气污染物排放管理，以及稀土工业建设项目的环境影响评价、设计和竣工验收。《稀土工业污染物排放标准》实施后，新建企业必须严格按标准执行，考虑到我国稀土工业现有企业的实际情况，标准对现有企业设置了两年的达标排放过渡期，过渡期后，现有企业也必须执行新建企业排放限值。标准的制定和实施将有利于提高稀土产业准入门槛，加快转变稀土行业发展方式，推动稀土产业结构调整，促进稀土行业持续健康发展。

资料来源:《稀土工业污染物排放标准》(中华人民共和国国家标准 GB 26451—2011)，环境保护部、国家质量监督检验检疫总局，2011 年 1 月 24 日。

附录一 新源公司产品说明书

镧系列产品：	（1）氧化镧 （2）氯化镧 （3）碳酸镧 （4）硝酸镧 （5）氢氧化镧 （6）醋酸镧
铈系列产品：	（1）氧化铈 （2）氯化铈 （3）硝酸铈 （4）醋酸铈 （5）碳酸铈 （6）氢氧化铈 （7）低氯根碳酸铈 （8）硝酸铈铵 （9）小粒度氧化铈 （10）白氧化铈
镨系列产品：	（1）氧化镨 （2）氯化镨
钕系列产品：	（1）氧化钕 （2）氯化钕 （3）碳酸钕
镨钕系列产品：	镨钕氧化物
镧铈系列产品：	（1）镧铈氯化稀土 （2）镧铈碳酸稀土 （3）镧铈稀土氧化物
少铕混合稀土系列：	（1）少铕氧化稀土 （2）少铕氯化稀土
少钕混合稀土系列：	（1）少钕氧化稀土 （2）少钕氯化稀土 （3）少钕碳酸稀土
氯化铵系列：	氯化铵
PCF系列：	（1）XRP-124 （2）XRP-211 （3）XRP-233 （4）XRP-243 （5）XRP-323
其他稀土产品：	钐铕钆氧化物

新源稀土

Products brief introduction

镧系列产品

(1) 氧化镧	Lanthanum oxide
(2) 氯化镧	Lanthanum chloride
(3) 碳酸镧	Lanthanum carbonate
(4) 硝酸镧	Lanthanum nitrate
(5) 硬脂酸镧	Lanthanum stearate
(6) 氢氧化镧	Lanthanum hydroxide

铈系列产品

(1) 普通氧化铈	Common cerium oxide
(2) 氯化铈	Cerium chloride
(3) 硝酸铈	Cerium nitrate
(4) 醋酸铈	Cerium acetate
(5) 普通碳酸铈	Common cerium carbonate
(6) 氢氧化铈	Cerium hydroxide
(7) 低氯根碳酸铈	Cerium carbonate with low chlorine root
(8) 硝酸铈铵	Ceric ammonium nitrate
(9) 大、中、小粒度氧化铈	Cerium oxide in various sizes

稀有创品质 绿色水润世界

(10) 大比表面积氧化铈	High specific surface area cerium oxide
(11) 白色氧化铈	White cerium oxide

镨钕系列产品

(1) 镨钕氧化物	Didymium oxide

镧铈系列产品

(1) 镧铈氯化稀土	Lanthanum cerium chloride
(2) 镧铈碳酸稀土	Lanthanum cerium carbonate
(3) 镧铈稀土氧化物	Lanthanum cerium oxide

少铕混合稀土系列

(1) 少铕氧化稀土	Europium-less RE oxide
(2) 少铕氯化稀土	Europium-less RE chloride
(3) 少铕碳酸稀土	Europium-less RE carbonate

抛光粉系列产品

(1) LaCe/N 系列	LaCe/N series
(2) LaCe/H 系列	LaCe/H series
(3) LaCePr/H 系列	LaCePr/H series
(4) Ce/G 系列	Ce/G series

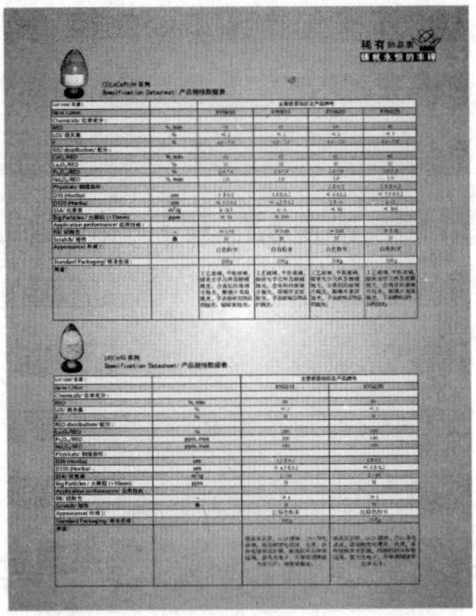

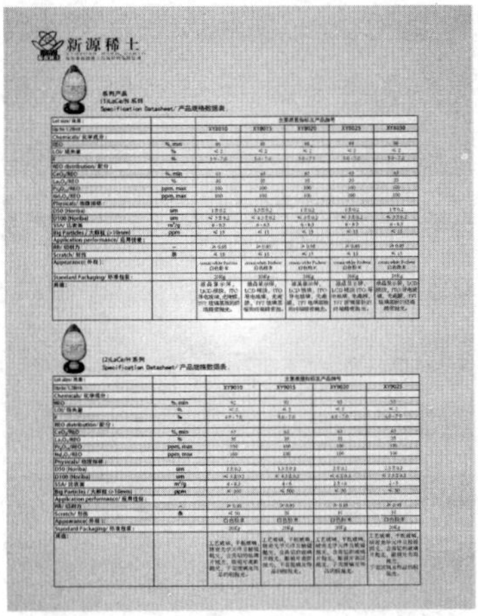
新源稀土

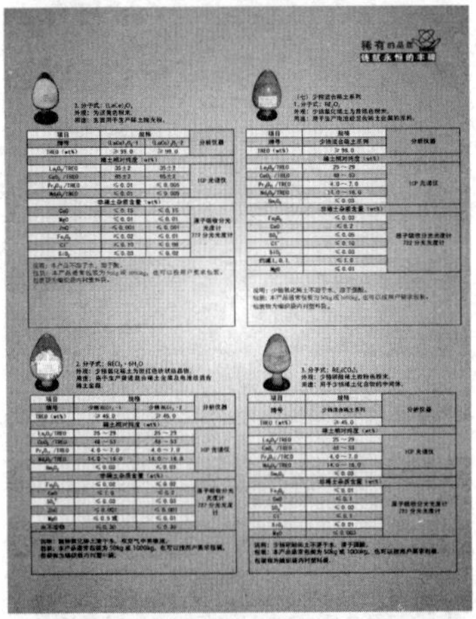

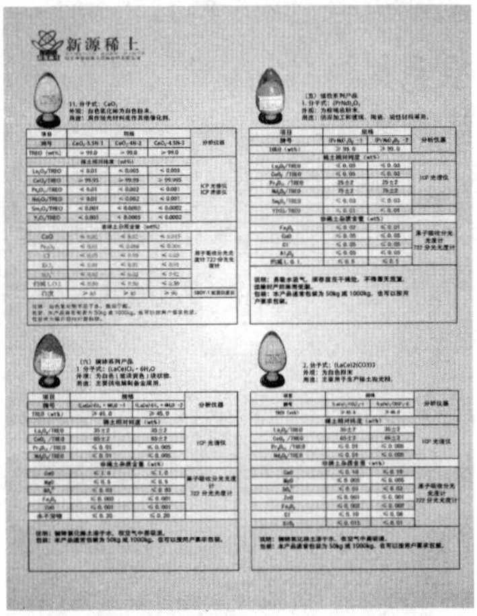
新源稀土

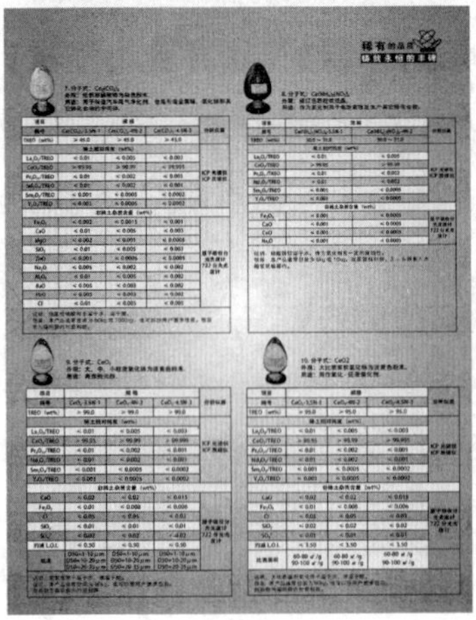

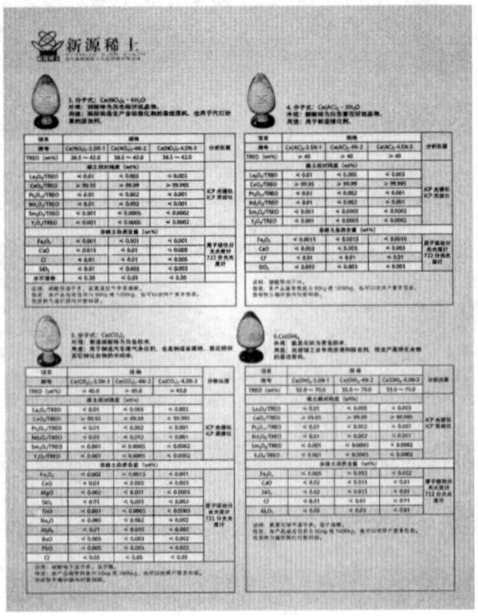
新源稀土

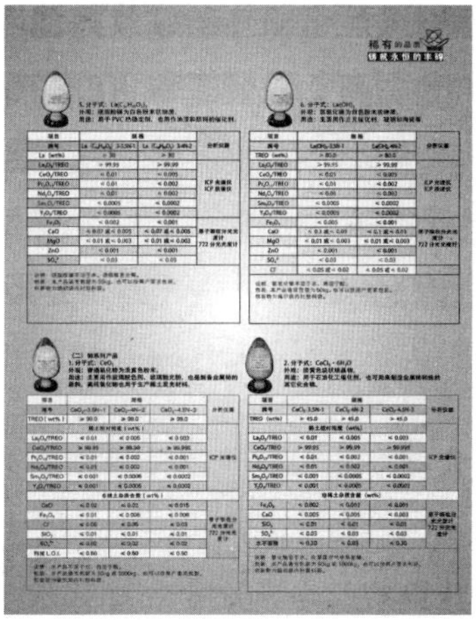

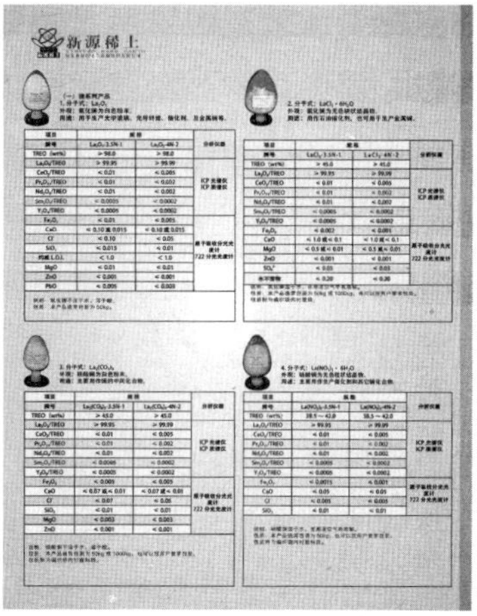

附录二　稀土基本知识

1　稀土元素的概述

1.1　稀土的由来及命名

"稀土"顾名思义似乎可以理解为"稀"是指稀少贵重，"土"是指难溶于水的土，合称稀少的土。其实"稀土"并非是稀少的土，这组元素在地壳中的含量并不稀少，也不是什么土，而是一组非常活泼的金属。鉴于当时的科学技术的局限，只能得到这样一种颜色很类似土壤的化合物而且又认为地壳中含量很稀少，故而就得来了"稀土"这个名称。随着科学技术的不断发展，人们才逐步认识到这种被称为"稀土"的元素，实际上在地壳中的含量并不稀少，它至少要比金、银等贵重金属的含量多得多，而且它是和金、银、铜、铁、锌、镁等金属一样，具有金属光泽等特性，所以说它是一组典型的金属元素。

1.2　稀土的组成和分组

就稀土元素的发现和命名来看，不难知道稀土并不是单纯的一种元素，而是由多种元素组成的。由于这组元素的成员其物理、化学性质极为相似，因此被排在元素周期表中的第Ⅲ副族的原子序数为21、39以及

57~71 总共 17 个元素综合称为"稀土"。

这 17 个稀土弟兄分别是：原子序数为 21 的钪（Sc）、39 的钇（Y）、原子序数为 57~71 的镧（La）、铈（Ce）、镨（Pr）、钕（Nd）、钷（Pm）、钐（Sm）、铕（Eu）、钆（Gd）、铽（Tb）、镝（Dy）、钬（Ho）、铒（Er）、铥（Tm）、镱（Yb）、镥（Lu）。

稀土这 17 个元素虽然其物理、化学性质极为相似，但它们毕竟还是在某些性质上有所差异的，利用这种微小性质的差异和结构上一定程度的不同可以把它们分为几组。

稀土可分为轻稀土和重稀土两组以钆为界即轻稀土组（也称铈组）包括镧、铈、镨、钕、钷、钐、铕；重稀土组（也称钇组）包括钆、铽、镝、钬、铒、铥、镱、镥、钪、钇。

依其稀土硫酸盐溶解度性质的不同稀土可分为三组，即：

轻稀土（铈组）包括：La、Ce、Pr、Nd、Pm（也称难溶组分）；

中稀土（铽组）包括：Sm、Eu、Gd、Tb、Dy（也称微溶组分）；

重稀土（钇组）包括：Ho、Er、Tm、Yb、Lu、Sc、Y（也称易溶组分）。

1.3 稀土资源情况简介

稀土矿物种类繁多，现已发现的约有 150 种，若将含有稀土元素的矿物计算在内约有 250 种，具有工业开采价值的矿物并不多，常见的也不外乎是以硅酸盐、氧化物、氟碳酸盐、磷酸盐存在的稀土矿。

氟碳铈矿是当今世界上极其重要的稀土矿。该矿的资源国有限，其储量最大的是中国和美国。目前，稀土资源就其储量来看，以中国的储量、种类最为丰富多样。我国稀土资源以储量大、种类多著称，在国内稀土储量又以内蒙古包头为最大，其总储量占全国总储量的 80% 以上，而我国南方的离子吸附型稀土矿则是世界少有的矿物。该矿易处理、易提取，这将又为我国发展稀土工业提供了雄厚的物质力量和坚实的基础。

2 稀土金属及其化合物

2.1 稀土金属的物理性质

稀土金属具有金属光泽，呈银灰色，稀土金属的机械性能与其杂质含量有关，高纯的稀土金属具有可塑性，其中铈、钐、镱具有良好的延展性。稀土金属质地较软，其硬度是随着原子序数的增加而增大。轻稀土组的稀土金属熔点在798℃~1072℃，重稀土的金属熔点在1311℃~1656℃，常温下稀土金属的导电性较低。

2.2 稀土金属的化学性质

稀土金属是一种典型的活泼金属，它可以与许多元素作用、化合。

2.2.1 稀土金属与氧的化合

稀土金属对氧的结合能力很强，室温下就可以与空气中的氧作用生成相应的氧化物。

2.2.2 稀土与卤素的作用

温度达到200℃以上时，稀土金属可以和氟、氯、溴、碘相作用，生成相应的卤化物，以与氟的作用最激烈，其次为氯，依次递减。

2.2.3 稀土与硫、碳、氮、氢的作用

稀土金属与硫蒸汽化合生产 R_2S_3 和 RS_2。该硫化物很稳定，具有很高的熔点和耐火性能。

稀土金属在高温下与碳、氮化合生成相应的 RC_2 和 RN。

稀土金属在室温下即可吸收氢，温度升高时吸收速度加快。250℃可生成各种氢化物如 RH_X（X=1，2，3…）

2.2.4 稀土与水和酸作用

稀土金属可与水缓慢作用放出氢气，在热水中反应更为激烈。稀土可溶于稀的盐酸、硝酸、硫酸之中放出氢气，生产相应的盐。但稀土难溶于浓硫酸中，更不与碱作用。稀土微溶于氢氟酸和磷酸。

2.2.5 稀土与许多金属的作用

稀土除与许多非金属元素作用外，也可以与镁、铝、铜、锌、锡、钴、铁、镍等金属作用生成合金或中间化合物。

3 几种重要的化合物及其性质

一般常见的、重要的工业生产中广泛利用的有稀土氧化物、稀土氢氧化物、稀土氯化物、稀土氟化物、稀土硫酸盐、稀土硝酸盐、稀土碳酸盐、稀土草酸盐、稀土磷酸盐等。

3.1 稀土氧化物

稀土氧化物可以通过稀土金属在空气中氧化，或将稀土的氢氧化物、碳酸盐、草酸盐、硫酸盐等在800℃以上灼烧而制得稀土氧化物。稀土氧化物具有较强的碱性，其碱性的强弱是随着稀土元素原子序数的增加而递减。稀土氧化物不溶于水，但可以与水化合生成氢氧化稀土。稀土氧化物可以从空气中吸收水分和二氧化碳，其吸收能力从 La~Lu 递减。稀土氧化物可以溶于盐酸、硝酸、硫酸之中，但经高温灼烧得到的氧化物则不易溶于酸中，特别是氧化铈难溶于盐酸、硝酸，只能溶于浓硫酸之中。

3.2　稀土氢氧化物

通过将稀土的各种盐类如氯化物、硝酸盐、硫酸盐、碳酸盐等加入碱液中使其反应即可制得氢氧化稀土。

氢氧化稀土与碱土金属氢氧化物的性质相似，其碱性随着离子半径的减少而减弱，其沉淀的 pH 值也是逐渐降低的。氢氧化稀土可以溶于无机酸中生成相应的盐，但不溶于水和碱中，氢氧化稀土在 110℃以下干燥其形态不变，随着温度的升高在 200℃~300℃下可以变为 RE（OH），300℃~400℃即开始转变为氧化物。利用稀土氢氧化物形成沉淀的 pH 值的不同可以使其与杂质得到分离。

3.3　稀土硫酸盐

硫酸稀土可以通过将稀土金属溶于稀硫酸中而制得，也可以将稀土氧化物或氢氧化物溶于硫酸而制得，还可以通过硫酸和稀土精矿混合焙烧以水浸出得到硫酸稀土溶液。

硫酸稀土最突出的一个特性是它在水中的溶解度，硫酸稀土可以溶于水中，且溶解度是随着温度的升高而降低，这一特性与一般常见的硫酸盐大不相同，这也是在提取、生产稀土工艺中与杂质分离开的最好应用。

3.4　稀土氯化物和硝酸盐

氯化稀土和硝酸稀土均可通过将稀土金属、氧化物、氢氧化物、碳酸盐等溶于盐酸或硝酸中而制得。

氯化稀土和硝酸稀土均易吸潮，在水中有较大的溶解度。

3.5　稀土氟化物

氟化稀土的性质与氯化稀土相反，它是一种难溶物，既不溶于水也不溶于酸。

3.6 稀土碳酸盐

稀土碳酸盐的制备是通过稀土硫酸盐、硝酸盐、氯化物溶液与其他碳酸盐（如碳铵等）相互反应形成沉淀即碳酸稀土。由于碳酸稀土也可以与碳酸铵盐等生成复盐沉淀，故在碳铵沉淀制备碳酸稀土时需控制沉淀剂的加入量，避免生成复盐，碳酸稀土不溶于水但可以溶于酸中。

3.7 稀土草酸盐、稀土磷酸盐

稀土草酸盐是一种很重要的盐类。要制得高质量的稀土氧化物一般都要使稀土转变为稀土草酸盐，再经高温下灼烧方可制得。

稀土草酸盐一般都是在含稀土的氯化物溶液中加入草酸进行沉淀反应而制得草酸稀土。草酸稀土是难溶物，不溶于水和酸中，但随着酸度的增大，草酸盐也会有一定的溶解度。稀土草酸盐可以强碱作用转化为氢氧化稀土。

稀土磷酸盐也是一种较难溶的盐类，在较高温度下可以与浓碱液作用转为氢氧化物。

4 稀土的用途及其应用

由于稀土元素有着极为特殊的原子结构导致稀土具有良好的物理性能和化学性能以及稀土具有的光学、磁学、几何、热学、核学等性质造就了稀土可以广泛地应用在国民经济的各行各业中。

4.1　稀土在冶金工业中的应用

4.1.1　稀土在钢中的应用

由于稀土具有可与大部分的金属元素和非金属元素化合的活泼性质，因此钢中加入少量稀土后，稀土可与钢中的氧、硫、碳、磷等杂质作用生成高熔点的化合物，均匀地分布在钢中，脱去了钢中的上述杂质，从而改变了钢中夹杂物存在的形态，使钢的性质向良好的方向改变，细化了钢材晶粒，提高了钢材的抗腐蚀性和抗氧化性能。

4.1.2　稀土在铸铁中的应用

铁水中加入稀土或稀土硅铁合金进行球墨化处理时，这种加稀土的球墨铸铁的机械性能和加工性能得到显著的提高。稀土球墨铸铁可以代替铸钢和锻钢使用。因此可广泛应用于制作不同功率的柴油机曲轴、连杆、凸轮、连接轴等构件。

4.1.3　稀土在有色金属中的应用

稀土可和许多有色金属生成相应的合金，大大地改变了有色金属的性能，如稀土加入铜中可以改善其热加工性能，增加铜合金的耐热性。稀土加入铝合金中可提高其耐高温强度，抗氧化性能和硬度等。

加稀土的铝制品，在强度、耐腐蚀性等方面均比一般铝制品有明显的改善。

4.2　稀土在石油化工方面的应用

4.2.1　稀土在炼油工业中的应用

炼油工业中所用的分子筛型催化剂中加入稀土，则具有较大的活性和较好的选择性。这就大大地提高了石油裂化的轻质油产出率，稀土作为分子筛催化剂已在炼油工业中长期得到广泛的应用。

4.2.2　稀土在化工、橡胶工业中的应用

稀土的催化剂应用于橡胶工业中，其加工性能良好，聚合性能平稳，设备可长期稳定运转。稀土催化剂用于异戊橡胶，其生胶性能接近天然橡胶。

4.3　稀土在玻璃陶瓷工业中的应用

4.3.1　稀土在玻璃工业中的应用

就二氧化铈而言，它既可以作为脱色剂，又可以作为着色剂。可将工业玻璃中的二价铁氧化为三价铁，使其脱色而且在阳光长期照射下仍会保持原有的透明度。在玻璃中加入铈钛氧化物可使玻璃变为黄色。用氧化镧制成的光学玻璃具有大的折射率、低色散度和良好的化学稳定性，可应用于制造大孔径、大视场、高质量照相机的镜头。

4.3.2　稀土在陶瓷方面的应用

稀土的氧化物及其他化合物可用于陶瓷制品，具有颜色五彩缤纷、色度纯正、亮度好、成品率高等效果。

4.4　稀土在各种新型材料中的应用

多年来稀土的荧光材料广泛应用于彩色电视、荧光灯等方面，是重要的荧光材料。

稀土磁性材料如 Sm-Co 合金、Nd-Fe-B 具有优异的综合性能如最大的磁能积、矫顽力大，剩余磁感应强度大等。稀土永磁材料广泛应用于小型、微型电动机中显示了体积小、重量轻、输出功率大等优点。

稀土在激光材料、阴极材料、贮氢材料、照明光源、抛光粉等方面均有广泛的应用，尤其是近几年来在许多新型材料中均得到应用和发展，汽

车尾气的净化器应用了稀土获得好的效果，其应用的范围不可估量。

4.5 稀土在其他方面的应用

近几年稀土在轻工业、纺织工业、建材、印染等方面的应用也得到迅速发展，稀土在医疗卫生、农业等方面同样也有较好的应用。综上所述，稀土用途之大、应用范围之广是其他产品材料无可比拟的。

附录三 包头国家稀土高新区简介

    包头国家稀土高新技术产业开发区成立于 1990 年，1992 年被国务院批准为国家级高新区，是全国 106 个国家级高新区中唯一以稀土资源命名的高新区，也是内蒙古地区唯一的国家级高新区。辖区总面积 150 平方公里，人口 12 万人。其中，建成区 15.54 平方公里，滨河新区 88 平方公里，稀土园区 4 平方公里，希望园区 12 平方公里，红泥井牧场 29.12 平方公里。全区注册企业 3600 多家，其中稀土企业 67 家，上市公司投资企业 22 家；世界 500 强投资企业 7 家，外资企业 39 家；高新技术企业 53 家，占全自治区的 40%。2012 年，稀土高新区实现地区生产总值 340 亿元，地方财政总收入 71.9 亿元，城镇居民人均可支配收入 35260 元。

    建立国家级高新区 20 年来，包头稀土高新区先后被国家有关部委认定为"国家新型工业化产业示范基地有色金属（稀土新材料）基地"、"国家稀土新材料高新技术产业化基地"、"国家海外高层次人才创新创业基地"、"全国稀土新材料产业知名品牌示范区"、"国家创新型特色园区"等 18 个国家级基地（中心）。在 2012 年全国科技创新大会上，被科技部评为"国家高新区建设 20 年先进集体"。目前，稀土高新区已形成"4+4"产业格局，即形成以稀土新材料及其应用、铝铜深加工、高端装备制造、现代服务业为主体的四大主导产业，和新兴软件信息产业、通用航空产业、电动汽车产业、新能源产业四大战略性新兴产业。

    截至 2012 年末，稀土高新区共有稀土生产企业 67 家，其中稀土原材料、稀土新材料和终端应用产品企业分别为 7 家、35 家和 25 家，稀土新材料企业数量已超过原材料和终端企业数量居第一位。形成了以稀土永磁、储氢和抛光三大稀土新材料产业集聚效应，根据国家发改委产业协调司公布的 2012 年中国稀土的产量，稀土高新区稀土永磁、储氢、抛光三大新材料分别占国内产量的 7.6%、24.3% 和 52.1%。

2013 年以来，包头稀土高新区认真贯彻落实内蒙古自治区"8337"发展思路，提出了"6910"的总体部署（"6"是指围绕建设"全国一流创新型特色稀土高新区"这个中心，全力打造"稀土应用产业、有色金属深加工产业、高端装备制造业、高新技术产业、现代服务业"五大基地；"9"是指大力推进"九大战略重点工程"；"10"是指深入实施"优化发展环境十项措施"），将着力打造东高新、西重化、南休闲、北商贸、中产城共融的五大板块。随着总体部署的不断深入实施，高新区经济社会各项事业实现持续健康发展。

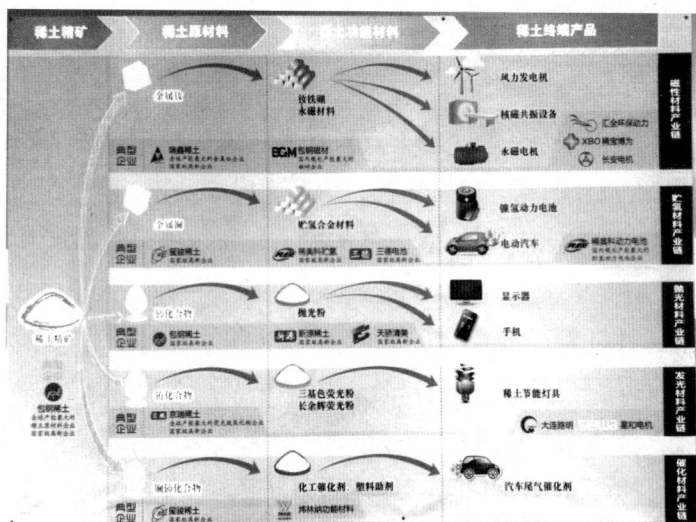

附图 3-1　包头稀土高新区稀土产业链

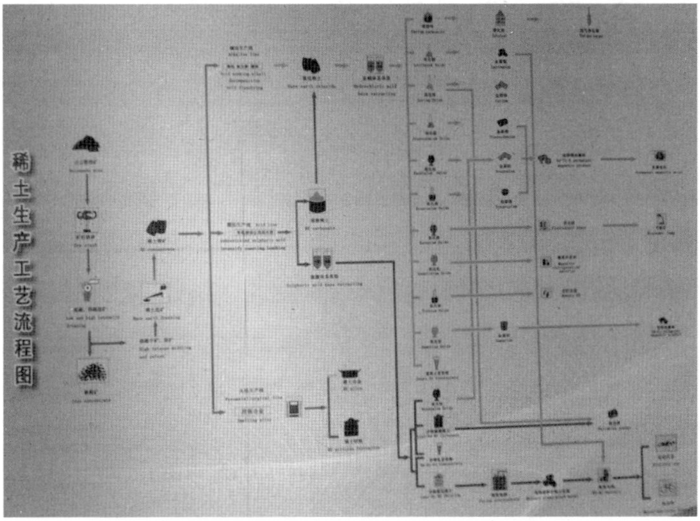

附图 3-2　包头稀土高新区稀土生产工艺流程

参考文献

［1］亨利·法约尔.工业管理与一般管理［M］.北京：中国社会科学出版社，1998.

［2］安四虎.稀土及产业发展［Z］.内部材料，2013.

［3］奥尚广告.企业宣传册概述［Z］.内部材料，2013.

［4］白重恩，刘俏，陆洲，宋敏，张俊喜.中国上市公司治理结构的实证研究［J］.经济研究，2005（2）.

［5］陈心德.现代生产管理学［M］.北京：世界图书出版公司，1997.

［6］崔平.现代生产管理［M］.北京：机械工业出版社，2004.

［7］德林.高管激励研究的问题与改进［J］.生产力研究，2009（16）.

［8］冯丽霞.企业财务分析与业绩评价［M］.长沙：湖南人民出版社，2002.

［9］国家科技部火炬高技术产业开发中心.关于印发《高新技术企业认定管理办法》的通知［Z］.2008.

［10］金海.让草原文化核心理念发扬光大［N］.内蒙古日报，2008.

［11］张玮.科技创新，追求卓越——记包头市新源稀土高新材料有限公司董事长兼总经理冀代雨［N］.包头晚报，2012-7-5.

［12］梁能.公司治理结构：中国的实践与美国的经验［M］.北京：中国人民大学出版社，2000.

［13］卢家仪等.财务管理（第三版）［M］.北京：清华大学出版社，2012.

［14］孟驰北.草原文化与人类历史［M］.北京：国际文化出版公司，

1999.

[15] 内蒙古社会科学院草原文化研究课题组.崇尚自然、践行开放、恪守信义——论草原文化的核心理念［J］.内蒙古社会科学，2009（4）.

[16] 特伦斯迪尔，艾伦肯尼迪.企业文化——现代企业精神支柱［M］.上海：上海科学技术文献出版社，1989.

[17] 徐晓东，陈小悦.第一大股东对公司治理、企业业绩的影响分析［J］.经济研究，2003（2）.

[18] 约瑟夫·熊彼特.资本主义、社会主义与民主［M］.北京：商务印书馆，2010.

[19] 张仁侠.现代企业生产管理［M］.北京：首都经济贸易大学出版社，2009.

[20] 张蕊.企业战略经营业绩评价指标体系研究［M］.北京：中国财政经济出版社，2002.

[21] 张英奎，孙军.现代管理学［M］.北京：机械工业出版社，2007.

[22] 包头市新源稀土高新材料有限公司.包头市新源稀土高新材料有限公司第二轮清洁生产审核报告［R］.2011.

[23] 包头市新源稀土高新材料有限公司.包头市新源稀土高新材料有限公司企业清洁生产典型做法和亮点［Z］.2012.

[24] 包头市新源稀土高新材料有限公司.组织与权责控制程序［Z］.2005.

[25] 包头市新源稀土高新材料有限公司.包头新源稀土清洁生产审核报告［R］.2010.

[26] 包头市新源稀土高新材料有限公司.不合格品控制程序［Z］.2010.

[27] 包头市新源稀土高新材料有限公司.财务报账制度［Z］.2012.

[28] 包头市新源稀土高新材料有限公司.财务管理控制程序［Z］.2012.

[29] 包头市新源稀土高新材料有限公司.采购管理控制程序 [Z]. 2010.

[30] 包头市新源稀土高新材料有限公司.产品防护控制程序 [Z]. 2010.

[31] 包头市新源稀土高新材料有限公司.产品说明书 [Z]. 2013.

[32] 包头市新源稀土高新材料有限公司.慈善公益事业 [Z]. 2012.

[33] 包头市新源稀土高新材料有限公司.党支部的建设历程和建设理念 [Z]. 2013.

[34] 包头市新源稀土高新材料有限公司.废水污染源自动监测设备比对验收报告 [R]. 2013.

[35] 包头市新源稀土高新材料有限公司.风险评估和控制管理 [Z]. 2012.

[36] 包头市新源稀土高新材料有限公司.高纯稀土生产工艺流程 [Z]. 2009.

[37] 包头市新源稀土高新材料有限公司.高新技术企业认定材料 [Z]. 2012.

[38] 包头市新源稀土高新材料有限公司.公司历程及荣誉 [Z]. 2013.

[39] 包头市新源稀土高新材料有限公司.公司商标管理办法 [Z]. 2013.

[40] 包头市新源稀土高新材料有限公司.公司宣传册 [Z]. 2012.

[41] 包头市新源稀土高新材料有限公司.公司章程 [Z]. 2002.

[42] 包头市新源稀土高新材料有限公司.固定污染源废水自动检测设备对比检测验收报告 [R]. 2011.

[43] 包头市新源稀土高新材料有限公司.顾客满意控制程序 [Z]. 2010.

[44] 包头市新源稀土高新材料有限公司.关于稀土企业环境保护核查工作的汇报 [R]. 2012.

[45] 包头市新源稀土高新材料有限公司.管理评审控制程序 [Z].

2010.

[46] 包头市新源稀土高新材料有限公司. 后勤保障控制程序 [Z].
2010.

[47] 包头市新源稀土高新材料有限公司. 环保工作总结 [Z]. 2010.

[48] 包头市新源稀土高新材料有限公司. 绩效考核方案 [Z]. 2010.

[49] 包头市新源稀土高新材料有限公司. 监视和测量装置控制程序
[Z]. 2010.

[50] 包头市新源稀土高新材料有限公司. 检验和测试状态识别控制程
序 [Z]. 2010.

[51] 包头市新源稀土高新材料有限公司. 进料检验管理程序 [Z].
2010.

[52] 包头市新源稀土高新材料有限公司. 看板管理制度 [Z]. 2011.

[53] 包头市新源稀土高新材料有限公司.内蒙古自治区战略性新兴产
业发展专项资金申报材料 [Z]. 2012.

[54] 包头市新源稀土高新材料有限公司. 年度培训计划 [Z]. 2010.

[55] 包头市新源稀土高新材料有限公司. 抛光粉生产工艺流程 [Z].
2009.

[56] 包头市新源稀土高新材料有限公司. 清洁生产方案效益说明
[Z]. 2012.

[57] 包头市新源稀土高新材料有限公司. 人力资源管理程序 [Z].
2005.

[58] 包头市新源稀土高新材料有限公司. 设备安全管理制度 [Z].
2012.

[59] 包头市新源稀土高新材料有限公司. 设备管理程序 [Z]. 2011.

[60] 包头市新源稀土高新材料有限公司. 设备维护保养制度 [Z].
2012.

[61] 包头市新源稀土高新材料有限公司. 申请创新基金 [Z]. 2013.

[62] 包头市新源稀土高新材料有限公司. 生产工艺设备操作规程

[Z].2013.

[63] 包头市新源稀土高新材料有限公司.生产过程控制程序 [Z].2010.

[64] 包头市新源稀土高新材料有限公司.生产设施控制程序 [Z].2010.

[65] 包头市新源稀土高新材料有限公司.土地及房屋建筑管理程序 [Z].2010.

[66] 包头市新源稀土高新材料有限公司.销售业务管理控制程序 [Z].2008.

[67] 包头市新源稀土高新材料有限公司.新源稀土催化可研 [Z].2012.

[68] 包头市新源稀土高新材料有限公司.新源稀土抛光粉材料项目可研报告 [R].2008.

[69] 包头市新源稀土高新材料有限公司.研发管理制度 [Z].2011.

[70] 包头市新源稀土高新材料有限公司.研发中心发言稿 [Z].2009.

[71] 包头市新源稀土高新材料有限公司.研发中心管理制度 [Z].2009.

[72] 包头市新源稀土高新材料有限公司.在产品与成品检验管理控制程序 [Z].2010.

[73] 包头市新源稀土高新材料有限公司.质量管理制度 [Z].2008.

[74] 包头市新源稀土高新材料有限公司.质量目标控制程序 [Z].2010.

[75] 包头市新源稀土高新材料有限公司.质量手册（2008 年版） [Z].2010.

[76] 包头市新源稀土高新材料有限公司.重要物品安全管理制度 [Z].2008.

[77] 包头市新源稀土高新材料有限公司.产学研合作情况介绍 [Z].2013.

［78］包头市新源稀土高新材料有限公司.战略性新兴产业发展专项资金申报材料［Z］.2013.

［79］包头市新源稀土高新材料有限公司.2012年研发中心工作总结［Z］.2013.

［80］包头市新源稀土高新材料有限公司.2012清洁生产报告（最终版）［R］.2013.

［81］包头市新源稀土高新材料有限公司.5S会议（培训）记录［Z］.2012.

［82］包头市新源稀土高新材料有限公司.备品备件使用管理制度［Z］.2012.

［83］包头市新源稀土高新材料有限公司.包头市知名商标认定申请表［Z］.2013.

［84］包头市新源稀土高新材料有限公司.安全教育培训管理［Z］.2012.

［85］包头市新源稀土高新材料有限公司.安全生产管理制度［Z］.2012.

［86］包头市新源稀土高新材料有限公司.安全生产事故综合应急预案［Z］.2012.

［87］包头市新源稀土高新材料有限公司.安全生产责任制［Z］.2012.

［88］包头市新源稀土高新材料有限公司.企业环境保护管理制度［Z］.2013.

［89］包头市新源稀土高新材料有限公司.稀土产业调整升级专项资金申报材料［Z］.2013.

后　记

本书是我主持的 2013 年中国社会科学院国情调研项目"包头市新源稀土高新材料有限公司调研"的最终成果。该项目是中国社会科学院国情调研课题"中国企业调研"的一个子项目。"中国企业调研"项目是中国社会科学院经济学部组织的重大国情调研项目之一，项目的总负责人是陈佳贵研究员和黄群慧研究员。

本研究项目源于一个契机，就是我参加了中组部、团中央组织的第 13 批博士服务团工作，在内蒙古包头市稀土高新区管委会挂职锻炼一年，为更好地理解我国稀土产业发展，我萌发了对一个稀土企业进行剖析的想法，经稀土高新区管委会团委书记刘嘉的推荐，我们最后选择了包头市新源稀土高新材料有限公司作为研究对象。

本书的初稿作者是：第一章，刘芳；第二章，胡文龙；第三章，刘芳；第四章，郭朝先、胡越；第五章，胡文龙；第六章、第七章，刘宇轩；第八章，郭朝先、胡越；第九章，郭朝先、丁毅；第十章，郭朝先、沈云昌；附录，刘芳、刘嘉。全书最后由郭朝先、刘嘉审阅、修改和定稿。

在研究过程中，我们得到了以董事长兼总经理冀代雨为首的新源稀土公司领导和员工的热情接待，他们提供了调研的方便和大量的公司材料，使本研究项目得以成书成为可能，在此表示非常感谢，并祝新源稀土公司未来发展越来越辉煌！在研究过程中，我们还向包头稀土高新区的各位领导和专家请教，获得了大量有用的信息，为丰富本书的写作提供了有益的思路，在此表示深深的谢意！在本书的出版过程中，经济管理出版社的编辑们倾注了大量心血，他们的敬业精神令人佩服，在此一并表示感谢！

限于我们的水平和对实际情况的了解，本研究难免管窥蠡测，书中的偏颇和错漏敬请读者批评指正。

郭朝先

2014 年 9 月